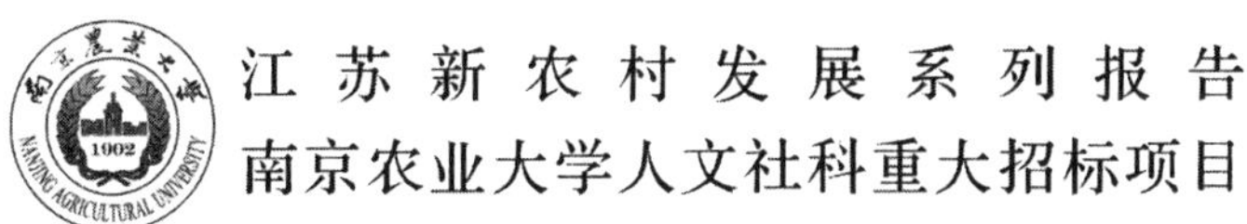

江 苏 新 农 村 发 展 系 列 报 告
南京农业大学人文社科重大招标项目

江苏新农村发展报告

2016

Jiangsu New Rural Development Report
2016

刘祖云 等 著

中国农业出版社

内 容 简 介

《江苏新农村发展报告2016》系南京农业大学人文社会科学重大招标项目设置的“江苏新农村发展系列报告”之一，拟每年出版一本，报告以年度为周期，呈现江苏省在农村经济社会发展中的现状、问题及对策与建议。

《江苏新农村发展报告2016》，一方面，整体性地呈现江苏省农村经济社会发展各项指标，并对江苏省各市农村经济社会发展的成果进行评价；另一方面，专题性地聚焦江苏省在农村政治文明、农村生态文明、农村法治建设、农村城镇化、农村土地市场、农业机械化六个领域的现状、问题及对策与建议。

本报告的起草者都是南京农业大学人文社会科学领域颇有建树的研究团队，其研究特色是面向现实、面向田野、面向基层进行相应的理论思考与总结。这一研究成果，既可以为地方政府及相关部门提供决策参考，又可为学术界研究“三农”问题提供学术资料、实践个案与调研数据等内容。

《江苏新农村发展报告 2016》
编写人员名单

总 负 责 人： 刘祖云

专题负责人（按姓氏笔画排序）：

付坚强　朱　娅　李昌新　吴　群
宋奇海　张兆同　周应恒

成　　　员（按姓氏笔画排序）：

王　丹　王　燕　王泽宇　付坚强
巩师恩　朱　娅　刘　伟　刘友兆
孙　华　严思齐　杜何琪　李　骅
李发志　李昌新　杨　珉　杨建明
吴　群　吴　瑶　吴国清　余德贵
邹　伟　宋奇海　张　辉　张　锐
张月群　张兆同　张伟玮　周应恒
郑华伟　胡　畔　姜　姝　耿献辉
高　平　高洁芝　郭中娜　郭贯成
唐学玉　阎　莉　梁立宽　彭建超
葛笑如　谢　丽　薛　莱　瞿忠琼

致　　谢

本报告得到中央高校基本科研业务费专项资金、南京农业大学人文社会科学重大招标项目（项目编号：SKZD201203）的资助

Preface | 总序

为了深入贯彻落实中共十七届六中全会精神和国家中长期科技与教育发展规划纲要，繁荣我校人文社会科学，强化我校在新农村发展研究中的政策咨询功能，从2012年起，南京农业大学在中央高校基本科研业务费中增设人文社会科学重大专项。人文社会科学重大专项通过招标方式，主要资助我校人文社科专家、教授针对我国农业现代化和社会主义新农村建设中遇到的具有全局性、战略性、前瞻性的重大理论和实践挑战，以解决复杂性、前沿性、综合性的重大现实问题为重点，以人文社会科学为基础、具有明显文理交叉特征的跨学科研究，项目组每年提交一份年度发展报告，并向社会发布南京农业大学"江苏新农村发展系列报告"。

江苏地处中国经济发展最快速、最具活力的长三角地区，肩负"两个率先"的光荣使命，即率先全面建成小康社会，率先基本实现现代化。其经济社会发展的现状为南京农业大学发挥学科特点和综合优势，服务社会需求和发展大局，提出了新的挑战，提供了新的机遇。我校设立校人文社会科学重大招标项目主要基于四个方面的出发点。第一，随着我国整体改革的进一步深入，农业现代化进程的不断加快，农业现代化过程中凸显的难点和重点问题，使得人文社科研究的整体性、系统性、迫切性更加突出。我校通过顶层设计设置的人文社科重大招标项目——江苏新农村发展系列报告，就是希望我校农业相关的人文社科领域专家、教授发挥团队力量，通过系统设计、周密调研和深入剖析，实现集体"发声"，冀求研究成果为江苏"两个率先"的实现做出应有的贡献，并对全国的新农村建设与农业现代化起到一个示范与引领作用，从而扩大南京农业大学人文社科研究整体的社会影响力。第二，通过项目的实施，希望进一步引导我校人文社科领域专家、教授更加注重实际、实例与实体研究，更加关注传统与现实的结合，更加注重研究的定点和定位，更加重视科学研究资料和素材的积累。第三，通过项目实施，一个报告针对一个问题、围绕一个主题，使人文社科老师的科研活动多与社会、多与政府对接，使得研究成果的社会影响力和政府影响力都能得到充分发挥。第四，希望我校人文社科研究与自然科学研究形成交叉，从而培育新的人文社科学科发展增长点，推动学校创新团队培养和学科建设。通过项目的实施，人才、团队、成果、学科、学术都能得到同步成长。各年度报告的起草者都是南京农业大学人文社会科学领域颇有建树的研究团队，其研究特色是面向现实、面向田野、面向基层进行相应的理论思考与总结。这一研究成果，可以为地方政府及相关部门提供决策参考；又可为学术界研究“三农”问题提供学术资料、实践个案与调研数据等内容。

总之，我校从专家集体发声、鲜明政策导向、与社会及政府部门对接、团队和学科交叉发展这四个方面设计资助人文社会科学重大招标项目，希望对我校的人文社科发展起到积极的推动作用，能真正达到“弘扬南农传统和优势、对接古典和现实、破解农业现代化难题、振兴南农人文社科”的目的，同时为我国“三农”事业、经济社会发展，为江苏省农业科技进步、农业现代化和新农村建设作出应有的贡献。

在项目的实施和发展报告的写作过程中，江苏省相关领域的主管部门及各级各单位、各项目负责人及课题组成员给予了大力支持和密切配合，相关领域的领导和专家给予了细致的指导，在此一并致以谢忱。

“江苏新农村发展系列报告”是一个全新的尝试，不足甚至谬误在所难免，希冀社会各界倾力指教，以期从第三方视野去客观真实地记录江苏新农村发展的印迹，为美好江苏建设留下一组侧影。

南京农业大学副校长 丁艳锋

2016年12月

Foreword | 前言

《江苏新农村发展报告2016》，系受到南京农业大学中央高校基本科研业务费资助的“人文社会科学重大招标项目”的年度研究成果，因此，以年度发展报告的形式予以出版发行。

南京农业大学人文社会科学重大招标项目共设置八个，它们分别是：

第一，朱娅主持的《江苏农村政治文明发展报告》（SKZD 2016001）；

第二，张兆同主持的《江苏农业机械化发展报告》（SKZD 2016002）；

第三，周应恒主持的《江苏农村经济社会发展报告》（SKZD 2016003）；

第四，付坚强主持的《江苏农村法治建设发展报告》（SKZD 2016004）；

第五，吴群主持的《江苏农村土地市场发展报告》（SKZD 2016005）；

第六，宋奇海主持的《江苏农村城镇化发展报告》（SKZD 2016006）；

第七，李昌新等主持的《江苏农村生态文明发展报告》（SKZD 2016007）；

第八，刘祖云主持的《江苏农村社会经济发展报告研究群协调项目》（SKZD2016008）。

《江苏新农村发展报告》的宗旨是：集中南京农业大学人文社会科学研究的团队与力量，通过面向现场的田野调研，了解江苏省在新农村建设与发展方面的基本状况与实践经验，并认识江苏省在新农村建设与发展中尚存在的一些问题，并提出相应的对策建议。

具体调研与写作任务的承担者如下：

第一章　周应恒、巩师恩、耿献辉；

第二章　朱娅、杨琨、王燕、阎莉、葛笑如、杜何琪、姜姝、吴国清；

第三章　李昌新、郑华伟、刘友兆、张锐、高洁芝、张辉；

第四章　付坚强、梁立宽、薛莱、王泽宇、郭中娜、张伟玮、王丹；

第五章　宋奇海、孙华、李发志、瞿忠琼、胡畔、吴瑶、谢丽；

第六章　吴群、邹伟、郭贯成、高平、严思齐、余德贵、彭建超；

第七章　张兆同、李骅、刘伟、张月群、唐学玉、杨建明。

在项目的调查与研究中，不同的课题组与江苏省相应政府管理机构、部门之间开展了良好的合作，在此，向支持与参与合作的相应政府管理机构、部门表示诚挚的谢意！

在项目的调查与研究中，南京农业大学相关学科的本科生、硕士生与博士生，都不同程度地参与其中，向这些参与项目调查与研究的同学表示诚挚的谢意！

每个项目的调查与研究，其背后都有一个学术团队在支持，向参与项目调查与研究的学术同仁表示诚挚的谢意！

整个项目的调查与研究，得益于南京农业大学人文社会科学处的指导、管理与参与，向人文社会科学处的全体成员表示诚挚的谢意！

本书的出版，还得益于中国农业出版社孙鸣凤编辑的辛勤工作，也向她表示诚挚的谢意！

最后，囿于时间与能力的限制，我们呈现的发展报告，一定还存在着诸多不足，敬请行政管理部门、学术同行批评指正。

《江苏新农村发展报告 2016》课题组

Contents | 目录

第一章 <<<

2016 江苏农村经济社会发展状况

第一节 导 论

一、我国农村经济社会发展的政策指引

我国是一个拥有13多亿人口的发展中国家，发展始终是根本性的问题。在改革开放之前的较长时期，我国经济社会发展水平较低，甚至基本的粮食食品需求都不能得到满足，社会福利、医疗卫生、教育等更是停留在基本的保障方面，甚至于在很长时期内我国出现了经济社会矛盾的激化现象，究其原因，其中之一就是我们忽略了发展。改革开放之后，邓小平同志指出“发展是硬道理”，发展是解决经济社会突出矛盾的关键，在邓小平同志领导下，我国又重新走向了发展经济社会的道路。从经济社会发展的目标和路径来看，随着经济社会发展进程的深入，我国也经历了一系列发展思想和政策的演变，从改革开放之初的单纯追求经济增长，到贯彻科学发展观协调发展，到如今经济社会发展的新常态。

作为一个典型的二元经济国家，我国农村经济社会的发展具有重要意义。实际上我国改革开放的标志之一就是转变农业发展方式，亦即从农业的集体所有制经济转变为家庭联产承包经营制度。这一发展方式的转变使我国农村生产力得到了极大的解放，短时间内较为迅速地调动了农民生产的积极性，农村经济发展取得了重大突破。1982—1986年，中央总结并推广农村改革经验，连续出台5个围绕农村问题的中央1号文件，不断完善和巩固以家庭承包经营为主、统分结合的双层经营体制，解决了大部分农民的温饱问题，创造了令人瞩目的用占世界7%的耕地，养活了占世界22%的人口的发展奇迹，农业与农村经济发展呈现了

一个“黄金时期”。与此同时，全国农村开始有计划、有步骤地推行村民自治制度，使农民获得了参与村级公共事务治理和监督的民主决策权，这在一定程度上发展了农村民主政治，明确了农民的主体地位，促进了农村的社会发展。随着经济社会改革的不断深入，我国逐步取消农产品统购派购制度，推进农产品流通体制改革，调整农村产业结构，发展乡镇企业和建设小城镇，以实现从计划经济体制到市场经济体制的转变，建立与社会主义市场经济发展要求相适应的农村经济体制和基层社会治理体制。

到 20 世纪 90 年代末，在政策和市场的共同引导下，农村剩余劳动力出现大规模的城乡流动，“农民工”成为城市建设必不可少的一部分，这也使农民收入来源多元化，非农业收入及其占比有了很大的提高。但是大规模的农村人口向城市的流动不仅减少了农村发展的人力资源，而且因为城市从制度、具体措施、心理等方面未做好迎接农民入城的准备，使得一系列社会问题也随之产生，例如农村子女教育问题、社会保障问题、住房问题等。以城市为中心的改革全面启动的同时，却没能出台有影响力的政策措施继续深化农村改革，这导致农村经济社会发展出现瓶颈，城乡差异化问题愈加明显。1998 年在十五届三中全会上，中共中央深刻总结农村改革 20 年的基本经验，针对农村经济发展过程中出现的新矛盾，提出了农业、农村和农民问题是关系我国改革开放和现代化建设全局的重大问题，制定了到 2010 年建设有中国特色的社会主义新农村的奋斗目标，这标志着农村改革进入到了新的阶段，但此次改革的实质是要实现农村经济和社会的协调发展，并没有从根本上触动城乡二元结构这一深层次矛盾，农村发展并没有取得显著成果。

2002 年 11 月 8 日中共十六大召开，鉴于“三农”问题的紧迫性和重要性，提出了统筹城乡经济社会协调发展的重大战略思想，这表明解决“三农”问题上升到国家宏观层面，中共中央对农村经济社会发展愈加重视，停滞不前的农村改革开始有了新的突破。自 2003 年起中共中央决定在全国范围内进行农村税费改革，减轻农民负担，这在一定程度上提高了农民参与农村建设的积极性。随后中央还制定了“工业反哺农业、城市支持农村”“多予少取放活”的基本方针，并且分别就增加农民收入、提高农业综合生产力、建设社会主义新农村出台了一系列更有效、更直接的农村改革政策措施，一个与时俱进、以“三农”问题为基本出发点的政策体系框架正在形成。而在21世纪初，我国农村政治体制改革也有了很大的突破，出现了大学生村官制度，大学生较强的综合素质能力也为农村各项事业的发展注入了新鲜活力。为落实科学发展观，实现农村可持续发展，2005年中共中央提出“在生产发展、生活富裕、乡风文明、村容整洁、管理民主的要求下，扎实推进社会主义新农村建设”的发展理念，这一理念的提出为农村经济社会发展指明了方向。“十二五”时期，我国各级政府积极探讨新农村建设的新途径，不断推进跨区域就业农民的“市民化”，同时维护农村生活方式，确保农民在新农村建设过程中的主体地位不动摇，使农民成为农村经济社会发展的参与者。2014年农民“市民化”有了新的进展，全国各地纷纷推出户籍改革政策，极大地推动了农村经济社会的改革，城乡一体化逐步加强。

当前我国经济社会发展进入到“十三五”时期，“十三五”时期是全面建成小康社会的决胜阶段，农村经济社会改革迫在眉睫。根据现阶段农村经济社会发展的状况，中共中央在“十三五”规划中又提出了新的要求，可以总结为以下四点：一是要推进农业现代化，加快转变农业发展方式，着力构建现代农业产业体系、生产体系、经营体系，提高农业质量效益和竞争力，走产出高效、产品安全、资源节约、环境友好的农业现代化道路；二是要推进新型城镇化，加快农村转移人口的市民化，协调城乡发展；三是全力实施脱贫攻坚，精准扶贫精准脱贫，完善脱贫攻坚支撑体系，加快贫困地区发展；四是全面改善农村生产生活条件，加快农村基础设施建设，改善农村教育环境，加强基层医疗卫生机构和乡村医生队伍建设，建立健全农村社会治理体系，加强文化建设，传承并弘扬优秀乡村文化，努力建设美丽宜居乡村，实现农村全面协调可持续发展。

在中国改革开放的大背景下，作为经济基础较好的地区之一，江苏社会经济得到了较快发展。江苏省地处长江中下游和淮河下游，拥有较佳的地理区位和自然条件，农村经济社会发展取得了一定的具有典型意义的成就，尤其是苏南农村集体所有制经济发展成果卓著，在20世纪八九十年代一度成为我国农村经济社会发展的一面旗帜。当前，根据中共中央的“十三五”规划，结合经济社会发展的阶段性特征和江苏农村经济社会发展过程中存在的问题，江苏省委省政府对江苏农村经济社会发展提出了新的改革要求，要求树立创新、协调、绿色、开放、共享的发展理念，深入贯彻落实农村综合性改革方案，努力实现全面建成小康社会的奋斗目标，着力打造创新型农业、开放型农业、质量品牌、加工流通、生态农业、休闲观光农业，不断协调推进新型城镇化和社会主义新农村建设，聚焦“三农”中心任务。2016 年 3 月江苏省政府发布的《江苏省国民经济和社会发展第十三个五年规划纲要》为农村经济社会发展指明了具体的方向：深入实施农业现代化工程，加快转变农业发展方式，推动粮经饲统筹、农林牧渔结合、种养加一体、一二三产业融合发展，走产出高效、产品安全、资源节约、环境友好的农业现代化道路，力争在全国率先实现农业现代化；加快农业科技创新步伐，注重用现代装备武装农业、现代科技提升农业、现代经营方式推进农业，为现代农业发展提供全方位、全过程支撑保障；大力推进农业转移人口市民化，全面放开城镇户籍限制，引导农业转移人口融入城镇生活，加大中小城市基础设施投入，吸引更多农业人口就近就地转移落户，同时必须保障农民进城留乡的自主权；大力推进农村资源保护和环境建设，落实最严格的水资源管理制度和耕地保护制度，推动耕地数量、质量、生态“三位一体”保护，推进农业走上绿色、生态、可持续的发展道路，建设资源节约型、环境友好型农业；推进绿美乡村建设，保护自然湿地资源，加强农村人居环境整治。

二、“十三五”时期研究农村经济社会发展的意义

按照中央关于国民经济发展的计划，到 2020 年，我国将全面建成小康社会、实现“两个一百年”奋斗目标的第一个百年奋斗目标。经过改革开放以来 30 多年的发展，目前我国已经取得了经济社会发展的巨大成就，也已经形成了若干促进农村经济社会发展的相关经验。然而不容忽视的是，我国经济社会发展中依然存在城乡差距巨大、不协调、不平衡等诸多问题，同时随着改革的深入，青壮年劳动力流失、村庄空心化、区域发展差距、新型农业经营体系不完善、农村社区治理薄弱、农村生态环境恶化等新的难题也纷纷涌出。这些经济社会发展中出现的若干问题，有些是持续性的老问题、有些是发展中出现的新问题，这些问题无疑会对经济社会向小康社会的短期目标，向现代化社会的长期目标造成一定的干扰。因此在新的经济社会发展阶段，对经济社会发展的状况进行评价和比较，对经济社会发展中出现的若干重大问题进行系统性研究就具有较强的理论和现实指导意义。

具体而言，我们根据《中共中央关于制定国民经济和社会发展第十三个五年规划的建议》明确的全面建成小康社会新目标的要求，结合当前江苏农村经济社会的发展状况，构建农村经济社会发展的相关指标，以测度、比较和评价江苏农村总体以及不同区域经济社会社会发展的水平，从而有利于及时发现经济社会发展中的相关重要问题，有利于使农村经济社会的发展适应新常态。江苏经济社会发展的区域差异较大，传统上分为苏南、苏中和苏北三个区域，通过比较分析三大区域，可以对不同区域经济社会发展的情况进行动态评价，以更有利于提高落后地区的经济社会发展水平。总体而言，研究江苏农村经济社会发展的总体状况具有以下几方面的现实意义：

第一，有利于科学合理评价当前江苏省农村经济社会发展状况。一套完整科学的经济社会发展指标评价体系，能够从经济发展、生活水平、社会发展、生态环境等多角度了解农村的发展状况，准确把握现阶段经济社会的发展特征。对经济、社会、文化、公共服务、资源环境等方面状况进行实时动态观察，以便及时反馈现有状况和存在的相关问题，更好地把握未来的发展趋势，并为相关部门提供合理有效的政策建议。

第二，有利于深入贯彻落实发展理念。在新常态的发展阶段，必须坚持发展的全面性，必须在坚持以经济建设为中心的基础上，推进经济、政治、文化、社会和生态建设事业的全面发展。当前城乡差距和区域差距仍然很大，缩小城乡差距、区域差距，解决发展中的不协调问题，是我国现代化建设的必然要求，也是发展的迫切需要。基于江苏发展中的区域差异对苏南、苏中、苏北之间进行农村区域发展程度比较分析，总结和推广苏南地区经济社会发展的成功经验，推动区域之间协调发展。必须坚持发展的可持续性，由于在改革开放初期对经济社会发展的认识还不够到位，片面追求经济的增长，而忽略人口、资源、环境等因素，致使农村生态环境遭到严重破坏。本书不仅仅关注江苏农村的经济发展水平，同时还对农民的生活水平、受教育状况、社会保障以及农村生态环境等方面进行评估分析，探讨江苏农村发展的可持续性。

第三，有利于推进“强富美高”新农村建设。在新的发展阶段，农村发展不仅仅局限于经济的增长，“农业强”“农民富”“农村美”“农村社会文明程度高”“机制活”这五部分已成为农村经济社会新的发展目标。本书在兼顾具有一般性的区域和具有特殊性的区域的基础上进行相关研究，评价其资源的有效利用率，深入探讨农村经济社会发展的趋势，提出政策性建议，有利于大力挖掘农村资源潜力，推进经济社会制度的改革，完善组织利益机制和产权缺陷，创新经营管理机制，实现农村经济社会的全面协调发展。

第四，有利于调控发展中经济、社会、生态与人的平衡。在经济社会发展的同时，势必会利用自然资源，对资源环境造成威胁。政府可以根据不同阶段经济社会发展的特征和需要，通过不同类型政策调控，达到在经济发展水平不断提高时，也能相应地将环境保护能力保持在较高水平上的目标。确立农村经济社会发展指标，了解江苏农村经济社会发展程度与特征，有助于着眼于经济、社会、政治、文化、生态等各方面的发展，解决人口、资源、环境及经济社会发展等方面的矛盾，促进实现经济社会的全面、协调、可持续发展。

总之，在“十三五”开局之年，研究江苏农村经济社会发展总体状况，结合研究当前的农村集体经济与新型农业经营体系构建等经济社会发展中的热点问题，有利于为更好地解决经济社会发展现有问题提供理论与实践依据，为江苏省农村经济社会综合改革提供政策建议，有利于引导经济社会发展适应新常态，实现农村经济社会发展的可持续性。

第二节　江苏农村经济社会发展指标体系

一、指标体系构建的经验借鉴

为了科学有效评价经济社会发展的状况，政策制定机构和相关研究人员制定了一系列指标评价体系，这些评价指标体系的设立为科学评价江苏农村经济社会发展程度，为构建江苏农村经济社会发展目标提供了依据。

表 1-1　国内外经济社会发展指标体系示例

	名　称	主要指标
1	中国“十三五”时期经济社会发展（2016 年）	经济发展、创新驱动、民生福祉、资源环境
2	江苏全面建设小康社会（2013 年）	经济发展、人民生活、社会发展、民主法治、生态环境
3	江苏省基本实现现代化（2012 年）	经济发展、人民生活、社会发展、生态环境

（续）

	名　称	主要指标
4	布莱尔标准（20世纪60年代）	人均GNP、能源消费、劳动就业人员的比例、各部门GNP比重、终极用途占GNP比例、城市化进程、接受教育状况、身体健康状况、相互沟通交流状况、收入分配均匀状况
5	英格尔斯标准（20世纪70年代）	人均国内生产总值、农业增加值占GDP比重、服务业增加值占GDP比重、非农业从业人员占全部从业人员比重、城市化水平、成人识字率、大学入学率、每个医生服务的人数、人口平均预期寿命、婴儿死亡率、人口自然增长率
6	世界银行的人均收入划分标准（定期更新）	低收入国家、中等收入国家和高收入国家
7	联合国开发计划署的人类发展指数（HDI）（1990年）	预期寿命、成人识字率和人均GDP的对数
8	美国可持续发展（1996年）	健康与环境、经济繁荣、平等、保护自然、资源管理、持续发展的社会、公众参与、人口、国际职责、教育

二、江苏农村经济社会发展指标体系的构建

由于农村经济社会发展包含的内容广泛，因此在构建体系的过程中，结合江苏省农村的实际特点，考虑了以下四个方面的内容：第一，能够体现江苏农村经济社会发展的战略，符合江苏省民富省强的建设目标；第二，有针对性地突出江苏农村区域发展差异较大的实际情况；第三，所有数据均来源可靠；第四，指标体系既能全面反映江苏农村经济社会发展的各个方面，也要控制指标的数量。

江苏农村经济社会发展指标体系具体包括三层：准则层、状态层和指标层。准则层由经济发展、生活水平、社会发展、生态环境四个层次组成；状态层构成准则层内部的结构框架；指标层是指标体系的基础支撑，用来描述具体指标。具体构成如下：

1. 经济发展指标

经济发展指标包括生产总值、农业经营结构两个二级指标。生产总值反映经济总量，我们将生产总值进一步划分为可量化的三级指标，包括：第一产业产值增长率、第一产业产值占GDP比重变化、第一产业对GDP的贡献率、第一产业

对地区 GDP 增长的拉动、人均生产总值变化、每个农林牧渔业拉动力创造的产值、每亩[①]耕地创造的产值等。通过三级指标反映江苏农村的经济效益和经济增长情况，细致的划分不仅能够了解到江苏省农村经济总量的变化，同时也能够了解到第一产业各项量化指标，对于分析和预测第一产业的发展尤为重要。

农业经营结构反映了江苏农村农林牧渔的资源配置和发展现状。这里包括：农林牧渔业劳动力、农林牧渔业总产值和产业结构、主要农产品产量、农业中每公顷面积农产品产量（粮食、棉花、油料）、农林牧渔个体工商业（和私营企业）基本情况。通过这些指标，可以清楚地了解到江苏省农村农业各部门的构成情况。

2. 生活水平指标

生活水平指标包含一系列满足居民物质生活需要和精神生活需要的内容，划分为收入水平、消费水平、人均住房面积、交通、居民信息化普及程度等三级指标。

收入水平指标包括人均可支配收入、城乡收入比、收入来源结构、各地区农村居民家庭收入和结构情况。居民的收入水平是直接影响市场容量大小的重要因素，同时受宏观经济状况和国家收入分配政策的影响，农村居民的收入水平直接决定了其购买力水平。

消费水平从宏观角度考察就是一定时期内整个社会用于生活消费和服务的规模和水平；从微观角度考察，就是单个消费者一定时期内消费的商品和服务所达到的规模和水平。该指标包括了消费支出、消费结构、不同收入组居民消费支出结构、各地区农村居民家庭消费和结构情况、农村恩格尔系数，能够清晰地了解到农村居民的消费情况。

人均住房面积指标包括江苏省各地区农村人均住房面积、价值、住房类型。通过比较江苏省各地区（苏南、苏中、苏北）的住房指标可以横向比较三个地区的情况，这是反映居民居住水平和生活质量的重要指标。

交通指标包括每百户自行车、摩托车、家用汽车构成情况。通过量化后的指标数值与指标标准值进行对比，能够反映出江苏省不同地区的交通发达情况，能够映射出农村居民出行的便捷程度。

居民信息化普及程度，包括百户年末固定电话用户、移动电话拥有量、每百

① 亩为非法定计量单位，1 亩＝666.6̇ 米^2。下同。——编者注

户家用电脑拥有量等。

3. 社会发展指标

社会发展指标包括教育状况、人口结构、社会保障、农村基层管理等指标。

教育状况包括各地区农村文化机构发展情况、受教育程度等指标，这一指标反映了江苏省农村地区的教育发达程度。

人口结构是社会、经济、文化和人类自身发展的历史产物，反映了江苏省农村地区目前人口总体内部各种不同质的数量比例关系。该指标包括：乡村人口、乡村人口变化状况、乡村人口年龄构成情况、乡村人口受教育程度情况、农村居民平均每户家庭人口、第一产业就业情况（包括从业人员合计、从业人员构成情况）。通过这些指标，可以了解到江苏省农村人口的整体概况，了解人口结构变动的趋势，对于进行人口预测，制定经济与社会发展规划，制定人口政策和社会经济政策都有着重要意义。

社会保障包括居民家庭医疗保健支出比重、参加新型农村合作医疗人数、农村居民最低生活保障人数、各地域乡镇卫生院情况。这一系列指标反映了农村居民福利保障情况，良好的社会保障能够促进社会成员之间及其与整个社会的协调发展，促使社会生活实现良性循环。

良好的农村基层管理是解决“三农”问题、带动农村经济发展的基础，也是构建农村和谐社会和全面建设农村小康社会的发展需要。

4. 生态环境指标

生态环境指标包括绿化水平和环境质量指标。“十三五”规划强调了生态文明的建设，实现社会的和谐发展。

绿化水平包括农村绿化、陆地森林覆盖率、绿色生态空间面积保持率。绿化水平随着社会的进步，要求也越来越高，该指标反映的不仅是乡村的绿化水平，更重要的是，它还反映了农村的经济发展水平和社会进步水平。

环境质量包括清洁能源使用比例、污水处理率、空气质量达标率等指标。人们生活水平的提高，伴随而来的是对周围生活环境质量要求的提高，环境质量是达到和谐社会的一项必不可少的评价指标。

5. 指标体系

将以上指标进行汇总，如表1-2所示。

表 1-2　江苏农村经济社会发展评价指标体系

指标名称	二级指标
经济发展	生产总值 农业经营结构
生活水平	收入水平 消费水平 人均住房面积 交通 居民信息化普及程度
社会发展	教育状况 人口结构 社会保障 农村基层管理
生态环境	绿化水平 环境质量

该套指标体系不仅包括了经济社会发展的存量指标，同时也能够反映出特定时间内经济的变量值，能够全面反映当前农村地区的经济发展状况。从生活水平类指标看，衣食住行是生活水平最基础的衡量指标，同时也最能够反映出农村地区人民生活状况的好坏。随着经济社会的发展，通信设施的发展水平也是衡量农村居民生活水平的重要指标。从社会发展水平看，农村地区的稳定发展是建立在良好的社会保障和管理基础之上的，而教育指标的好坏能够预测该地区未来的发展速度。从生态环境方面看，习近平曾指出“良好的生态环境是最公平的公共产品，是最普惠的民生福祉”，如果经济社会的发展是建立在破坏生态环境的基础之上的，那么生态环境的破坏所带来的负外部性很有可能会大于经济发展所带来的好处，因此，强调对生态环境指标的量化，衡量农村地区的环境情况，也是考量江苏农村地区经济社会总体发展状况的重要方面。

第三节　当前江苏农村经济社会发展的主要特征

一、江苏农村经济发展情况

1. 第一产业生产总值增幅较低，占全国比重基本不变

囿于土地资源及其利用效率的限制，“十二五”时期江苏第一产业生产总值

增速为3.6%，远远低于同期江苏GDP的增长速度（9.6%）。江苏第一产业占全国GDP的比重大致不变，2011—2015年的均值约为6.42%，江苏第一产业发展速度和全国第一产业的发展速度较为一致。

表1-3　江苏第一产业生产总值状况

年份	第一产业生产总值/亿元	占全国比重/%
2011	3 064.78	6.40
2012	3 418.29	6.50
2013	3 469.86	6.40
2014	3 634.33	6.20
2015	3 987.43	6.60

数据来源：《江苏统计年鉴2016》。

2. 第一产业生产总值对GDP贡献和拉动均有下降趋势

虽然近年来江苏省第一产业生产总值在不断地上升，但占江苏省生产总值比重、对江苏省的GDP贡献率和对GDP拉动率总体是在下降的。这表明江苏省第一产业在发展的过程中逐步落后于第二产业、第三产业的发展，在GDP中的重要性有持续性下降。

表1-4　江苏第一产业生产总值对GDP的影响

年份	占地区生产总值比重/%	对江苏省GDP贡献率/%	对江苏省GDP拉动率/%
2011	6.3	2.2	0.2
2012	6.3	2.6	0.3
2013	5.8	1.6	0.1
2014	5.6	1.7	0.1
2015	5.7	1.7	0.1

注：产业贡献率指各产业增加值增量与GDP增量之比，产业拉动指GDP增长速度与各产业贡献率之乘积。

数据来源：《江苏统计年鉴2016》。

3. 经济发达程度与第一产业增加值增速呈现反向关系

通过比较苏南、苏中、苏北三个区域的第一产业增加值增速，可以发现苏北>苏中>苏南，这正好与经济发达程度相反，表明经济越发达，第一产业增速反而可能越下降。这可能与发达地区第一产业的潜力已经较为充分发挥有关，也可能意味着随着经济发展程度的提高，江苏第一产业的产值增速总体将继续下降。

表1-5 2011—2015年江苏各地区第一产业增加值增速

单位：%

地区	2011年	2012年	2013年	2014年	2015年	均值
苏南	4.3	4.7	3.2	2.5	2.8	3.5
苏中	4.0	4.7	3.5	3.0	3.2	3.68
苏北	4.1	4.6	3.2	3.4	3.5	3.76

注：按可比价格计算，与上年比较的增速。

数据来源：《江苏统计年鉴2016》。

4. 主要农作物种植结构有趋势性变化

在江苏主要农作物种植结构中，粮食作物所占比重最高，且比值较为稳定，约为70%，其次是蔬菜、瓜果占比较高，且其占比有明显的上升趋势，油料作物占比为第三位，棉花排第四位，且两者占比有明显的小幅下降趋势。

表1-6 江苏主要农作物的种植结构

单位：%

	2011年	2012年	2013年	2014年	2015年
农作物总播种面积	100	100	100	100	100
粮食作物	69.41	69.74	69.77	70.01	70.04
油料作物	7.21	6.90	6.75	6.50	6.14
棉花	3.12	2.23	2.02	1.72	1.22
麻类	0.01	0.01	0.01	0.01	0.01
糖料	0.02	0.02	0.02	0.02	0.02
烟叶	…	…	…	…	…
药材	0.16	0.15	0.19	0.22	0.21
蔬菜、瓜类	18.28	19.17	19.52	19.82	20.58
其他农作物	1.78	1.78	1.72	1.70	1.78

数据来源：《江苏统计年鉴2016》。

5. 农业现代化水平稳步提高

江苏省是最早开始农业现代化建设的省份之一。自从1978年改革开放以来，江苏省政府就提出各项政策，加大对农业现代化的财政投入，发展全省的农业，因此，江苏的农业现代化水平一直以来都在全国平均水平之上。从表1-7可以看出，农业机械化水平、农村电气化水平、农用物资使用量、农田水利建设投入量有稳步递增趋势。其中，机耕面积、机播面积、机械收获面积增长较快；而化肥施用量和农药使用量也呈现逐年递减的趋势，这表明近年来农业现代化水平和农业产量的提高是在减少化学污染的情况之下进行的。

表1-7 江苏农业现代化情况

指　标	2011年	2012年	2013年	2014年	2015年
农业机械化情况					
农业机械总动力/万千瓦	4 106.11	4 214.64	4 405.78	4 649.98	4 825.49
机耕面积/千公顷	5 622.49	5 845.67	5 947.94	6 100.16	6 066.15
机播面积/千公顷	3 476.19	3 887.94	4 371.78	4 437.83	4 576.06
机播小麦面积/千公顷	1 934.98	2 026.1	2 099.42	2 117.97	2 148.19
机械植保面积/千公顷	5 116.25	5 400.5	6 732.05	5 736.8	5 649.06
机械收获面积/千公顷	4 903.66	4 896.87	5 114.39	5 549.26	5 142.77
农村电气化情况					
农村用电量/亿千瓦时	1 606.83	1 696.41	1 801.86	1 834.93	1 836.19
农用物资使用情况					
化肥施用量（折纯量）/万吨	337.21	330.94	326.82	323.61	319.99
每亩耕地施用化肥（折纯量）/千克	48.83	48.03	47.43	47	46.54
农用塑料薄膜使用量/万吨	10.64	11.26	11.68	11.98	11.32
农用柴油使用量/万吨	99.96	102.97	106.8	107.45	108.58
农药使用量/万吨	8.65	8.37	8.12	7.95	7.81
农田水利情况					
有效灌溉面积/千公顷		3 704.17	3 785.27	3 890.53	3 952.5
节水灌溉面积/千公顷	1 733.33	1 923.37	2 005.43	2 189.54	336.09
除涝面积/千公顷	2 778.25	2 812.02	2 853.25	2 961.97	3 017.69
水土流失治理面积/千公顷	1 110.23	717.31	886.97	899.66	893.82
堤防长度/公里	51 853	55 105	55 403	55 387	55 654
堤防保护面积/千公顷	3 355.19	3 257.81	3 519.38	2 767.32	2 826.85

数据来源：《江苏省统计年鉴2016》。

农业现代化水平提高的一个显著性特征是农业机械化以及农产品加工器械的年底拥有量。从图1-1可以看出来，近年来，江苏省的农业机械数量出现了结构性变化，其中，机动脱粒机的数量历年来在不断下降；农用小型手扶拖拉机及其配套农具的数量也出现减少的趋势；与之相对应的，大型拖拉机的数量则在缓慢增长。这表明在江苏省的农业现代化进程中，小型农业机械正在被大中型农业机械所取代，这可能与近年来农业生产经营的规模化程度提高有关。

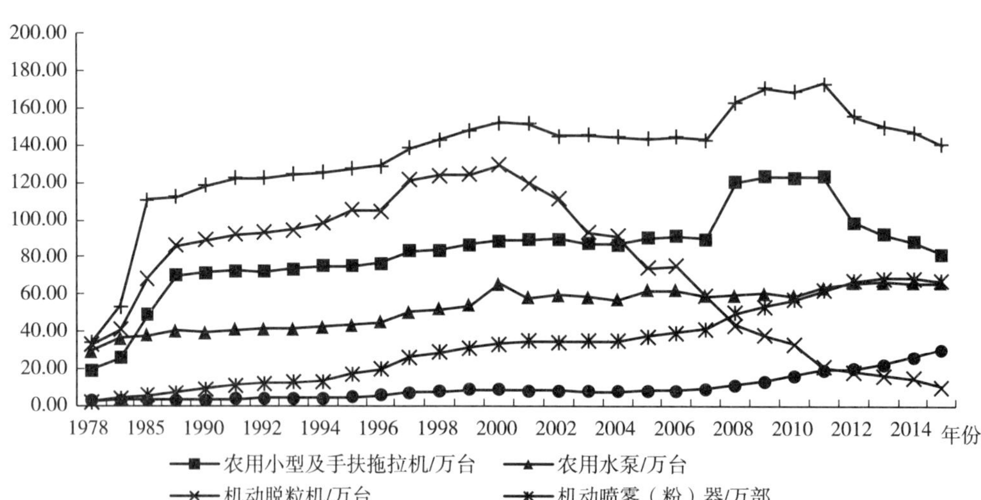

图 1－1　1978—2015 年江苏主要农业机械和农产品加工机械年底拥有量

数据来源：《江苏统计年鉴》。

二、江苏农村居民生活状况

1. 农民收入持续提高，城乡居民收入差距有所缩小

近年来，江苏农村居民收入增速较快，从绝对数值来看，自 2005—2015 年的 10 年之间名义收入增长两倍，扣除通货膨胀因素，年均实际收入增长率高达 8.95%。自 2009 年起始，城乡居民收入差距似有转折性下降趋势，城乡收入比从 2009 年的最高值 2.57 倍降至 2014 年、2015 年的 2.29 倍。与此同时，反映食品消费支出占比的恩格尔系数也有明显下降趋势，表明随着江苏农村居民收入水平的提高，其消费支出类型更加丰富、多元化。

表 1－8　2005—2015 年江苏农村居民家庭人均纯收入及恩格尔系数

年份	绝对值/元	实际增长率/%	恩格尔系数/%	城乡居民收入比
2005	5 276	8.40	44.00	2.33
2006	5 813	8.40	41.80	2.42
2007	6 561	7.70	41.60	2.50
2008	7 357	6.20	41.30	2.54

（续）

年份	绝对值/元	实际增长率/%	恩格尔系数/%	城乡居民收入比
2009	8 004	9.40	39.20	2.57
2010	9 118	9.20	38.10	2.52
2011	10 805	11.90	38.50	2.44
2012	12 202	10.10	37.40	2.43
2013	13 598	8.70	36.30	2.39
2014	14 958	9.70	31.40	2.29
2015	16 257	8.7	31.65	2.29

注：2014年、2015年的恩格尔系数系根据定义计算而出。
数据来源：《江苏统计年鉴2016》。

2. 江苏苏南、苏中、苏北农村居民收入存在明显差异

与经济发展水平相适应，江苏不同区域居民收入存在明显差异，苏南农村居民收入远远高于苏中和苏北；三个区域农村居民的收入来源也存在明显差异，综合来看，收入水平越高的区域其工资性收入、财产性收入占比越高，收入水平相对较低的区域其经营性收入、转移性收入占比越高。

表1-9　2015年苏南、苏中、苏北农村居民家庭收入情况

单位：元

地区	人均可支配收入	工资性收入	经营净收入	财产净收入	转移净收入
苏南	22 760	14 331（0.63）	4 284（0.19）	1 657（0.07）	2 488（0.11）
苏中	16 862	9 915（0.59）	3 971（0.24）	491（0.03）	2 485（0.15）
苏北	13 841	6 662（0.48）	4 814（0.35）	283（0.02）	2 082（0.15）

数据来源：《江苏统计年鉴2016》。

3. 江苏农村居民人均住房面积高于城镇居民

根据《江苏统计年鉴2016》数据，2015年江苏省农村常住人口平均住房面积为54.95米^2，而全省城镇居民的人均住房建筑面积为39.6米^2，农村居民居住相对宽敞。从苏南、苏中、苏北的比较来看，农村居民人均住房面积与经济发展水平有一定关系，苏南的人均住房面积高于苏中和苏北，但苏南与苏中的差距较小，且近年来苏南地区农村居民人均住房面积变化较小，这表明农村人均60米^{2}左右的居住面积可能是一个稳定值。

表 1-10 江苏常住人口人均住房面积

单位：米^2，%

年份	苏南	增长率	苏中	增长率	苏北	增长率
2010	58.30	—	49.60	—	37.90	—
2011	62.80	7.72	52.70	6.25	46.30	22.16
2012	63.10	0.48	54.50	3.42	44.00	−4.97
2013	59.20	−6.18	56.20	3.12	47.20	7.27
2014	59.70	0.84	58.30	3.74	49.20	4.24
2015	59.90	0.34	58.80	0.86	50.10	1.83

数据来源：《江苏统计年鉴 2016》。

三、江苏农村社会发展情况

1. 江苏农村居民文化素质水平仍旧较低

我们把受教育程度指标分成 5 个阶段：不识字或基本不识字、小学、初中、高中、大学及以上。以 6 岁以上的人作为统计对象，发现农村初中及以上文化程度中，男性占比明显高于女性，其中男性占总调查对象的 33.24%，而女性占比为 26.4%，较男性低约 6.84 个百分点，说明农村男性受教育程度高于女性受教育程度。但农村小学及以下教育程度的人数，无论是男性还是女性所占比重较大，总数占被调查人数的比重为 40.36%，而初中及以下受教育程度的占有比重更是高达 81.72%，这说明农村家庭人口文化程度普遍偏低。

表 1-11 江苏农村文化程度状况

文化程度	男性/人	所占比重/%	女性/人	所占比重/%
不识字或基本不识字	4 655	1.94	15 703	6.54
小学	34 769	14.47	41 820	17.41
初中	54 107	22.52	45 255	18.84
高中	18 883	7.86	12 247	5.10
大学及以上	6 868	2.86	5 923	2.47
总计	119 282	49.65	120 948	50.35

数据来源：《江苏统计年鉴 2016》。

2. 江苏农村人口年龄结构呈现趋势性变化

全国范围内人口老龄化状况在江苏农村也可见一斑，如表 1-12 所示，近年来65岁及以上人口占比逐年上升，而15～64岁适龄劳动力人口占比自2010年之后也有稳步下降趋势，可以说，人口形势较为严峻，总抚养和老年抚养负担有加重态势。0～14岁年轻人口的变动趋势不甚明显，但由于近年我国逐步放开计划生育限制，前期积累的生育潜力将在近几年集中释放，可以预见江苏农村居民0～14岁人口可能会有一个上升的过程，相应的少儿抚养负担也会相应加大。

表1-12　江苏农村人口结构与抚养比

单位：%

年份	年龄结构			抚养比		
	0～14岁	15～64岁	65岁及以上	总抚养比	少儿抚养比	老年抚养比
2005	16.95	70.28	12.77	42.29	24.12	18.17
2006	15.88	71.40	12.73	40.07	22.24	17.83
2007	15.82	71.32	12.86	40.21	22.18	18.03
2008	14.79	72.01	13.20	38.87	20.54	18.33
2009	14.41	71.94	13.65	39.00	20.03	18.97
2010	14.13	72.29	13.58	38.33	19.55	18.79
2011	14.28	72.28	13.45	38.36	19.76	18.61
2012	13.69	71.29	15.02	40.27	19.20	21.07
2013	14.00	70.35	15.65	42.15	19.90	22.25
2014	14.74	69.17	16.09	44.57	21.31	23.26
2015	14.67	68.96	16.37	45.01	21.27	23.74

数据来源：《江苏统计年鉴2006—2016》。

3. 江苏农村从事第一产业人员比例下降

近年分区域的农村从业人员数据显示，各区域农村从业人员与农村第一产业从业人数均在稳步下降，且从事第一产业人数下降速度快于总从业人数，即苏南、苏中、苏北农村地区从事第一产业从业人员比例在不断下降，这表明各区域农业释放的剩余劳动力均逐步在向非农产业转移；从区域比较而言，苏南农村地区从事第一产业人员比例最低，但与苏中地区差别不是十分明显，而苏北农村地区第一产业从业人员占比远高于苏南、苏中地区。

4. 江苏农村教育资源投入不断加大、技能培训不断增强

江苏于2006年发布《江苏省农村义务教育阶段学生免收学杂费实施办法》，对全省农村义务教育阶段学生自2006年秋季新学期开始全部免收学杂费；2010

表 1－13　苏南、苏中、苏北农村从业人员比较

年份	农村地区第一产业从业人数/万人			农村从业人数/万人			农村地区从事第一产业人员比例/%		
	苏北	苏中	苏南	苏北	苏中	苏南	苏北	苏中	苏南
2008	566.56	183.58	146.23	1 255.39	708.00	693.91	45.13	25.93	21.07
2009	562.34	173.86	140.11	1 267.23	709.09	691.38	44.38	24.52	20.27
2010	559.64	166.29	133.90	1 281.93	712.04	676.71	43.66	23.35	19.79
2011	536.92	158.89	125.88	1 284.70	708.20	659.75	41.79	22.44	19.08
2012	521.09	153.19	121.75	1 270.29	703.29	647.24	41.02	21.78	18.81
2013	510.06	148.06	117.93	1 275.56	698.72	639.68	39.99	21.19	18.44
2014	501.92	145.05	115.03	1 271.42	696.26	637.18	39.48	20.83	18.05
2015	494.56	142.13	110.72	1 272.87	693.67	634.21	38.85	20.49	17.46

数据来源：《江苏统计年鉴 2009—2016》。

年，经江苏省政府同意，从春季学期起全面免收农村义务教育阶段公办学校寄宿生住宿费，2010 年，江苏省财政下达农村义务教育阶段公用经费补助资金 9.4 亿元，并从 2011 年春季学期起，向全省城乡义务教育阶段学生免费提供作业本及讲义，江苏农村义务教育阶段近 800 万中小学生自此实现“零收费”就学。

近年来，江苏省不断扩大在农村教育方面的财政支出。2014 年江苏省地方教育经费执行情况统计公告显示，全省农村地区各级教育生均公共财政预算教育事业费支出基本实现全面增长。其中，农村幼儿园生均支出达到 2 427 元；农村小学生均支出达到 10 990 元；农村初中生均支出达到 17 058 元。得益于教育经费支出的不断增长，与江苏省政府、教育厅对于农村教育的不断关注与投入，截至 2015 年，江苏省农村普通中学在校生人数为 224.39 万，农村小学生在校生人数为 408.34 万，分别占全省普通中学和小学在校人数的 52.03% 和 53.38%。

除了学历教育的增加，“十一五”以来，省委、省政府高度重视农村实用人才队伍建设和农村人力资源开发工作。2006 年，江苏省发布《江苏省政府关于大力发展职业教育的决定》，实施农村劳动力转移培训工程，每年开展农村劳动力转移培训 30 万人。实施现代农民教育工程，每年开展农业实用技术培训 200 万人、创业培训 10 万人。实施新市民教育和创业教育行动工程，对进城务工人员开展就业技能培训和文明教育，提高创业能力。实施成人继续教育和再就业培训工程，依托各类职业院校（含技工学校）和社会培训机构形成遍布城乡、覆盖全社会的职业培训网络，并于2012年11月颁发了《江苏省中长期农业农村人才发展规划（2012—2020年）》，计划农村实用人才总量将达到180万名，培养涉农专业中专及以上毕业生或持有国家职业资格证书和省现代农业职业技能证书的职业农民200万名，确保持证农业劳动力占总农业劳动力的比重达到35%。该规划推出农业农村五大重点人才工程，其中，百万现代职业农民培养工程提出，每年开展职业技能和创业培训20万人，农业实用技术培训200万人，新型农民学历教育3万人。除此之外，江苏还专门针对农村制定了《江苏省农业系统法制宣传教育第六个五年规划（2011—2015年）》，要求在农村广泛开展法制宣传教育，增强农民的自觉守法意识和依法维权能力，提高农民群众的法律素质。

5. 江苏农村养老、医疗保障、最低生活保障较为有力

江苏早在2008年12月就印发了《关于建立新型农村社会养老保险制度的指导意见》，要求在全省范围内逐步建立新农保。目前全省已实现13个地级市中涉农90个（县市），建立了新农保制度，各地基本实现新农保参保全覆盖。在自愿参保的原则上，江苏2010年在国内率先实现新农保适龄农民参保和60周岁以上老人基础养老金发放两个“全覆盖”。2011年江苏省提出要巩固新农保参保和基础养老金发放两个“全覆盖”成果，确保农村适龄居民参保率稳定在95%以上，60周岁以上老人基础养老金发放率稳定在98%以上。2015年，江苏省农村社会保障制度基本实现应保尽保。但也存在区域发展不平衡，一些地区农村社会保障水平与其经济水平不匹配的现状，尤其是苏中地区的发展水平较为落后，在参保率、补偿受益等方面都低于其他地区。除此之外，江苏省加强了对于养老服务社区的建设，截至2015年底，全省居家养老服务中心（站）总量达到19 818家，实现城市社区全覆盖，农村社区88.42%覆盖，90%的县（市、区）已建成虚拟养老院等信息化社区居家养老服务平台，基本满足了当地老年人日间照料、生活护理、机构托养等各类养老需求。

江苏省是我国农村合作医疗的发源地，并积极响应国家的相关政策。2011年，江苏省出台新型合作医疗地方性法规《江苏省新型农村合作医疗条例》。条例实施后，江苏省建立起以政府补助为主、群众合理负担筹资机制，新型农村合作医疗筹资标准从 2003 年的人均不低于 30 元提高到 2015 年人均 450 元，其中政府补助从人均不低于 20 元提高到各级财政补助 360 元，个人缴纳只需 90 元。截至 2015 年末，全省有 71 个统筹地区开展了新型农村合作医疗，参合人口数达 3 997 万人，参合率为 99.93%。全省人均筹资达到 516 元，其中政府补助人均 404 元，基本医疗补偿人次达 17 029.43 万人次，所有新农合统筹地区全面建立大病保险制度，共有 2 501 万人次获得补偿。

江苏省作为我国东部经济大省之一，其农村居民最低生活保障制度自建立起在实践中不断完善，1995 年，根据民政部的统一部署，江苏省各级民政部门积极探索开展了农村最低生活保障工作，并于 2004 年 9 月，基本形成农村各地的年保障标准。近年来，江苏农村低保不断完善，保障标准不断提高。2015 年，省民政厅在南京召开全面贯彻实施《江苏省社会救助办法》推进会，明确全面提高城乡低保标准，农村最低标准每人每月 335 元，全年 4 000 元标准。此外，要求各地以当年人均收入 20%以上的标准来制定低保发放标准。提标后，全省农村低保平均标准达 465 元/人/月以上。

6. 江苏农村社会管理和公共服务水平不断提高

江苏积极推进和谐社区建设。截至 2014 年，江苏全省近 2 万个村，其中农村和谐社区建设达标率为 75%，已全部实行了村务公开制度，建立了固定的村务公开栏和村民意见箱，让村级重大事项或涉及村民的财务事项能够按照程序进行公开。“十三五”期间，江苏省提出将深入推进和谐社区建设及社区治理和服务创新实验区建设，到 2016 年底，92%的城市社区、85%的农村社区达到省级和谐社区标准。但是总体来看，各地的发展情况不尽相同，在苏北地区，农村公共服务资源短缺，一些乡村被边缘化、空心化、碎片化现象严重，更多的公共资源向少数试点村、先进村倾斜，一些农村社区很难享受到均等化的公共服务。城市与农村的公共服务差距较大。

2012 年，国务院农村综合改革工作小组启动农村综合改革示范试点工作，明确江苏为农村公共服务运行维护机制建设示范试点省份。为支持做好农村公共服务运行维护工作，江苏建立每村不少于 8 万元的农村公共服务运行维护基本保障制度，由中央、省、县级财政共同负担。2014 年，江苏省试点范围已扩大到苏北全部县（市）和苏中、苏南部分县（市），覆盖 49 个县（市、区）1.2 万个行政村，中央和省财政投入资金 7.33 亿元，其中省级安排 6.32 亿元。截至 2015 年，全省近 1.8 万个行政村全面开展农村公共服务运行维护工作，中央和省财政安排资金近 9 亿元。截至目前，试点工作取得了阶段性成效，村庄环境整治成果得到巩固，农村公共服务建设不断完善。

四、江苏农村生态环境情况

1. 江苏农村环境治理力度加大

自 2010 年江苏被确定为全国农村环境连片整治示范省以来，在环保部、财政部等国家有关部委的指导与支持下，江苏省委、省政府启动实施了美好城乡建设行动和农村环境综合整治工程。据统计，2011—2014 年，全省累计在农村环境整治方面投入 23.1 亿元，在 21 个县（市、区）、217 个建制镇、3 200 多个行政村开展连片整治工作，建成农村生活污水处理设施 982 套、生活垃圾转运站 132 座、畜禽粪便集中处置中心 11 座，铺设生活污水收集管网 4 300 公里，累计减排 COD 1.11 万吨、氨氮 762 吨，近 900 万农民群众直接受益。“十二五”期间，村庄环境整治行动全面实施，全省共完成 18.9 万个自然村环境整治，建立覆盖建成区以外所有自然村庄的农村生活垃圾收运体系，并健全长效管护机制。至 2016 年 6 月，全省已建有乡镇垃圾中转站 1 100 多座，基本实现建制镇垃圾中转站全覆盖；建有生活垃圾收集点的行政村超 96%。在 2015 年江苏生态文明建设百姓满意度调查中，生活垃圾收运处理、村庄环境整治满意率分别达 89%、88.8%，并顺利通过住房和城乡建设部等十部门组织的全国农村生活垃圾治理综合评估。

2. 江苏农村绿化覆盖取得一定成效

2006 年 12 月江苏省林业局出台《新农村造林绿化建设标准》，要求苏北、苏中、苏南地区的村庄绿化率分别要达到 50%、30%和 30%，并逐步把生态脆弱区、污染严重区、低洼高岗区、四旁三荒闲置区调整为生态建设用地，用于造林绿化。2015 年 3 月江苏省绿化委员会办公室、江苏省林业局出台了《江苏省村庄绿化合格村、示范村及整体推进县（市、区）创建标准（试行）》，对不同区域规划保留村庄的绿化覆盖率提出了进一步要求，各地区林木覆盖率应占七成以上，示范村村庄绿化覆盖率应达到 35%以上。标准发布以来，各地农村集中建设积极推进村庄绿化，并取得了一定的成效，截至 2015 年，江苏省 13 个地级市建成区绿化率均在 40%以上。

第四节 江苏农村经济社会发展水平测度和比较

一、评价所采用的指标情况说明

根据前文所述，江苏农村经济社会发展水平测度的指标可以分为四类指标，分别是经济发展、生活水平、社会发展、生态环境。我们基于全面性、可行性、系统性原则，同时需要考虑到数据的可获得性，从众多指标中选取了共 16 个指标进行测评。主要方法为：采用主成分分析法进行测评，利用降维后的主成分，根据特征值的大小作为权重，来计算江苏省内 13 个地级市农村地区的得分，并进行综合和分类排序。其中，经济发展用就业状况（从业人口/农村人口）、单位面积农业机械总动力、单位面积农业总产值、非农产值比重、人均第一产业总产值衡量；生活水平用人均可支配收入、每万人移动电话拥有量、单位面积运输线路长度、人均住房面积、恩格尔系数、人均消费支出衡量；社会发展用每万人拥有的教师数量、新农合人口参合率、人均公共图书馆图书藏量、每万人拥有卫生机构数衡量；生态环境用建成区绿化覆盖率来衡量。具体指标内容如表 1－14 所示。

表 1－14 江苏农村经济社会发展水平指标评价体系

评价指标	注 释
就业状况	X_1（从业人口/农村人口）
单位面积农业机械总动力	X_2（农业机械总动力/耕地面积）
单位面积农业总产值	X_3（农业总产值/耕地面积）
非农产值比重	X_4（非农产业总产值/总产值）
人均第一产业总产值	X_5（第一产业总产值/农村人口）
人均可支配收入	X_6
每万人移动电话用户	X_7
单位面积运输线路长度	X_8（运输线路长度/各地区农村面积）
人均住房面积	X_9
恩格尔系数	X_{10}

（续）

评价指标	注　释
人均消费支出	X_{11}
每万人拥有教师数量	X_{12}（专任教师拥有量/各地区总人口）
新农合人口参合率	X_{13}
人均公共图书馆图书藏量	X_{14}
每万人拥有卫生机构数	X_{15}（卫生机构数/各地区农村人口）
建成区绿化覆盖率	X_{16}（建成区绿化面积/建成区面积）

注：①单位面积运输线路长度采用各地区城镇村总运输线路长度与各地区农村面积之比来衡量，运输线路难以在城镇与农村之间进行区分，它的辐射范围涉及整个地区，而不单单是农村或者城镇，因此用各地区总量来进行衡量。

②每万人拥有教师数量用各地区的所有教师与总人口相比求得，由于教师既可以覆盖农村，又能覆盖城市，难以进行区分，《江苏省统计年鉴》中也未将其进行区分，因此我们用各地区专任教师拥有量与各地区总人口之比进行衡量。

③新农合人口参合率由于缺少 2015 年最新数据，选择 2012 年数据进行替代，2012 年各地区新农合人口参合率平均达到了 99%以上，多数地区达到了 100%，预测与 2015 年差别不大，并且对结果影响较小。

④由于南京地区均为区级建制，因此其地区总量与城镇总量指标值相同，在人均公共图书馆图书藏量、每万人拥有卫生机构数、建成区绿化覆盖率三个指标上我们均使用南京地区总水平来替代农村地区该指标的发展水平。

二、评价所使用的方法介绍

主成分概念最初是由皮尔逊在 1901 年提出的，在 1933 年霍特林将该概念进行推广。主成分分析就是设法将原来指标重新组合成一组新的相互无关的几个综合指标来代替原来指标，并尽可能多地反映原来指标的信息。这种将多个指标化为少数几个相互无关的综合指标的统计方法叫做主成分分析。

通常数学上的处理是将原来 n 个指标做线性组合，作为新的综合指标，但是这种线性组合如果不加限制，就会有很多，我们应该怎样选取呢？如果将选取的第一个线性组合即第一个主成分记为 y_1，我们自然希望 y_1 能够尽可能多地反映原来指标的信息，而这里的“信息”就是用 y_1 的方差来表示，方差越大，表示 y_1 所包含的信息越多。当第一个主成分 y_1 不足够代表原来 n 个指标的信息时，我们再考虑选取 y_2，即第二个主成分，在这里需要强调的是，第一主成分与第二主成分之间是不相关的，如果两个主成分仍不能解释足够的信息，再选取第三个主成分，这样循环直至选择的主成分能够充分解释原有的信息。

主成分分析法旨在利用降维的思想，将多指标转化为少数几个综合指标，每个主成分都能解释原始变量的一部分信息，并且各个主成分之间解释的信息并不重合。经过降维后的组合，从第一个主成分到最后一个主成分，方差逐渐减小，在这里，方差代表的是主成分所包含的解释变量的信息，方差越大，包含的信息越多。

本书中我们选取了四类指标，每个指标内部又包括了不同的小指标，共选取了 16 个指标进行测评，每个指标对经济社会发展的重要程度是不同的，如果将 16 个指标同等看待，直接相加作为各农村地区的得分是不合理的，而主成分分析中各个主成分所赋予的权重是不同的，对于不同的指标赋予不同的权重求得的综合得分与现实更加接近；其次，主成分分析法有效地将原有的 16 个指标进行降维，转换为少数几个主成分，大大减少了计算量。基于此，本书选择主成分分析法进行测评。分析步骤如下：

第一，数据的无量纲化处理；

第二，指标间的相关性判定，即求标准化后的指标间的相关系数矩阵；

第三，根据特征值、特征向量选取主成分的个数；

第四，计算各主成分值。

三、江苏农村经济社会发展水平具体评估

1. 对原始数据进行标准化处理

由于这些指标都是有度量单位的，在计算相关性矩阵时要受到度量指标的影响，量纲的不同会对相关矩阵造成很大影响。因此，为了避免结果受到指标量纲的影响，在进行分析之前，对指标进行标准化处理。标准化的计算公式如下：

$$X_{ij} = \frac{x_{ij} - x'_{ij}}{s_{ij}} \tag{1-1}$$

其中，X_{ij} 为 i 地区 j 指标值标准化后的数据，x_{ij} 为 i 地区 j 指标的原始指标值，x'_{ij} 为 i 地区 j 指标的均值，s_{ij} 为 i 地区 j 指标的标准差。

2. 计算各指标间的相关性，构建相关性矩阵

表 1－15　所选择指标之间的相关性

	X_1	X_2	X_3	X_4	X_5	X_6	X_7	X_8	X_9	X_{10}	X_{11}	X_{12}	X_{13}	X_{14}	X_{15}	X_{16}
X_1	1.000	−0.288	0.595	−0.585	0.507	−0.769	−0.208	−0.351	−0.313	0.409	−0.704	−0.003	−0.502	−0.747	0.388	−0.757
X_2		1.000	−0.208	−0.328	−0.029	−0.268	−0.399	0.270	−0.422	0.410	−0.372	0.578	−0.088	−0.098	−0.125	−0.055

（续）

	X_1	X_2	X_3	X_4	X_5	X_6	X_7	X_8	X_9	X_{10}	X_{11}	X_{12}	X_{13}	X_{14}	X_{15}	X_{16}
X_3			1.000	−0.774	0.668	−0.686	0.215	−0.428	−0.561	0.301	−0.656	0.125	−0.509	−0.462	0.662	−0.527
X_4				1.000	−0.619	0.899	0.108	0.403	0.823	−0.643	0.905	−0.331	0.551	0.687	−0.587	0.755
X_5					1.000	−0.671	−0.331	0.089	−0.646	0.235	−0.546	0.511	−0.201	−0.409	0.177	−0.471
X_6						1.000	0.316	0.233	0.773	−0.677	0.980	−0.487	0.608	0.739	−0.486	0.740
X_7							1.000	−0.675	0.218	−0.454	0.272	−0.510	−0.205	0.440	0.522	0.208
X_8								1.000	0.204	−0.046	0.263	0.526	0.470	0.242	−0.767	0.513
X_9									1.000	−0.689	0.749	−0.554	0.410	0.531	−0.441	0.569
X_{10}										1.000	−0.697	0.374	−0.384	−0.793	0.176	−0.519
X_{11}											1.000	−0.463	0.641	0.715	−0.505	0.702
X_{12}												1.000	−0.064	−0.088	−0.051	−0.004
X_{13}													1.000	0.385	−0.615	0.339
X_{14}														1.000	−0.202	0.832
X_{15}															1.000	−0.478
X_{16}																1.000

从表 1－15 中可以看出，X_4 与 X_6、X_{11}，X_6 与 X_{11} 之间的相关性比较高。

3. 计算相关矩阵的特征值和贡献率

表 1－16　特征值与贡献率

主成分	特征值	方差贡献率/%	累计贡献率/%
1	7.879	49.245	49.245
2	3.321	20.753	69.998
3	1.566	9.790	79.788
4	1.301	8.131	87.918
5	0.697	4.354	92.273
6	0.437	2.733	95.006
7	0.288	1.801	96.807
8	0.249	1.557	98.364
9	0.127	0.795	99.159
10	0.086	0.537	99.696
11	0.029	0.182	99.878
12	0.020	0.122	100.000
13	5.434E−016	3.396E−015	100.000

（续）

主成分	特征值	方差贡献率/%	累计贡献率/%
14	1.876E−016	1.173E−015	100.000
15	−1.495E−016	−9.346E−016	100.000
16	−3.615E−016	−2.259E−015	100.000

从表 1-16 可以看出，前四个特征值大于 1，16 个主成分的方差依次减小，每个主成分所包含的信息也依次减小，前四个主成分的累计贡献率达到 87.918%，能够解释原始信息中的绝大部分信息。因此，我们选择四个主成分。

4. 计算主成分负载值

计算主成分负载值，即每个主成分能够解释原指标中的哪些指标信息。

表 1-17　旋转成分矩阵

	成分			
	1	2	3	4
就业状况	−0.805	−0.167	0.371	0.276
单位面积农业机械总动力	−0.040	0.128	−0.099	−0.933
单位面积农业总产值	−0.341	−0.515	0.699	0.092
非农产值比重	0.598	0.419	−0.496	0.378
人均第一产业总产值	−0.291	0.089	0.916	−0.012
人均可支配收入	0.689	0.230	−0.562	0.342
每万人移动电话用户	0.449	−0.794	−0.138	0.308
单位面积运输线路长度	0.280	0.884	0.142	−0.220
人均住房面积	0.402	0.253	−0.524	0.569
恩格尔系数	−0.719	−0.009	0.050	−0.541
人均消费支出	0.668	0.292	−0.456	0.436
每万人拥有教师数量	0.042	0.312	0.581	−0.682
新农合人口参合率	0.353	0.623	−0.177	0.226
人均公共图书馆图书藏量	0.961	0.017	−0.128	0.095
每万人拥有卫生机构数	−0.178	−0.879	0.261	−0.039
建成区绿化覆盖率	0.843	0.264	−0.218	−0.001

提取方法：主成分
旋转法：具有 Kaiser 标准化的正交旋转法

a. 旋转在 6 次迭代后收敛

从表1-17中，可以看出第一个主成分主要解释了就业状况、非农产值比重、人均可支配收入、恩格尔系数、人均消费支出、人均公共图书馆藏量、建成区绿化覆盖率，一共7个原始指标。第二个主成分主要解释了每万人移动电话拥有量、单位面积运输线路长度、新农合参合率、每万人卫生机构数，一共4个原始指标。第三个主成分主要解释人均第一产业总产值、单位面积农业总产值，一共2个指标。第四个主成分解释了单位面积农业机械总动力、人均住房面积、每万人拥有教师数量，一共3个指标。

第一个主成分得分为：

$$F_1=-0.805X_1-0.040X_2-0.341X_3+0.598X_4-0.291X_5+0.689X_6+0.449X_7+0.280X_8+0.402X_9-0.719X_{10}+0.668X_{11}+0.042X_{12}+0.353X_{13}+0.961X_{14}-0.178X_{15}+0.843X_{16}$$

第二个主成分得分为：

$$F_2=-0.167X_1+0.128X_2-0.515X_3+0.419X_4+0.089X_5+0.230X_6-0.794X_7+0.884X_8-0.253X_9-0.009X_{10}+0.292X_{11}+0.312X_{12}+0.623X_{13}+0.017X_{14}-0.879X_{15}+0.264X_{16}$$

第三个主成分得分为：

$$F_3=0.371X_1-0.099X_2+0.699X_3-0.496X_4+0.916X_5-0.562X_6-0.138X_7+0.142X_8-0.524X_9+0.050X_{10}-0.456X_{11}+0.581X_{12}-0.177X_{13}-0.128X_{14}+0.261X_{15}-0.218X_{16}$$

第四个主成分得分为：

$$F_4=0.276X_1-0.933X_2+0.092X_3+0.378X_4-0.012X_5+0.342X_6+0.308X_7-0.220X_8+0.569X_9-0.541X_{10}+0.436X_{11}-0.682X_{12}+0.226X_{13}+0.095X_{14}-0.039X_{15}-0.001X_{16}$$

5. 计算主成分得分及综合得分

将第一步中标准化后的数据，即13个农村地区所对应的16个数据分别带入F_1、F_2、F_3、F_4式中进行计算，那么每个农村地区就可以得到每一个主成分的得分，能够计算出13个农村地区F_1、F_2、F_3、F_4的得分，然后在此基础上，依据各主成分的权重计算各个地区的综合得分，对江苏省各农村地区进行排序。各地区综合得分计算方式如下：

$$F = \sum a_i F_i \qquad (1-2)$$

a_i 代表每个主成分所对应的特征值占四个特征值之和的比重。F 是综合了各个地区赋予权重后的指标计算出的数值，对这个数值的大小进行排序，我们可以了解到各地区的总体（包括经济发展、生活水平、社会发展、生态环境）发展情况，并针对各个地区的发展缺口提出相应的建议。综合排序如下：

表 1-18　江苏各地级市农村综合发展水平

地区	F_1	F_2	F_3	F_4	F	排序
苏州市	12.667	0.677	−8.120	5.078	6.820	1
南京市	6.545	8.296	−0.723	−1.984	5.361	2
无锡市	6.353	1.871	−5.789	2.404	3.578	3
常州市	3.173	6.020	−4.859	1.566	2.802	4
镇江市	1.429	2.071	−1.338	1.568	1.285	5
泰州市	−1.374	−0.855	−0.300	2.543	−0.770	6
扬州市	−1.496	−0.262	0.430	0.868	−0.771	7
南通市	−0.591	−3.357	0.188	2.694	−0.854	8
盐城市	−4.149	−3.831	4.744	0.815	−2.625	9
淮安市	−4.948	−0.450	3.616	−3.374	−2.787	10
徐州市	−4.507	−4.886	4.380	−1.463	−3.326	11
连云港市	−6.436	−1.710	4.689	−5.964	−4.038	12
宿迁市	−6.664	−3.584	3.081	−4.751	−4.675	13

从表 1-18 中可以得出 13 个地区农村的综合发展水平，这里的 F 值是相对值，并不是绝对值，仅对于地区间的排序中有意义。F_1 的排名与综合值 F 的排名大体一致，F_1 对应的主成分能够解释总体的 49.245%，在很大程度上能够反映总体的实际情况，并且该综合得分越高，说明 F_1 能够解释的部分指标的发展水平越高，反之，则越低。从表 1-18 中，可以看到 F 值是有正负之分的，F 值为正，表示该地区的综合发展水平高于全省农村地区平均发展水平；F 值为负，表示该地区的综合发展水平低于全省农村地区平均发展水平。

F_1 主成分主要解释了生活水平和生态环境方面的指标；F_2 主成分主要解释了通信、运输、医疗保障方面的指标；F_3 主要解释了农业生产经营方面的指标；F_4 解释了农机、住房、教育方面的指标。F_1 主成分对南京、无锡、常州、苏州、镇江的贡献值均为正值，其中对苏州的贡献值最高，为6.820。13个地区中连云港和宿迁的分数最低，这也决定了两个地区在综合排名中在全省的最后的位置。F_2 主成分对南京、无锡、苏州、常州、镇江的贡献值为正，表明这5个地区的通信、运输、医疗总体水平高于全省平均水平。F_3 主成分对扬州、南通、盐城、淮安、徐州、连云港及宿迁的贡献值为正，表明这7个地区农业状况高于全省农村地区的平均水平，其中对盐城市的贡献最高。F_4 主成分对南京、无锡、常州、苏州、镇江的贡献为正值，高于平均水平，其中以苏州市为最高。

四、发展水平的解释与政策内涵

从评估结果可以看出，江苏省农村地区的区域差异较大，在空间上呈现出三个等级区域：苏州、南京、无锡、常州、镇江，这5个地区综合发展水平在0分以上，属于高发展区；南通、泰州、扬州，这3个地区综合得分均高于－1分，为中发展区；徐州、淮安、盐城、宿迁、连云港，这5个地区综合得分均远低于－1分，为低发展区。从综合得分来看，中发展区等级内地区之间的得分相差不是太大，但是高发展区和低发展区地区内之间的得分相差较大，得分分别覆盖了1～7分和－2～－5分，表明地区内的发展并不均衡，差异较大。

1. 高发展区

苏州。综合得分排名第一，为6.820，这主要得益于苏州的第一主成分 F_1 得分最高。从经济发展水平看，苏州农村地区的人均第一产值在13个地区排名最低，非农产值是全省最高，它的非农产值占全部产值的比重能够达到98.337%，非农就业也较为普遍；非农就业也为苏州农村居民带来了高收入。从人民生活水平来看，苏州农村地区的人均可支配收入达到25 580元，在全省排名第一，是收入水平较低区域人均可支配收入的2倍左右。另外，除了高收入，苏州农村居民的恩格尔系数是全省最低的，即村民在最基本的食物上的支出占总收入的比重非常低，只有25.800%，而江苏省其他大部分农村地区的恩格尔系数都在30%以上。较低的恩格尔系数表明苏州地区的农村居民除食品支出之外的其他支出相对较高，消费产品类型较为丰富。从社会发展来看，苏州地区的专任教师拥有量排名全省前三，远超教育情况较差的地区；其次，人均图书馆藏量排名全省第一，远远高于第二名。从生态环境看，苏州农村地区得分高于全省平均水平。整体来看，苏州农村地区与农业相关的指标值都较低，但是与农业无关的指标排名都靠前，综合发展水平非常高。

南京。综合得分排名第二，为5.361。南京经济社会的各个方面发展比较均衡，其中第二主成分的得分在全省排名第一。从经济发展水平上看，南京就业状况在全省中排名中等，就业人员占乡村人口的75.172%；单位面积农业总产值与其他地区相比较低，相反，非农产值的占比较高，在全省中排名第三，仅次于无锡地区；其次，南京农村居民人均可支配收入水平较高，为19 483元，在全省中排名第四。从生活水平看，南京农村居民的人均住房面积为56.200米^2，在全省中处于中等位置；其人均消费支出为14 041元，排名第四；恩格尔系数为30.100%，在13个地区中处于中等位置；另外，南京的单位面积运输线路长度在全省农村地区中排名第一，远远高于第二名，其交通指标的值为411.884，是第二名的将近4倍。从社会发展来看，值得关注的是南京的教育指标，在全省中排名第一，而江苏省的大部分地区这一指标值还不到90人/万人。南京的人均公共图书馆藏量为1.984，排名第二；其次，南京农村地区的医疗方面的指标在全省中排名第十二，每万人医疗机构数2.844。从生态环境水平来看，南京的建成区绿化覆盖率全省第一，为44.471%。

无锡。综合得分排名第三，数值为3.578，处于高发展水平。从经济发展水平看，无锡的单位面积农业机械总动力值较低，单位面积农业总产值排名倒数第一，人均第一产业总产值排名也居后，这与其单位面积农业机械总动力数值较低是相匹配的；而对应的无锡非农产值比重非常高，在全省中排名第二，表明无锡农村地区总产值主要通过非农产值来实现。从人民生活水平看，无锡农村居民的人均可支配收入达到24 155元，仅次于排名第一的苏州；无锡农村地区每万人移动电话的拥有量在全省排名较前，为307.572部；无锡农村地区的恩格尔系数为31.300%，在全省中处于中等位置；人均消费支出为16 469元，排名第二，仅次于苏州；人均住房面积为56.310米^2，排名同样处于中等位置。从社会发展水平看，无锡农村地区的教育指标值较低，全省排名第十，其人均公共图书馆藏量较高，为1.270本/人；另外，无锡农村地区的医疗发展水平与全省各地区相比是较低的，每万人医疗机构数为6.134。从生态环境看，无锡农村地区的建成区绿化覆盖率为42.903%，覆盖率较高，较为重视环境保护。

常州。综合得分排名第四，数值为2.802，除了第三主成分，其他均高于平均水平。从经济发展水平看，首先，常州的就业率在全省中处于中等水平，为88.027%；单位面积农业机械总动力数值排名也在中等水平，但是常州农村地区的单位面积农业总产值非常低，在全省中排名最后；人均第一总产值相对较低。从人民生活水平看，人均可支配收入值为21 912元，相对较高；常州农村地区交通发展水平较高，交通类指标排名第二；人均住房面积为63.980米^2，仅次于苏州的64.470米^2；恩格尔系数稍高于南京、无锡，为31.700%；人均消费支出为14 764元，在全省中处于较高水平。从社会发展水平看，每万人拥有教师数量为75.830位，这一数值在高发展区中相对较低，教育是一个地区未来发展的根本动力，常州未来的发展中应当重视教育的投入，教育情况差的地区往往人均图书馆图书藏量数值也较低，常州农村仅为0.257本/人，这一数值在全省排名十二名；另外，该地区医疗发展衡量指标值也非常低，全省排名第十三。从生态环境看，常州农村地区建成区绿化覆盖率为42.352%，较为重视环境质量。

镇江。综合发展水平排名第五，综合得分为1.285，镇江地区除第三主成分，其他主成分的得分均高于全省平均水平。从经济发展水平看，该地区的单位面积农业机械总动力值处于平均水平，单位面积农业总产值非常低，数值为236.000元，相反非农产值占总产值的比重较高，其值为95.642%；人均可支配收入为19 214元，在各地区中排名较前。从生活水平看，每万人移动电话的拥有量以及交通指标值都处于中等位置；人均住房面积指标值较高，为55.523米^2，高于平均水平；恩格尔系数较低，仅为29.100%；人均消费支出为14 217元，处于中等偏上水平。从社会发展水平看，镇江教育水平处于平均水平之下，每万人拥有教师数量为83.619人；人均公共图书馆图书藏量较低，为0.595；医疗水平一般，在全省中处于中等排名。从生态环境方面看，镇江建成区绿化覆盖率为41.290%，居于高发展区末位。

2. 中发展区

泰州。综合发展水平在全省排名第六，得分值为−0.770，中发展区排名第一，距离高发展区差距较小。从经济发展水平看，单位面积农业机械总动力水平、单位面积农业总产值均较低，非农产值比重较南通相差不大；人均第一产值在中发展区中排名最后。从人民生活水平看，人均可支配收入与其他中发展区相差不大；泰州每万人移动电话拥有量在中发展区中排名第三，较为落后；交通指标值排名第一，运输状况良好；人均住房面积较高，值为 62 米^2，远高于中发展区的其他两个地区；恩格尔系数较南通更高；人均消费支出较南通和扬州偏低。从社会发展水平看，泰州农村地区教育指标值低于平均水平，每万人拥有教师数量为 82.514 人，人均公共图书馆图书藏量也非常少，仅有 0.595 本/人；医疗类衡量指标值较高，每万人卫生机构数为 7.141。从生态环境方面看，建成区绿化覆盖率为 41.290%，与其他地区相差不大。

扬州。综合得分在全省中排名第七，在中发展区中排名第二，第一主成分的得分虽小于平均值，但相差不大，这决定了扬州地区综合排名在中发展区排名第二。从经济发展水平看，扬州地区就业率在全省内排名第三；单位面积农业机械总动力指标值较低，单位面积农业总产值也偏低，两个指标值都低于平均水平；非农产值比重为 93.636%，处于平均水平。从人民生活水平看，人均可支配收入为 16 619 元，人均住房面积为 54.300 米^2，低于全省平均水平；人均消费支出为 12 316 元，恩格尔系数为 31.600%，食品支出占比稍高。从社会发展水平看，扬州地区每万人专任教师数为 83.081 人，教育水平偏低；人均公共图书馆图书藏量仅为 0.435 本；每万人医疗机构数为 4.282，低于平均水平，医疗水平有待提高。从生态环境方面看，建成区绿化覆盖率为 42.072%，覆盖率较高，生态环境良好。

南通。综合得分在全省排名第八，为−0.854，中发展区中第三，除了第三主成分的贡献值，其他主成分贡献值均低于平均值。从经济发展水平看，南通农村地区的就业率很高，省内排名第一；单位面积农业机械总动力指标值偏低，单位面积农业总产值、人均第一产业产值指标值均处于中等水平，非农产值所占比重为 93.728%。从人民生活水平看，人均可支配收入为 17 267 元，在中发展区中最高，但是距高发展区的人均可支配收入指标值还有一定差距；南通农村地区的恩格尔系数比较低，甚至比高发展区的一部分地区低；人均住房面积指标值高于平均水平；人均消费支出在中发展区中处于中等位置，与高发展区差距较大。从社会发展水平看，教育情况指标值在三个中发展区中较低，每万人拥有教师量为71.706人；人均公共图书馆藏量指标值较高，为0.961本；南通农村地区的医疗指标值较高，每万人医疗机构数为7.565。从生态环境方面看，南通地区建成区绿化覆盖率为42.169%，覆盖率较高。

3. 低发展区

盐城。综合得分在全省中排名第九，在低发展区中排名第一，第一主成分的得分值较低，拉低了盐城地区的综合排名。从经济发展水平看，盐城农村地区单位面积农业总产值为1 426.860元，位居全省第一，但是单位面积农业机械总动力值和非农产值都较低，表明盐城农村地区的机械化水平不高。从人民生活水平看，人均可支配收入为15 748元；每万人移动电话的拥有量为338.72；交通状况比较差，单位面积的运输线路长度仅有46.493，在全省中排名为十二；人均住房面积为50.400米^2，数值也是比较低的；人均消费支出为11 819元，占其人均可支配收入的75%。从社会发展水平看，盐城地区每万人拥有教师数量为80.963人，在低发展区分组内最低；人均公共图书馆图书藏量值比较低，仅有0.484；每万人医疗机构数为7.367，医疗水平较高。从生态环境方面看，建成区绿化覆盖率为41.066%，与其他地区相差不大。

淮安。综合得分在全省中排名第十，分值为－2.787，在低发展区中排名第二。从经济发展水平看，淮安地区单位面积农业机械总动力指标值较高，单位面积农业总产值为795.680元，全省排名第四，非农产值比重较低，为88.584%；人均可支配收入为13 128元，远低于高发展区中其他地区。从人民生活水平看，每万人移动电话拥有量比较低；单位面积运输线路的长度为107.825，指标值较高，全省排名第四；人均住房面积为50.700米^2，低于全省平均水平；恩格尔系数为31.700%，食品类支出占总支出的比重稍高；人均消费支出仅有8 615元，人民生活水平较低。从社会发展水平看，淮安地区每万人拥有教师数量为95.214人，高于平均水平；人均公共图书馆藏量为0.385，低于平均水平；每万人医疗机构数为5.746，稍低于平均水平。从生态环境方面看，淮安地区建成区绿化覆盖率为41.040%，指标值偏低，环境保护有待加强。

徐州。综合发展水平得分排名第十一，得分值为－2.99，只有第三主成分得分值高于平均水平。从经济发展水平看，徐州的就业率非常高，在全省排名第四；其单位面积农业机械总动力分值偏低，表明其机械利用率较低，但是单位面积农业总产值在全省排名第二，值为 1 160.620 元，人均第一产业总产值也排名较高，较高的农业产值对于第一主成分得分起到了正向作用。从人民生活水平看，徐州农村地区的人均可支配收入为 13 982 元，在全省中排名较为落后；徐州的交通类代表指标分值较低，排名第十三；人均住房面积数值相对较低，仅有 51.327 米^2；恩格尔系数较高，为 31.900%；人均消费支出较低，仅为 9 873 元。从社会发展水平看，徐州地区的教育指标值较高，每万人拥有教师数量为 100.119 位，表明徐州地区较重视教育的发展，人力资本潜力较大；但人均公共图书馆图书藏量较低，仅有 0.460；医疗发展水平非常高，全省排名第一，每万人医疗机构数为 8.637。从生态环境方面看，徐州建成区绿化覆盖率为 41.333%，覆盖率较高，较为注重生态环境的保护。

连云港。综合评分为−4.038，全省排名为第十二，总体得分与宿迁地区相差不大，除第四主成分，其他均低于平均值。从经济发展水平看，单位面积农业机械总动力指标值位居全省第一，但是单位面积农业总产值并不高，只有 633.720 元。从人民生活水平看，人均可支配收入为 12 778 元，每万人移动手机拥有量、单位面积运输线路长度、人均住房面积、人均消费支出均较低，恩格尔系数为全省最高，人民生活水平较低。从社会发展水平来看，每万人拥有教师数量为 104.623 人，这一指标在全省排名第二；人均公共图书馆图书藏量为 0.166，全省排名第十三；每万人医疗机构数为 7.016。从生态环境方面看，建成区绿化覆盖率为 40.628%，生态方面的指标值低于平均值。

宿迁。综合得分为−4.675，在全省排第十三，在低发展区内排名第五，除第三主成分，其他三个主成分得分均小于 0，低于平均值。从经济发展状况来看，宿迁地区的单位面积农业机械总动力指标值排名第一；单位面积农业总产值排名第四；相对地，非农产值所占比重较小。从人民生活水平看，人均可支配收入为 12 772 元；交通类指标、人均住房面积、移动电话拥有量、人均消费支出四个指标值在全省排名都较为落后；恩格尔系数较高，为 35.900%。从社会发展水平看，每万人拥有教师数量为 92.265 人；人均公共图书馆图书藏量为 0.245，这一指标值非常低；每万人医疗机构数为 7.583。从生态环境方面看，建成区绿化覆盖率为 41.452%，覆盖率稍低于平均水平。

第五节　总结与政策讨论

在对江苏农村经济社会发展情况进行一般性分析后，我们利用主成分分析法测度了经济社会发展水平，降维后形成四个主成分并赋予权重进行排序，我们将13个地区分成高、中、低三组，总体上呈现出高发展区与苏南地区对应，中发展区与苏中地区对应，低发展地区与苏北对应的态势。苏南地区除农业以外其他指标值均较高，第一主成分主要解释人民生活水平，苏南地区这些指标值非常高，表明人民生活水平较其他地区要高出很多，并且苏南农村地区农业指标值整体低于平均水平，这表明苏南农村地区主要通过第二、三产业来带动经济社会的发展。苏中地区整体发展水平较均衡，四个主成分得分也处于较为平均的水平，即表明农业和非农业发展水平均介于苏南和苏北之间。苏北地区整体上发展较为落后。

由于苏南、苏中、苏北经济社会发展水平既存在总量上的差异，又存在结构上的明显区别，因此有针对性地制定适合区域经济社会发展的政策就显得很有必要，综合来看：

第一，苏南地区农业产值非常低，非农产值占比较高，主要依靠第二、三产业拉动经济发展；苏南地区无论生活水平还是社会发展水平均较高。因此，苏南地区在具有各方面优势的基础上，切实加强生态保护和建设，着力提高人才培养水平，正所谓“教育是民族振兴、社会进步的重要基石”，在保持绝对优势的前提下，提高教育质量，是未来发展的必经之路。

第二，苏中地区的经济社会发展水平整体上低于苏南地区，其非农产值占比低于苏南地区，农业产值低于苏北地区。今后的发展应当逐步转变经济增长方式，提高资源利用率和单位经济效益，提高人口素质和劳动者技能，促进经济增长方式的转变和生态文明建设。

第三，苏北地区农业产值高，第一产业仍是带动经济发展的主要动力，相对于苏中、苏南，苏北发展较为落后。苏北地区应当以提高经济效益为中心，改造提高传统支柱产业，着力调整农产品生产结构和质量，提高机械利用率；除此之外，也要加快发展第二、三产业，加快科技教育、邮电通信、生态农业旅游等产业。

值得指出的是，由于我们所考察的是农村地区，指标体系中与农业相关的指标较多，较少涉及第二、三产业相关指标，因此农业发展水平的高低对最终的综合得分有一定的影响。例如第三主成分主要解释农业方面的指标，苏南农村地区这一主成分均低于平均值，苏北各地区得分均远高于平均值 0，其中盐城得分最高，其次是连云港和徐州，相对而言，苏北这三个地区非农产值占比较低，表明农村居民主要依靠农业来拉动经济社会的发展，由于农业收益相对较低，也就决定了苏北地区的总排序在较落后的位置。另外，虽然我们根据相关原则尽可能地优化指标选择，但由于农村地区数据的相对缺乏，有些指标的选择可能是次优的，这可能会影响到区域经济发展水平的排序。

参考文献

D 盖尔·约翰逊，2005. 经济发展中的农业、农村、农民问题［M］. 林毅夫，赵耀辉，编译. 北京：商务印书馆.

蔡昉，王德民，都阳，2008. 中国农村改革与变迁：30 年历程和经验分析［M］. 上海：格致出版社.

车冰清，朱传耿，孟召宜，杜艳，沈正平，2012. 江苏经济社会协调发展过程、格局及机制［J］. 地理研究（5）：909－921.

党国英，2008. 中国农村改革与发展模式的转变：中国农村改革 30 年回顾与展望［J］. 社会科学战线（2）：8－24.

邓广山，苏维词，赵国军，2011. 重庆农村经济社会发展水平评价［J］. 重庆师范大学学报（2）：28－34.

范宣丽，白艳娟，何忠伟，刘芳，2016. 区域经济社会发展评价指标体系构建研究［J］. 科技和产业（6）：33－36.

弗兰克·艾利思，2006. 农民经济学：农民家庭农业和农业发展［M］. 胡景北，译. 上海：上海人民出版社.

黄宗智，2000. 长江三角洲小农家庭与社会变迁［M］. 北京：中华书局.

黄宗智，2000. 华北的小农经济与社会变迁［M］. 北京：中华书局.

江小容，2012. 改革开放以来农村经济发展历程研究［D］. 杨凌：西北农林科技大学.

李天星，2013. 国内外可持续发展指标体系研究进展［J］. 生态环境学报（6）：

1085－1092.

牛桂敏，王会芝，2015. 生态文明视域下我国经济社会发展评价体系研究［J］. 理论学刊（5）：41－47.

宋洪远，庞丽华，赵长保，2003. 统筹城乡，加快农村经济社会发展：当前的农村问题和未来的政策选择［J］. 管理世界（11）：71－77.

宋林飞，2001. 我国经济社会发展呈现新的阶段性特征［J］. 南京社会科学（1）：1－7.

田向利，2004. 我国农村经济社会协调发展研究［D］. 天津：天津大学.

王瑾，2011. 浙江"十二五"时期经济社会发展评价指标与发展目标值研究［D］. 杭州：浙江大学.

王雨辰，刘伟林，1999. 经济发展观的演变与经济发展的合理性问题初探［J］. 经济问题（9）：7－9.

"一带一路"大数据和丝路经济社会评价系统研究课题组，2016. 经济社会发展测度指标体系的理论演变［J］. 统计与信息论坛（9）：3－8.

曾万明，2011. 我国统筹城乡经济发展的理论与实践［M］. 成都：西南财经大学.

张晓山，2008. 中国农村改革30年：回顾与思考［J］. 学习与探索（6）：1－19.

第二章 <<<

2016 江苏农村政治文明发展状况

政治文明建设是十八大以来"五位一体"社会建设的重要内容之一。2016年是"十三五"开局之年，江苏作为东部沿海发达省份，提出建设"强富美高"新江苏的目标。实现高水平全面建成小康社会的任务，必然对江苏农村政治文明建设提出更高的要求。

江苏农村政治文明的发展呈现出鲜活而生动的理论特性与实践个性。江苏辖13个市、102个县（市、区）、1 067个乡镇（含涉农街道）、15 242个村委会。江苏省委、省政府高度重视农村基层民主政治制度建设，探索创新"四个民主"的有效路径和实现形式，推进基层协商、村务公开和社区"微自治"模式，加强基层党组织和执政能力的建设，推动新型农村社区管理体制改革等。这些举措和创新的很多方面在全国处于引领地位，如太仓的"'政社互动'开创社会治理新格局"列于"2015年度中国社区治理十大创新成果"。

"江苏农村政治文明发展报告（2016）"课题组在前四年调研基础上，2016年继续在江苏农村地区开展广泛深入的调研，描述现状、总结经验、分析问题，提出若干对策建议，以期推动江苏农村政治文明建设持续健康发展。

第一节 研究设计与调研概况

一、研究设计

《江苏农村政治文明发展报告（2016）》在延续2012—2015年度报告基础上，以乡村建设为主题，重点关注第十一届村委会换届选举、"政社互动"的微自治模式和"三社联动"机制创新、新媒体在农村政治生活中的介入以及江苏农村政治文明在基层党建制度创新、协商民主制度建设和政治文化发展培育层面的新情况、新特点和新问题。

中国农村正面临着涣散和空虚化的危险，农村政治组织虚弱、党的基层组织空心化以及乡村文化流失正成为新时期中国乡村的关键性问题。同时，中国整体不断发展的势头、上层体制的进一步改革以及未来供给侧改革的重大战略实施都需要基层乡村提供坚实的基础性力量。从这个意义上来讲，在新时期调研江苏农村的基本现状，回顾及系统、全面分析农村政治文明相关议题，发现其中问题，同时分析和建构江苏农村建设的有效模式，发掘治理资源，实现最终的善治，将成为重要且日益迫切的课题之一。

具体而言，在总体框架之下，本章主要着重调研和分析如下几方面农村政治文明和农村建设中的关键性议题：

1. 江苏农村政治制度成长和建设

持续有效的制度建设有助于促进江苏农村治理，提升治理质量，进而稳固农村秩序。在这一议题下，我们将逐次考察村民自治制度、民主协商制度和村庄治理机制等核心内容。重点突出基层民主选举制度的运转机制和实效，农村民主协商制度的发生逻辑、运转机制和成果实效，社会组织和专业化的社工承接部分社会管理和服务工作的运作机制，以村民小组或自然村为基本单元的村民自治创新实践。

2. 江苏农村基层党组织和执政能力建设

我党谋求长期执政，那么基层党组织的建设和党组织执政能力建设无疑是重要课题。党的基层组织如何运用执政资源，重新成为基层的凝聚核心，进而增进党的基层组织的威信和能力，是农村基层党建的核心议题。当前中央在全国范围内布置的“两学一做”学习教育吹响了新时期农村党建的号角，因此如何抓住这次面向全党开展的学习教育机会、提升基层党员本身的素质和能力是本章试图考察和分析的另一个主题。

3. 江苏农村文化建设

江苏农村政治文化、道德及宗教状况日益成为影响基层治理质量的关键性要素。在农村社会由传统的“熟人社会”向现代的“陌生人社会”转变过程中，社会经济获得高速发展，但是政治文化框架下的道德建设并没有与社会经济发展相一致。传统的道德体系面临更新与再造，新的道德体系尚未完全建立，呈现出一种新的道德困境。本章将农村道德建设置于政治文化的语境下加以探讨，以政治文化的视角观察转型期农村社会的道德困境，厘清制度和宗教因素对道德建设的影响，分析当代农村社会道德建设的现状与不足，正确引导和促进宗教信仰在道德建设中的积极因素，以政治文化为视角深入挖掘转型社会中道德困境的制度和文化出路。

4. 新媒体在江苏农村政治文明建设中产生的影响

新媒体在村庄场域的广泛介入已成为常态，正以其独特的方式影响农民的政治意识和政治行为，进而给政治生活带来新的特点。新媒体的政治传播是一种去中心化、多元化、离散式的传播，对受众政治意识和行为层面的影响更为直接、深刻，而且进一步消解传统政治运行模式的权威。从政治文明建设的视角来看，新媒体应当在农民获取政治信息、表达政治诉求、影响政治决策、建言献策等方面起到重要作用，从而成为农民参政议政的有效途径和平台。描述江苏农民新媒体接触现状，分析新媒体对农民政治认知和政治参与、农村政治生态等方面的影响，探讨新媒体有机融入农村政治文明建设的路径，是本章关注的重要议题。

综上所述，结合政府部门关于推进2016年江苏基层民主政治和社区建设的工作规划重点，在全省13个市开展问卷调研的基础上，本章分为6个专题进行研究：江苏第十一届村委会换届选举、江苏农村基层协商民主机制、江苏农村基层党组织建设、江苏农村道德焦虑现象、江苏农村基督教信仰发展、新媒体与江苏农村政治文明建设。此外，本章对江苏涌现出的典型开展调研，点面结合，分析了“金湖县闵桥镇村委会换届选举观摩”“海门联合村‘微自治’创新”“张家港市公益创投实践”和“徐州铜山基层党建助力扶贫攻坚”四个典型案例。

二、调研概况

2016年5—11月，课题组成员展开了全面而深入的调查，包括问卷调查、访谈、座谈会、现场观摩以及专家咨询。绝大多数被调查者持合作态度，调研较为成功。

社会调查有以下几类：①机构调研。课题组走访了江苏省多家单位，涉及相关领域的主管部门，包括江苏省民政厅、张家港市民政局、金湖县民政局、海门市民政局；镇（街道）有金湖县闵桥镇；村（社区）有金湖县闵桥镇闵桥村、施尖村，徐州市铜山区大许镇房亭村、团埠村、梨园村，张家港市南丰镇永联村、金港镇德丰社区、元丰社区、锦丰镇滨江社区、海门市联合村等。②现场观摩。主要有铜山区扶贫开发现场会、金湖县闵桥镇换届选举现场观摩会。③农户调研。课题组招聘并培训调研员110名，于6—9月入户入田开展农户调研。在苏南（镇江、南京、常州、无锡、苏州）、苏中（南通、泰州、扬州）、苏北（淮安、宿迁、盐城、连云港、徐州），计13个市、59个县（市、区）、125个镇（街道）、223个村（社区），共发放问卷2 300份，剔除其中的无效问卷174份，总计收回有效问卷2 126份，问卷有效率为92.43%。调查问卷由调查员填写。

访谈和座谈是无结构化的，即先列出与本研究主题相关的访谈提纲，然后与座谈或访谈对象进行无选项设定的自由面谈。课题组访谈了民政系统干部、乡镇干部、村“两委”成员、大学生村官、村民代表、普通村民、农村党员、基督徒等共计80余人，访谈总时长约600小时。

结构式问卷调查的内容分为7个部分，包括受访者基本信息、新媒体部分、农村协商民主部分、农村基层党建部分、农村政治文化部分、基督教部分和选举部分。

问卷调查采用分层随机抽样方法，受访对象基本信息如表2-1所示。苏南人口比重较高，占了40%，苏中、苏北各占30%。年龄21～50岁的青壮年占62%。教育程度较高，高中及以上占54.8%。从政治面貌、是否村干部、是否村民代表、职业状况来看，被调查对象涉及乡村社会的各个阶层。

表2-1 样本的基本特征

类别		频数	占比/%
户籍	苏南	856	40.3
	苏中	639	30.1
	苏北	631	29.6
性别	男	1 291	60.8
	女	833	39.2
年龄	20岁及以下	103	4.9
	21～30岁	338	15.9
	31～40岁	331	15.6
	41～50岁	646	30.5

（续）

类别		频数	占比/%
年龄	51～60 岁	402	19.0
	61 岁及以上	301	14.1
教育程度	小学及以下	310	14.6
	初中（含初中 1～3 年）	646	30.5
	高中/职高/技校（含高中 1～3 年）	547	25.8
	大专	319	15.1
	本科及以上	295	13.9
阶层状况	普通村民	1 446	68.2
	村民代表	172	8.1
	村干部	410	19.3
	其他	93	4.4
政治面貌	中共党员	659	30.1
	民主党派	5	0.2
	群众	1 458	68.7
职业状况	农业劳动者	511	24.1
	农民工	270	12.7
	个体工商户、乡村私营企业主	350	16.5
	乡村知识阶层	63	3.0
	村务管理者	410	19.3
	其他	516	24.3

注：性别缺失数据 2 个，年龄缺失数据 5 个，教育程度缺失数据 9 个，阶层状况缺失数据 5 个，政治面貌缺失数据 4 个，职业状况缺失数据 6 个。

数据来源：根据笔者实地调查问卷整理所得。

第二节　专题及数据分析

一、江苏第十一届村委会换届选举

村（居）委会换届选举，是保证村（居）民直接行使民主权利、创新基层社会治理、推进经济社会和谐稳定的重要举措，是社会主义民主最广泛、最直接、最生动的实现形式。根据《中华人民共和国村民委员会组织法》规定，2016 年底，江苏省第十届村委会任期届满，需依法进行换届选举。第十一届村委会换届选举从 2016 年 9 月开始，到 2017 年 2 月底基本结束，换届选举范围广、工作量大、政策性强，是社会关注的焦点，也是事关改革、发展、稳定大局的一项重要政治任务。

在经过前期调查摸底、宣传发动、教育培训、现场观摩等准备工作后，9月23日，召开江苏省第十一届村民委员会暨第六届居民委员会换届选举工作会议，对全省村（居）委会换届选举工作进行部署。11月1日召开了全省村（居）委会换届选举工作进展情况专题会议。11月上旬，由省委组织部、省委宣传部、省委政法委、省民政厅、省委农工办、省农委等12个部门组成6个督查组，分别对13个设区市的21个县（市、区）村（居）委会换届选举工作进行了督查。

江苏省第十一届村委会换届选举依法平稳有序推进。根据督查情况，截至11月10日，全省13个设区市均已启动了换届选举工作。其中，南京市秦淮区、江阴市、溧阳市、常熟市、如东县等10个县（市、区）已完成了村（居）委会换届选举工作，一次成功率达99.65%。其余各县（市、区）进行到第二阶段[①]选民登记和公示的有57个县（市、去），占总数的58.8%；第三阶段提名候选人的有23个县（市、区），占总数的23.7%；7个县（市、区）完成了选举委员会的推选工作[②]。

村委会是群众自我管理、自我教育、自我服务的基层自治组织，是基层政权不可缺少的依靠力量。为保证群众依法行使知情权、参与权、选择权和监督权，引导群众把政治素质好、文化水平高、工作能力强、群众威望高、热心为群众办事的人选进村委会，各级党委和政府高度重视、精心组织。本次换届选举积累了许多成功经验：

1. 健全组织机构

各级党委和政府普遍加强对换届选举工作的组织领导，各设区市、县（市、区）普遍建立了由党委、人大、政府及有关部门组成的村（居）民委员会换届选举指导机构，形成了党委领导、人大监督、政府实施、各有关部门密切配合参与的指导监督机制。乡镇（街道）也普遍成立了换届选举领导小组。县（市、区）

---

① 根据《中华人民共和国村民委员会组织法》《江苏省实施〈中华人民共和国村民委员会组织法〉办法》规定，选举实施的流程分为四个阶段：第一阶段，依法推选村民选举委员会；第二阶段，依法进行选民登记；第三阶段，依法提名候选人；第四阶段，依法组织投票选举等。

② 数据来源于江苏省民政厅。

党委书记、乡镇（街道）党委书记分别作为第一责任人和直接责任人，建立联系点，分片负责，挂钩包镇、包村（居），形成了一级抓一级、层层抓落实的工作机制。南京市栖霞区建立区委常委联系点制度，并在各街道实行选举监督制度，强化对换届选举工作的全程组织管理。

2. 完善政策法规，规范选举规程

省委、省政府高度重视，专门下发文件，对本届换届选举工作作出了具体部署。省人大也予以大力支持，特意将《中华人民共和国村民委员会组织法》实施办法由年度调研项目提升为立法项目。根据 2010 年修订颁布的《中华人民共和国村民委员会组织法》，对《江苏省实施〈中华人民共和国村民委员会组织法〉办法》进行了修订完善，已由江苏省第十二届人民代表大会常务委员会第二十五会议于 2016 年 9 月 30 日通过，自 2016 年 10 月 1 日起施行。省委、省政府下发了《关于做好全省第十一届村民委员会和第六届居民委员会换届选举工作的通知》（苏办发〔2016〕47 号），就这次换届选举工作提出了统一部署、统一组织、统一指导、统一实施的要求。多数市、县（市、区）都能结合本地实际，制定操作性、针对性较强的选举细则或实施办法，基本形成了完善的换届选举法规政策体系。

3. 摸清选情，分类指导

各地根据选举工作实际，在时间安排、组织选举、领导力量等方面区别对待，制定有针对性的指导方案，不搞一刀切。特别是把做好情况复杂、组织涣散、发展滞后、管理服务薄弱的难点村的换届选举工作摆在突出位置，做到“一村一策”。镇江市对土地流转村、村改居社区、拆迁安置社区、矛盾隐患大的村（居）进行重点调研，形成换届选举前期调研报告报送各级党委、政府参考。

4. 加大宣传力度

各地制定有针对性的宣传方案，除了广播、电视、报纸、橱窗公告等行之有效的传统手段，还积极结合短信、微博、微信等新媒体，加强换届选举的舆论引导和法律宣传。张家港市杨舍镇印发 9 万份《致社区居民一封信》介绍选举流程。句容市编发微信、短信 21 000 余条，保证参选率。

5. 依法依规，严明纪律

13 个设区市均制定了换届选举纪律有关规定、重要信息报送和情况通报制度并加大督查力度，以杜绝选举中可能出现违法违纪违规现象，保证换届选举风清气正。

南通市要求在换届选举中必须做到“五必查”，发现一起、查出一起、通报一起，绝不手软。泰州市明确“九严禁”换届选举纪律，建立“四谈话五签订”机制。

二、江苏农村基层协商民主机制

基层协商民主（deliberative democracy）是城乡居民及利益相关者围绕村（社区）重大公共事务、公益事业和涉及群众切身利益的实际问题，通过公开的理性对话和充分讨论而达成共识、达成合法决策的民主形式。在乡村推进协商民主建设有助于解决民主选举遭遇的“选举后的治理难题”，从单纯的选举转向与决策、管理和监督并重，保障村民知情权、参与权、表达权、监督权，促进村民基本权利的落实。

近年来江苏高度重视基层协商民主工作，在颁布的《江苏省新型城镇化与城乡发展一体化规划（2014—2020 年）》中指出：“围绕构建法治中国建设先导区，大力推进农村基层民主法治建设。开展形式多样的基层民主协商，推进基层协商制度化，建立健全居民、村民监督机制，规范基层选举，促进群众在城乡社区治理、基层公共事务和公益事业中依法自我管理、自我服务、自我教育、自我监督。”2015 年又颁发了《关于加强社会主义协商民主的实施办法》（苏发〔2015〕18 号），并进一步出台《关于加强城乡社区协商民主建设的实施意见》，积极探索基层协商民主的广泛性、多层性、制度化实现路径和模式。根据调研①获知，协商民主在江苏农村的运作状态良好，制度建设基本成型，在乡村治理方面的作用呈现出来。目前，江苏涌现并总结推广有太仓、邳州、连云港、泰州、江阴等“政社互动”、村级“四权”建设②、“三会村治”③、“直评村官”等基层协商民主的有效形式。

（一）江苏农村协商民主机制的生长动力

从江苏的实践来看，协商民主机制最初在农村被发明创造，其直接动力来自于乡村治理的压力以及化解党群、干群矛盾的迫切性。当协商民主机制在农村开始运作起来之后，来自政治层面的动力逐渐成为主要的驱动力，基层政府的政绩驱动、

① 问卷调查涉及协商民主部分的问卷有 2 114 份，此外，课题组成员重点考察金湖县、张家港市、海门市以及溧阳市农村协商民主的实践现状，并通过观察与访谈积累一手材料。

② 村级“四权建设”民主管理机制，是指强化党组织决策权、强化村民会议决定权、强化村委会执行权、强化村民群众监督权。

③ “三会村治”是指“一委三会”社区治理模式，即村党委或党支部（一委），村委、议事会、监事会（三会）。

政治任务的压力驱动使得相关部门开始关注、规范协商民主在基层的运转，并开始施加影响。来自村民对信息公开、政治参与等合法权利的主动诉求成为农村协商民主机制迅速生长的动力之一。上述三方面驱动力的有机结合成为江苏农村协商民主机制生长发展的动力群。

1. 基层治理压力与结构性困境

乡村面临着治理压力，诸如征地拆迁、计划生育、村庄公卫计划以及禁止焚烧秸秆等成为了村民之间、村民与村委会之间潜在的矛盾源。令人感到沮丧的是，当新桥村村委会和村干部着手分析、解决矛盾时却发现自身处于一个结构性的困局之中，使得村委会的大部分措施无济于事。这种结构性困境主要体现在两个方面：

首先，尽管当前村庄诸制度设计完善，但在实际运作中收效甚微。根据目前的法律体系，村庄政治制度主要由党组织制度和村庄自治制度组成，其中自治制度——村民大会、村民代表大会、村委会——是权力中心和运行主体，而党组织负责领导各方、统筹协调。然而由于村庄外向化和开放程度过于严重，使得村民代表大会形同虚设，并没有发挥实际功能。同时，由于村民代表本身忙于生计，除非有较高觉悟以及较强的公共道德，很少有村民代表主动关心、监督、讨论村庄公共事务。因此，抛开静态层面的制度设计不谈，农村政治制度的实际运作并不理想。

其次，村委会实际上被“行政渗透—村民自治”的两难困境所连累，导致村委会和村干部角色定位模糊，无法实现治理。既然是村民选举产生，村委会接受村民委托自然需要代表村民的利益，成为村庄和村民的代言人，需要向村民负责，并接受后者监督和罢免。但是，从实际运作来看，村委会仍然承担着大量的、来自乡镇政府派给的行政任务，成为乡镇派出机构，具有准行政属性[①]。这样，中国的村庄则同时兼具自治性与行政性，从而将村委会及其干部放置在一个尴尬的境地：村民认为村干部是官僚的代言人，不自觉地带有抵触情绪，村干部的任何举措都将被认为有偏私而被村民所质疑，村委会的准行政属性也容易将普通村民矛盾升级为干群、党群矛盾。另一方面，乡镇干部认为村委会是民主选举而腰杆笔硬，变得有些“不听话”，“工作难做”，在进一步削弱村干部公信力的同时，客观上阻碍了国家政策的

① 一些学者的分析揭示出乡镇政府与村委会成员之间的资源依赖关系，由此认为这种资源依赖是目前乡镇—农村事实行政关系得以维系的主要机制。见赵树凯：《农民与改革》，国家行政学院出版社，2014 年，第 213 页。

落实[①]。

上述两方面的结构性困境使得村委会面对乡村治理矛盾时疑虑重重、束手无策。他们需要在治理手段上进行突破，以便解决当前乡村治理中的压力与困境。

2. 政治动力：树立典型与协商民主制度化

有研究表明，政府在基层协商民主的发展过程中起到了关键性因素。在既有的政治体制和行政运作机制的框架中，只有经过上层政府的肯定、提炼以及推广，一项来自乡村的治理创新才有可能实现条理化、系统化和制度化，才有可能进一步融入既有的制度体系中，成为乡村治理的真正有机组成部分。当农村协商民主在促进农村治理方面的作用显现出来后，县乡政府便会肯定这一新型的、带有中国特色的民主治理方式，并将其视为基层治理现代化工程载体。例如溧阳新桥村的协商民主组织——“百姓议事堂”——被县民政部门充分肯定、总结经验并积极推广。同时，溧阳民政部门将这种协商民主的治理方式视为常州市基层治理现代化的可靠途径。当然，在某种意义上我们也不必讳言政绩驱动在农村协商民主机制成长过程中的推动作用。因为这种基层治理机制的创新因得到政府肯定而鼓舞人心，成为一种宝贵的政治资本。

县乡政府在推动农村协商民主时往往采取两个相互联系的措施和步骤：首先，选取条件成熟、组织完善的一些村庄作为试点，将协商民主的组织、成员、程序以及议题制度化和系统化，同时赋予协商民主组织更高层次的功能，使之真正嵌入乡村治理的结构中。当试点成功后将其树为典型，并积极总结经验，创造条件加以推广。这种“先试点后推广”的做法符合中国行政体制改进的惯例，在保障基层稳定的同时探索治理创新。例如溧阳市就采取这种步骤在全市范围内逐步推广农村协商民主机制的创新和嵌入，取得良好的效果。再如金湖县在取得试点成功后便在全县范围内推广农村党群议事会，要求每个行政村都开展党群议事会，增加民主协商，加强信息沟通，从而增强政策的民意基础。

其次，创造一定的制度空间来培育协商民主机制在农村的成长。从既有的制度资源来看，协商民主只能作为一种组织方式和决策程序而存在，农村最高权力

① 部分一线的工作人员认为，村委会身兼两种属性的现状自然不妥，也不符合当前国家相关法律规定，然而此举却属无奈，他们所能做的只能在现状的基础上发明更多治理工具来调和这对矛盾。见 2016 年 9 月 22 号上午在张家港的调研记录。

组织依然是村民大会以及村民代表大会。同时，协商民主机制和相关机构在实际运行中发挥了重要的治理和村务决策作用，甚至部分农村的协商民主机构已经取代了村民代表大会成为实际决策机构，具备了“准代议”功能。因此在目前既有的农村自治法律体系中，并没有为协商民主机制开辟足够的制度空间。很多基层政府相关部门出台相关规章制度，在原则上不破坏村民自治基本制度的前提下，规划和保障协商民主在农村的运作空间。

3. 权利驱动：村民追求知情权与参与权

基层人民的政治参与感、对合法权利的不懈追求是基层协商民主得以萌发的重要动力之一。根据调研，在没有召开过民主协商会议的村，占近 90%的村民认为村委会应当召开协商会议来商讨村庄相关重大事务，如果召开这样的协商会议，则有半数村民在回答问卷时表示会积极参加此类会议（表 2-2、表 2-3）。可见，村民的权利意识和知情意识正在不断高涨，希望开辟有效途径来实现对村庄公共事务的有序参与。这种驱动力在苏南农村尤为明显。苏南农村进入“后苏南模式”时代后，村庄仍然拥有大量的公共资源。如何处理这些公共资源从而为村民致富、如何限制村干部的腐败、如何使得信息公开，成为苏南村庄村民关心的首要任务。面对权利意识逐渐增强的村民，村干部也意识到应当放弃之前简单粗暴、管制控制的旧思维，代之以服务和协商的治理哲学，并开放更多的空间来容纳村民有序参与村庄公共事务。于是，农村协商民主便成为最恰当的治理机制：协商民主机制能够保障公开和沟通信息，同时以协商的方式来保证村民的政治参与。

表 2-2 涉及村民重大利益的事情，要不要召集村民和村民代表开会协商

	频数	占比/%
需要	606	87.7
没必要	85	12.3
合计	691	100.0

数据来源：根据笔者实地调查问卷整理所得。

表 2-3 假如召开民主协商会议，你参加吗

	频数	占比/%
参加	326	47.3
跟自己有关参加	285	41.4

（续）

	频数	占比/%
不参加	78	11.3
合计	691	100.0

数据来源：根据笔者实地调查问卷整理所得。

（二）江苏农村协商民主机制的实践模式

为了有助于讨论协商民主在乡村治理中的具体作用，并发现协商民主与现有乡村制度资源之间的关系，本章从协商民主制度在农村政治制度空间中所处的位置进行分类，将江苏农村协商民主机制划分为两种类型：嵌入式协商民主与平行式协商民主。

1. 嵌入式协商民主模式

指协商民主制度与村民自治制度互为嵌套、互相融合，并在实际的村庄日常运行中发挥出治理的功能。嵌入式协商民主模式以溧阳市戴埠镇为主要代表。从实践看来，嵌入式协商民主模式在运行过程中主要有三方面关键要素：首先，嵌入式协商民主模式要求该行政村的村民自治制度仍在有效运行，这意味着村民代表和村民依然有极大的精力和兴致参与村庄公共事务。其次，在既有政治空间内引进协商方式和组织进一步提升村民自治制度效率。例如在村民代表大会决策之前，通过协商民主制度对相关议题和信息进行充分讨论协商，转化、整合民意，并初步实现信息公开和民意汇聚。经过民主协商步骤后，村民代表大会在村务表决上更具效率。最后，寻找和培养一批具有协商精神、威望和人脉的村庄精英人士。这种实践模式融合了选举民主与协商民主两大民主模式，既提升村民自治的制度效果，又增加村庄政策的民意基础，缓解干群矛盾。

2. 平行式协商民主模式

指在农村中，协商民主的机构和机制与村民自治制度平行，共同运作共同发挥作用。我们发现更多的村推行平行式协商民主模式，例如溧阳市的新桥村、张家港市的元丰社区以及金湖县的施尖村，尽管名目不一，协商民主机构的构成主体各异，平行运作是共同特点。之所以江苏大部分村采取平行式协商民主模式，是因为村庄面临重建的任务而村民自治制度难以施展应有的效果，急需在村民自治的制度空间外重新寻找治理机制来化解乡村矛盾。平行式协商民主模式也需要一些村庄精英来作为民主协商人士充入农村协商民主的相关机构。例如溧阳市新桥村邀请30余位理事担任协商民主机构的主要成员，发挥参与政策协商、民意传递以及信息沟通等功能。在张家港市的元丰社区，一个由退休老年干部领衔共有9名成员组成的村民议事会成为核心的协商民主机构[①]。从某种意义上讲，协商民主能够充分有效发挥，关键在于这些精英的行动效率。因此对于协商民主机制而言，精英的稳定和有序更替成为村委会和相关部门最为关注的事情。不过，由于江苏省大部分农村的协商民主机制推广时间有限，还不足以推动第一轮回的精英更替，因此目前的调研尚且无法正面回答这一问题。

（三）江苏农村协商民主机制的实践成效

协商民主制度嵌入并激活了原有的乡村政治制度，从而进一步推动村民自治制度的巩固和深入。从问卷回收和访谈来看，主要体现在以下四方面：

1. 农村协商民主制度推进了村庄公共事务的信息公开和沟通

一方面村干部可以迅速准确地将上层政策精神传达给最基层的农民；另一方面，村民的意见和建议通过协商民主制度上传给村干部以及更高层次的政府部门，以此保证有效上传真实的民意。调研中，当被问及“您认为协商民主会议的形式，对您更多了解和传达信息有没有帮助”时，半数村民认为有帮助，而四成村民则认为应当视情况而定，仅有6.3%的受访者认为协商民主对了解和传达信息没有帮助（表2-4）。

表2-4　协商民主会议的形式对您更多了解和传达信息有没有帮助

		频数	占比/%	有效占比/%	累积占比/%
有效	有帮助	1 088	51.5	51.9	51.9
	有时会有帮助	874	41.3	41.7	93.6
	没有帮助	133	6.3	6.3	100.0
	合计	2 095	99.1	100.0	

① 参见《张家港市元丰社区村民议事会主任徐付旺的访谈记录》，2016年9月23日。

（续）

		频数	占比/%	有效占比/%	累积占比/%
缺失	系统	19	0.9		
合计		2 114	100.0		

数据来源：根据笔者实地调查问卷整理所得。

2. 农村协商民主制度提升了村庄公共事务的决策效率

在充分信息沟通和民意传达的基础上，在充分协商酝酿的过程中，村民们对村庄公共事务和公共利益得以达成高度一致。在这种高度一致下，相关决策容易在村民代表大会上得以表决通过，在进入实施阶段后也得到了村民们的大力支持。当被问及“协商民主会议对解决村民的切身利益问题有没有帮助”时，近半数村民选择有帮助，而45%的村民则认为有时候会有帮助（表2-5）。当被问及“协商民主会议是否有助于解决村庄大事”时，60%的村民回答有帮助，而36%的村民则相对谨慎（表2-6）。

表2-5　协商民主会议的形式对解决村民的切身利益问题有没有帮助

		频数	占比/%	有效占比/%	累积占比/%
有效	有帮助	1 032	48.8	49.3	49.3
	有时会有帮助	967	45.7	46.2	95.5
	没有帮助	94	4.4	4.5	100.0
	合计	2 093	99.0	100.0	
缺失	系统	21	1.0		
合计		2 114	100.0		

数据来源：根据笔者实地调查问卷整理所得。

表2-6　协商民主会议的形式，对于解决村庄修桥铺路、征地拆迁、土地确权以及秸秆焚烧这样事情的圆满解决有没有帮助

		频数	占比/%	有效占比/%	累积占比/%
有效	有帮助	1 249	59.1	59.7	59.7
	有时会有帮助	769	36.4	36.8	96.5
	没有帮助	73	3.5	3.5	100.0
	合计	2 091	98.9	100.0	
缺失	系统	23	1.1		
合计		2 114	100.0		

数据来源：根据笔者实地调查问卷整理所得。

3. 农村协商民主制度开辟了村民有序参与政治的空间

很多地方的规章制度规定涉及村庄财政、人事重大事项的决策，必须召开协商民主会议，充分协商。因而村民们拥有了制度化的渠道参与村庄公共事务。

4. 农村协商民主制度缓解了村庄干群、党群矛盾

在农村引入协商民主制度之后，村务决策是公开民主的，一方面保障相关决策的合法性；另一方面也使得村干部免受暗箱操作的指责，从而重新塑造自身形象。从调研看，半数村民认为协商民主制度有助于缓解村民与村干部之间的紧张关系，而四成村民则认为有时候有帮助，应当视情况而定（表 2－7）。

表 2－7　协商民主会议的形式对缓解村民和村干部之间的矛盾有没有帮助

		频数	占比/%	有效占比/%	累积占比/%
有效	有帮助	1 068	50.5	51.0	51.0
	有时会有帮助	871	41.2	41.6	92.6
	没有帮助	154	7.3	7.4	100.0
	合计	2 093	99.0	100.0	
缺失	系统	21	1.0		
合计		2 114	100.0		

数据来源：根据笔者实地调查问卷整理所得。

三、江苏农村基层党组织建设

江苏现有农村基层党组织 9.8 万个、农村党员 227.7 万名，分别占全省总数的 35.8%和 44.3%。2015 年 12 月，省委出台《关于进一步加强农村基层党建工作的若干意见》，以“六强六过硬”（强引领，作用发挥过硬；强素质，队伍建设过硬；强发展，小康业绩过硬；强规范，乡村治理过硬；强投入，基础保障过硬；强督导，责任落实过硬）为抓手，对未来一段时间加强农村基层党建、破解农村基层党建突出难题做了部署。本章主要围绕村级党组织建设现状、村党支部和党员发挥作用现状这两个基本方面以及开展“两学一做”推动党内教育向基层拓展、农村基层党建助力脱贫攻坚求发展等重点领域或重大问题对江苏农村基层党建工作进行分析考察。

1. 村党支部选举工作总体上符合规定

我国农村基层党组织包括设在乡镇的乡镇党委和村一级的党组织（包括党支

部、总支部、党委等），我们主要是针对村一级的党组织开展调查。中共中央1999年2月印发的《中国共产党农村基层组织工作条例》是加强和改进党的农村基层组织建设的重要规章制度，但受访者仅28.3%表示了解和比较了解。

《中国共产党章程》是党内基本规章制度，超过60%的受访者无论是否党员，或多或少对党章有所了解，对党内选举制度也比较关心。数据显示，问及“你们村党支部选举工作总体上符合有关规定?”64.3%的受访者表示“非常符合”“符合”“比较符合”，但表示“不符合”“不了解或不关心”的比例也近1/3。有52%的受访者认为村支书是由党员大会或代表大会选举产生，但认为“由上级领导机关任命”（一般是上级乡镇党委）的占到15.8%（表2-8）。

表2-8 你们村支书如何产生

		频数	占比/%	有效占比/%	累积占比/%
有效	由党员大会或代表大会选举产生	1 091	52.0	52.1	52.1
	由上级领导机关任命	331	15.8	15.8	67.9
	不太清楚	657	31.3	31.4	99.3
	其他	14	0.7	0.7	100.0
	合计	2 093	99.8	100.0	
缺失	系统	5	0.2		
合计		2 098	100.0		

注：问卷调查涉及农村党建部分的问卷有2 098份。

数据来源：根据笔者实地调查问卷整理所得。

2. 村党组织和党员干部能较好地发挥作用

当调查问及“你们村党支部能够依法对村委会的工作给予领导、支持和帮助”之时，高达78%的受访者表示“非常符合”或者“比较符合”，只有2.6%的受访者表示“不符合”或者“不太符合”，19.4%的受访者表示“不了解或不关心”。当问及“你们村党支部积极营造发展环境和推动经济持续健康发展”时，高达78.2%的受访者表示所在村“非常符合”或者“比较符合”，只有不到10%的受访者表示“不符合”或者“不太符合”，13.4%的受访者表示“不了解或不关心”。问及“你们村党支部注重解决群众上学、看病、就业、养老、住房等实际困难”之时，高达76.8%的受访者表示“非常符合”或者“比较符合”，表示“不符合”或者“不太符合”的受访者合计只有11.6%，表示“不了解或不关心”的受访者占 11.6%。当调查问及“你们村党支部注重帮助老党员、生活困难党员解决实际问题”之时，高达 75.2%的受访者表示“非常符合”或者“比较符合”，表示“不太符合”“不符合”“不了解或不关心”的受访者分别占 3.3%、1.2%、23.6%。村党支部在认真倾听群众意见、维护群众利益方面受访者满意度最高，表示“非常符合”或者“比较符合”比例高达 85.3%。高达 88.3%的受访者对现任党支部书记和班子成员的总体评价表示“非常满意”“满意”或者“比较满意”，表示“不满意”或者“不太满意”的受访者合计只有 11.6%。

3. “两学一做”学习教育途径多样化

当问及“开展‘两学一做’学习教育，你们村党支部更加重视什么途径”这一问题时，回答“运用各类媒体宣传”占 20.9%，回答“党课”占 51.8%，回答“党员会议或参观考察活动”占 15.8%，回答“自学”占 3.1%，回答“不了解”占 7.5%。

四、江苏农村道德焦虑现象

道德建设与政治文化、政治文明几乎是一个“共生”性的概念。在经历了乡村城镇化进程的加快和农村劳动力的转移，中国乡村治理中的“道德危机”“道德焦虑”和“道德困惑”的社会现象成为走向乡村“善治”典型性问题案例。道德焦虑问题的出现给原本就居于转型时期、变动不居的政治文化带来了发展危机。

本章主要选取了政治文化中的道德元素作为基本变量，通过检测政治文化中的政治认知、政治参与和政治效能感，发现农村普遍存在不同程度的道德焦虑。这种道德焦虑表现在调研区典型村村民对于社会主义核心价值观的认知、对于政治权益的参与认同和对于“乡情”效能感的体悟所带来的情感、认知、信念、动机和价值观之中，是一种复合形式的情感失衡，需要在制度文化的基础上进行重新设定。

1. 道德焦虑与社会主义核心价值观的“元场意识”

依据调研结果，农村政治文化中的道德焦虑表现为一种情感体现，突出显示为“善与恶的困惑”。这种困惑分散在关于个人成功的价值定位、致富路径、国民自豪感、邻里关系的道德情感和道德义务中，表现为对于“善”的渴求。虽然亚里士多德有言“每种记忆与研究，同样地，人的每种实践与选择，都以某种善为目的”，但是，村民会因为这样那样的“善行”得不到善报而在选择时出现困惑。在访谈中也发现，部分村民甚至会出现“人善被人欺，马善被人骑”的“善行恶报”式心态。

社会主义核心价值观中的爱国、公平、正义、诚信、友爱不仅仅是政治概念，还是乡村“政治元场”和“文化元场”并列交织的一种场域，成为观察和分析江苏乡村治理的道德运行的一种新视角。从数据可以看出，问及“在现代社会，遵守道德、有正义感是一个人成功的必要条件么?”73.8%的受访者表示“当然是”，21.7%的受访者表示“部分是”，仅有4.5%的受访者表示“不是”“不了解”“不关心”。问及“一旦身处异国他乡，您是否会有作为中国人的民族自豪感?”80%的受访者回答“当然会”，15.3%的受访者回答“有点会”，4.6%的受访者回答“不会”“不了解”。问及“做生意赚钱是有本事，采取什么方式不重要?”表示“非常同意”，“同意”的占17.5%，表示“比较同意”的占8.2%，表示“不同意”的占74.2%。问及“农民致富最重要的是什么?”认为“个人的本领”的占58.3%，认为“亲戚朋友的帮助”的占6.9%，认为“政府的引导”占34.8%。问及“邻里之间有困难就要相互帮助，而不是信奉‘多一事不如少一事’”，表示“同意”的占73.7%，表示“比较同意”的占15.4%，表示“不同意”“不了解”的占10.9%。此外，98%以上的受访者同意“遵守国家法律才是好公民”，89%的受访者同意“人与人相处，诚实守信、宽以待人是起码准则”。可见，社会主义核心价值观以压倒性的“元场”优势占据了场域中的有利位置，超过70%的村民认同社会主义核心价值观，但约有30%的村民在思考“勤劳致富”“劳动光荣”的道德问题时出现了某种程度上的道德焦虑。在访谈中有村民提到，村里的某些“致富能手”是因为与某某领导“有关系”才获得资源和财富，“诚实劳动、合法经营”等价值信念反而成为奢侈品。

2. 政治参与和政治认同正在不断完善，但仍然表现为一种“乡政村治”

道德意识还紧密地与政治权益结合在一起。美国学者麦金太尔在《道德困境》中曾经指出，一个道德上严肃的人会发现，履行一种社会角色的责任将阻碍他履行另一种社会角色的责任。特别是在变迁中的乡村社会，政治文化中的道德困境呈现出以下几种指标的“游移”：人际关系、财富、对于政府权威的认识、家庭主义、革新精神、志向、世界观与满足感、移情能力。

调查显示，村民的政治意识正在觉醒之中，农民对公共秩序、公共福利的关心程度在增强。接近五成的村民在政治权益受到损害时会有选择性地进行回击，接近四成的村民能够坚决反抗政治决策的不公正，村民的政治意识也更趋于自主，赞同自立，不等不靠，主体意识萌发，更加赞同那些道德品质较高、办事公道、品行端正、有文化知识、敢为村民说话的村干部。村干部的道德素质还与农民对民主政治的支持程度息息相关，访谈中就有村民举出 2011 年的广东乌坎事件，因违纪、徇私舞弊、存在财务问题的村官被最终罢免的例子。

村民政治态度的一大局限性是狭隘的政治功利主义，比如在调查中，我们发现，对道德的判断取决于一己私利，而不是一个更加公正、合理以及正义的制度环境。村民的政治活动比如上访、是否参加村委会选举甚至一些聚众闹事都与自身利益密切相关。

在城镇化和工业化带来的新社会变迁中，个人功利性的无限放大会带来新的权利诉求和利益主张，比如，更多的农村人希望孩子能够接受更高程度的教育，村民更加关心国家大事、关注政府输出、支持改革、政治责任感增强、增强爱国意识，与此同时，村民的政治态度更加积极，发家致富成为新时期每一个村民的现实目标，也是他们道德标准和道德评价体系变化的重要基础。

3. 道德时序的断裂与失衡

在变化的农村社会中，众多社会成员告别了熟悉的家园环境，每个人面临着全新的社会环境、陌生的人群和异样的行为习惯，约束人的道德观念和道德行为也在发生转变，各种错综复杂、变幻莫测的道德观念和评价标准相互混杂，形成一种新形势下的道德秩序，这样的秩序往往存在着“时序断裂”，制度的规范作用受到了局限，他律也失去了效力。乡村社会的道德生活虽然有一种突破曾经羁绊的激动，但是也充满着面临新生活选择的惶恐。

在如此波澜壮阔的城镇化浪潮中，流动群体中的村民很容易出现道德焦虑，这种道德焦虑就来自于理想与现实的反差。表 2－9 的问卷调查表明，这种理想和现实的落差不仅切实地存在，而且已经在人们的心理预设中成型，比如 65％的村民认为农村居民应该和城市居民享有一样的权利，但是现实生活中做不到。表 2－10 说明超过九成的村民认为农民工为城市的发展做出了重要贡献。在表 2－11中则对“村规民俗”中回乡过年这一选项进行分析，结论是乡村的传统文化和道德文化交互错杂，仍然在影响着现今村民的乡情意识和乡情心理。

表 2-9　您认为农村居民和城市居民应该享有一样的权利吗

		频数	占比/%	有效占比/%	累积占比/%
有效	应该享有，而且做到了	636	30.2	30.2	30.2
	应该享有，但是现实中做不到	1 369	64.9	65.0	95.2
	不应该，农村人怎么能和城里人比	31	1.5	1.5	96.7
	不了解，无所谓	70	3.3	3.3	100.0
	合计	2 106	99.9	100.0	
缺失	系统	3	0.1		
合计		2 109	100.0		

数据来源：根据笔者实地调查问卷整理所得。

表 2-10　农民及农民工为城市发展做出了重要贡献

		频数	占比/%	有效占比/%	累积占比/%
有效	同意	1 984	94.1	94.2	94.2
	不同意	35	1.7	1.7	95.9
	不确定	86	4.1	4.1	100.0
	合计	2 105	99.9	100.0	
缺失	系统	4	0.1		
合计		2 109	100.0		

数据来源：根据笔者实地调查问卷整理所得。

表 2-11　您认为回家过年重要吗

		频数	占比/%	有效占比/%	累积占比/%
有效	非常重要	1 322	62.7	62.8	62.8
	重要	607	28.8	28.8	91.6
	比较重要	116	5.5	5.5	97.1
	不太重要	42	2.0	2.0	99.1
	不重要	8	0.4	0.4	99.5
	无所谓	10	0.5	0.5	100.0
	合计	2 105	99.8	100.0	
缺失	系统	4	0.2		
合计		2 109	100.0		

数据来源：根据笔者实地调查问卷整理所得。

五、江苏农村基督教信仰发展

由于江苏农村基督教分布的广泛性，难以对其作出全面调查和分析。因此本研究采取以点带面，透过问卷调查和访谈解读江苏农村基督教信仰的状况，以此揭示江苏基督教信仰的特征以及与农村政治文明的关联，从中探析基督教这一在中国社会新颖的宗教形式如何影响民众的基本生活和政治倾向。

课题组于 2016 年 6—9 月对江苏农村基督教信仰状况做了问卷调查和田野调查，与部分基督徒进行了深度访谈，了解到江苏农村基督徒信仰的具体情况和基本特征。从 6—8 月的问卷调查回收情况看，在回收的 2 126 份问卷中，基督教信仰群体总体上所占比重非常少，只有 52 份，约占 5%，难以客观反映江苏农村基督徒的状况，因此课题组随后又在苏北洪泽、南京淳化、汤山周边农村发放问卷 100 份，回收有效问卷 83 份，将两次问卷合并，目前有效问卷 135 份。其中女性 88 人，占到 67.2%，男性只有 43 人，占 32.8%的比例，女性基督徒的人数是男性基督徒的两倍。从年龄看老年人居多，41～50 岁人数最多；占到 40.5%，51～60 岁次之，占到 31.3%；61～70 岁人数占 16.4%；70 岁以上人数占到 6.3%；将这四个年龄段人数加起来，比例高达 94.8%，而 40 岁以下的人数仅占 5.2%。文化程度普遍不高，多数只有初中及小学以下水平，比例高达 82.1%，少数人群达到高中水平，比例为 11.2%，只有极少数人有大专以上学历，比例仅为 6.7%。从职业和身份地位来看，多数为农业劳动者和普通村民，比例达到 51.5%和 86.7%，农民工占到 15.7%，个体商户或私营企业主占到 10.4%，教师占到 3.7%①。

1. 基督教信仰在江苏农村的现实状况

与全国的大背景相类似，江苏省基督教信徒从 1950 年以来迅猛增加，从原来不到 10 万人增加到 2012 年的 180 万人，其中 2002—2012 年，信徒增幅达到 50%，超过佛教徒，成为信徒人数最多的第一大教。2010 年，基督教活动场所已经达到 4 323 处，而当时的佛教场所只有 800 多处。从宗教在整个江苏农村的分布来看，呈现为“南佛北基”的态势，而且这种态势将会在今后一段时间持续

① 性别数据缺失 4 份。

保持。所谓“南佛北基”是指苏北农村盛行信奉基督教，而苏中和苏南农村以信奉佛教为主。根据江苏省人大2012年统计资料显示江苏省信教群众有400多万人，其中基督教180万人、佛教200万人。在180万基督教信徒中，苏北五市为130万人，占72%，基督教活动场所占93%，教职人员占60%，而全省佛教940个活动场所中，苏南、苏中八市有777个，占83%，教职人员占89.6%。除了在总体层面上江苏农村基督教信仰显现出快速增长的趋势之外，从一些小的区域上也能看出江苏农村基督教信仰快速发展的态势。据陆玉芹、李晓杰对盐城市农民基督教信仰状况的调查显示，仅以该市的滨海县为例，全县120万人口中基督教信众多达12万人，占人口比例的10%，超出了全国平均值。信众分布广泛，遍及所辖的14个乡镇；批准建立的教堂有11座，批准建立的宗教场所127处，另外有规模较小的聚会场所166处。从陈朝晖对苏北L市基督教信仰的调查来看，该市基督徒呈现出爆炸式的增长，全市信仰宗教的群众26万人，而基督徒约19万人，其中18万人在农村，约占农村人口的5.4%。信徒几乎遍布每个乡村。

以上所引用的各种统计数据显示，基督教信徒在江苏农村已经是一个非常壮观的信仰群体，他们在信仰中映射出的各种现象已经不可避免地出现在人们的视线中。从调研情况看，江苏农村基督徒的信仰特征表现为：①基督徒的性别分布呈现出女性远远高于男性的特征。②中老年人群更容易接受基督教信仰，这与他们的生活阅历和生活环境以及生活压力有非常密切的关系。③文化程度普遍比较低下，结合前面年龄分布的情况，中老年基督徒占多数，而这个年龄段的人群因为在受教育阶段家庭子女多，父母难以供应每一个孩子上大学，加之大学还没有步入扩招时期，所以，这与整个社会大背景相一致。另一方面，有高学历的人群多数已经脱离农村生活而进入城市，即使他们选择信仰基督教，也很难在农村基督教人群中显示出来。④多数信徒为农业劳动者和普通村民，这在某种程度上反映出普遍存在着信仰与政治分离甚至二者对抗的认知。总之，江苏农村基督徒呈现出四多现象，即女性多、中老年人多、文化程度较低人数多、农业劳动者多，这是历来就存在的现象，到目前为止没有太多改观，依然如故。

2. 江苏农村基督教信仰的原因分析

江苏农村村民信仰基督教是中国社会急剧变革的必然结果。美国学者查尔斯·Y. 格洛克认为，教派的出现和兴盛可以归结为五个因素：经济匮乏，指经济收入有限和必需品获得有限；社会匮乏，指特权、权力、社会地位、参与各种活动与组织的机会相对缺乏；机体匮乏，指人在肉体和精神健康方面的缺乏；伦理匮乏，指占统治地位的价值观与规范的失效；心理匮乏，指社会成员不满意现状，或者认为自己并未被社会真正地接受。虽然江苏农村基督教兴盛的具体情况与格洛克的五个因素不能完全吻合，但是格洛克关于教派出现与五种匮乏的相关性为分析江苏农村基督教信仰的原因提供了分析思路和框架。本章从社会原因、个人原因和宗教原因三个层面加以分析。

（1）江苏农村基督教信仰的社会原因

正如格洛克所指出的社会匮乏可以促动人们转向信仰，从信仰中寻找所失却的社会安慰和帮助。社会匮乏一方面是格洛克所描述的各种活动和组织机会的相对缺乏，随着目前打工潮的涌起和市场化程度的增强，农村进入新一轮的转型期，这一转型期的特点是农村越来越式微，许多青壮年劳动力选择离开农村，转向城市生活和工作，更进一步加剧了农村生活的弱化，相应地，农村基层组织的功能也就更为薄弱。另一方面是社会给予人选择多元生活的自由环境。两方面因素恰好从正向和反向促成人们选择将信仰引入自己的生活。

（2）江苏农村基督教信仰的个人原因

就江苏基督教信仰的个人原因来看，主要属于格洛克所说的机体匮乏方面，也就是村民肉体和精神健康方面的缺失和需要，反映着村民作为理性社会人最现实的选择。

①因病信教。这是江苏村民选择基督教信仰的最主要也是最突出的原因。数据显示，135 人中有 57 人是为了治疗疑难杂症而选择信仰基督教，比例占到 43.5%。在访谈中，因病得医治而信仰基督教的案例也是最多的。虽然许多患病的病人信仰基督教的初衷是希望病得医治，但是在信仰之后，基督并没有按照他们的设想完全医治好他们，尽管如此，他们仍然选择了继续相信基督而不是转而离开基督教求助其他信仰。这表明作为病人，他们虽然希望自己通过信仰恢复从前的健康状况，但是他们更希望的是心理得到外在力量的安慰，并从中可以找到依靠，这可能才是许多人愿意信仰基督教的真正原因。

②心理需求。农村出现“空心化”现象，留在农村的大多数是老弱病残，尤

其是妇女居多。这些中老年人不仅担负着耕种田地的农业生产，而且还需要承担养育第三代的职责。虽然从物质层面来看，这些村民在温饱方面已经不成问题，但是来自于精神方面的责任和压力给他们带来不断的冲击，也就是格洛克所讲的心理匮乏。这种心理匮乏在当今农村组织薄弱的情况下，很难依靠政府得到解决。事实上，任何政府作为宏观决策和管理部门也不可能从微观上给予村民具体而细致的照顾，更不是每一个村民的心理安慰机构。另一方面，村民又现实地需要得到心理慰藉。在这种内在需求和外在缺失的双重引导下，村民自然选择从其他途径获得帮助，这就使得基督教的渗入成为可能。正如薛恒等学者所描述的："《圣经》中精湛的神学理论、通俗的教化故事、来世的美好描绘、现实的批判劝慰在传教中往往能满足一些人的精神需求，填补空虚，抚慰心灵，起着马克思曾说过的'鸦片'作用。"尽管马克思使用"鸦片"一词带有贬抑基督教的倾向，但是不得不承认基督教信仰的确在精神上给信徒带来了寄托和心灵的愉悦。而越来越完善的基督教组织所举办的每周一次的主日聚会以及其他时间的各种聚会、唱诗赞美、探访互助等加强了信徒之间的交流和沟通，让留守的中老年村民可以通过这些形式得到心灵慰藉和安慰，使他们的精神压力得到缓解和消除。

③经济贫困。从数据来看，信徒的文化多数处于小学和初中水平，比较落后。在以经济为衡量指标的现今社会，显然基督徒处于社会底层，他们内心渴望得到社会认同和人格尊严，改善生活状态。在这种情况下，他们比其他人更容易接受宗教信仰。正如宗教社会学家马克斯·韦伯所言："那些为穷困所扰的人需要一个救世主和先知；那些有福气的人，有产阶级和统治阶层的人却不存在这方面需要。所以，在绝大多数情况下，一种由先知所宣告的宗教，总是在下层和那些不得志的社会阶层中找到它的共鸣。"马克斯·韦伯也曾经敏锐地看到"宗教是对现实苦难的抗议"。虽然信仰基督教之后不一定在经济上对人有太多的帮助，但是对于信仰者来说，即使经济上不能立即改善，而信仰带给他们的经济以外的精神抚慰足以支撑他们有信心渡过难关，在期盼中忍耐苦难总是好于没有期盼的煎熬。

④环境影响。信仰作为一种群体共享的行为方式，其传播和教化往往是通过环境加以体现。当一个家庭中有一个人信仰基督教之后，往往会带动整个家庭和亲戚朋友加入到基督教中，也就是基督教信仰表现为熟人社会的特征，人们接触

或加入基督教通常是通过熟人或朋友的引领和介绍，这种特点正好符合农村社会以熟人交往为特征的社会构建模式。当问到“你由谁介绍加入基督教时”，有48.9%的人是由直系亲属介绍加入基督教，邻居介绍占到29%，其他基督徒布道所占比例仅占22.1%。

（3）江苏农村基督教信仰的宗教原因

如果仅仅从社会和个人角度寻找江苏农村基督教迅速发展的原因，我们似乎还不能完全得到满意答案。因为社会因素和个人因素有可能促使人选择其他宗教而不是基督教。所以要真正回答江苏农村基督教发展迅速的原因还需要从基督教自身寻找根源，找出基督教的内在特征，才能更好地解释为什么基督教在中国现代社会中比其他宗教更能吸引人。

①基督教信仰的教义。基督教信仰主张，人信耶稣就可以灵魂上天堂，享受永远的福乐。这对于生活在农村的中国人有着非常大的吸引力。

②基督教信仰较强的组织能力。相比其他宗教，基督教信仰有着更为强大的组织能力和完善的组织结构。基督教更加强调仪式的重要性和作用，基督教仪式一般是按照一个星期作为周期来设立，每个周日的主日崇拜是既定的仪式，原则上不会更改。除此之外，每周还有查经聚会、祷告聚会等，有的教会还针对不同年龄群体设立不同的聚会，如青年聚会等。信徒对于教会所设立的聚会一般都会积极参与。调研数据显示，信徒只是在礼拜的时候去教会所占的比例为23.3%，平时也去教会聚会的比例占到29.5%，礼拜日和纪念日去教会的比例高达47.3%，89.4%的人会在复活节、圣诞节等基督教纪念日去教会参加敬拜仪式，44.2%的人还会在一些信徒家里参加查经活动。

3. 基督徒有选择性地参与村庄事务

在问卷中，当问到“您所在教会有没有出资帮助村里解决道路、桥梁以及资金困难的难题”时，有19%的信徒选择有，表明信徒在村庄事务上与政府有部分合作。另一方面，村干部对基督徒也表现出宽容和理解，不刁难信徒，在我们所提的“你们村里党支书和村主任怎么看待基督教以及基督徒村民”时，多数信徒回答“跟其他村民无差别”或者“默许但不鼓励”，比例分别占到48.9%和48.1%，只有3.1%村民回答“反对并且有意刁难基督徒村民”。这表明村干部对基督教信仰默许和认同，并没有表现出明显的干预和反对。

六、江苏农村新媒体政治参与状况

新媒体在村庄场域的广泛介入或“在场”已成为常态，迅速发展为农民关注社会、表达自身诉求的有效平台，同时，新媒体的政治传播是一种去中心化、多元化、离散式的传播，对受众政治意识和行为层面的影响更为直接、深刻，而且进一步消解传统政治运行模式的权威。

在有效填写新媒体部分的2 106份问卷中，部分受访者由于年龄、文化程度等原因平时不上网，并未接触新媒体，所以对问卷中新媒体使用具体情况等内容未做回答，仅回答了新媒体影响和评价等问题，这部分受访者为567人，约占总调查对象的27%。

1. 农民接触和使用新媒体概况

数据显示，家中有电脑、本人有智能手机的比例相近，都是接近80%，作为移动新媒体的手机在农民生活中正发挥越来越突出的作用。在具备接触和使用新媒体的前提下，使用成本和代价会直接影响用户的主观意愿，调查结果显示，绝大多数受访者都认为上网方便，只有2.4%的受访者认为上网不方便，这反映出近年农村网络基础设施得到显著改善。使用新媒体的价格方面，仅有7.7%的受访者认为上网费用高昂无法承担，其余受访者都表示能接受目前的费用，这说明接触和使用新媒体对农民来说并不是过于奢侈、超出其经济能力的消费，经济原因并未构成阻碍农民接触和使用新媒体的主要因素。

接触和使用网络新媒体的时间方面，69.7%的人每天上网超过2小时，其中每天上网达6小时的人占13.4%，29.1%的人每天上网的时间低于1小时，这一数据显示，农村网民“触网”的频度并不低，互联网、移动新媒体已经成为农民日常生活中的一部分。

农民已经普遍而又广泛地接触和使用新媒体，他们基本都认同新媒体对自身日常生活所产生的积极影响（表2-12）。

2. 农民通过新媒体关注和参与政治的方式

（1）利用新媒体获取政治信息。问卷调查农民知晓政府“三农”政策的主要途径时，所获得数据和以往调查最大的变化是网络途径的排名有明显提升，排在前三位的依次是电视、村委会的公告栏、网络，之后才是听别人说、报刊、广播

表 2-12　网络对您的生活有何影响

		响应		个案占比/%
		频数	占比/%	
有效	拓宽了眼界，增长了知识	1 178	41.1	76.6
	使我的收入有了增加	161	5.6	10.5
	丰富了我的闲暇生活	944	33.0	61.4
	使我更关注家乡和本地区的发展	464	16.2	30.2
	没有什么影响	76	2.7	4.9
	说不清楚	41	1.4	2.7
总计		2 864	100.0	186.3

数据来源：根据笔者实地调查问卷整理所得。

电台等其他途径，说明网络渠道已经被更多的农民所熟悉。而在回答上网主要干什么的问题时，58.8%的受访者选择“获取新闻资讯，了解社会动态”，其余选项的依次为“了解农业生产、农业科技相关信息”“浏览微信朋友圈、微博”“聊天交友，扩大社交”“玩游戏看影视剧等，丰富业余生活”“网上销售农产品或购物等经济活动”。数据显示，农民使用新媒体的首要目的是了解外部世界发展动态，之后才是满足自身发展生产的需要、社交需要和娱乐需要等。这说明随着农民物质生活水平的提高，他们在精神文化层面的诉求更加多样化，其视野已不再局限于村庄，更渴望与外部世界建立更多的联系。

在以新媒体获取的信息类别方面，调查数据显示，农民认为对他们来说最有用的信息是党和国家的方针政策，紧随其后的是生活服务信息，之后分别为“三农”政策、本地区的政务公开、农产品市场供需信息、农业科技知识等（表 2-13）。在选择自己平时最关注的社会热点资讯类别时，农民最关注的仍然是时事政治类资讯，占比为 50.6%，之后依次为社会类、医疗卫生类、娱乐八卦、文化教育、经济、体育新闻、科技等。

（2）利用新媒体表达政治意见、诉求，讨论现实政治议题。相当数量的受访者表示，他们经常会在一些有影响力的论坛浏览或参与讨论政治话题，如西祠胡同的地区论坛、腾讯论坛、人民网强国论坛等，而在浏览论坛和微信、微博后，有 15.3%的人表示会经常转发，偶尔转发的人占 53.5%，这反映出新媒体正逐渐成为农民关注和参与政治最为普遍的途径。但是，当问及“您是否曾参与过与

表 2-13 对您生活最有用的信息是哪类

		频数	占比/%	有效占比/%	累积占比/%
有效	党和国家的方针政策	773	36.7	37.1	37.1
	三农政策	304	14.4	14.6	51.7
	本地区的政务公开	162	7.7	7.8	59.5
	农业科技知识	98	4.7	4.7	64.2
	生活服务信息	583	27.7	28.0	92.1
	农产品市场供需信息	128	6.1	6.1	98.3
	其他	36	1.7	1.7	100.0
	合计	2 084	99.0	100.0	
缺失	系统	22	1.0		
合计		2 106	100.0		

数据来源：根据笔者实地调查问卷整理所得。

某项政策相关的网络投票、网络听证、网络质询、网络征询建议等政治活动”时，结果显示，参与过此类活动的受访者比例仅占20.2%。网络征询民意的方式简便易行且成本低，到底何种原因导致农民参与的比例如此之低？数据显示，受访者对这类网络征询活动的效度普遍评价不高，33.2%的人认为网络表达、征询等形式对政府决策没有任何实质影响，61.5%的人认为“有一定影响”，选择“影响很大”的人仅有2.9%。正是由于农民对自身网络参政议政的作用和影响评价不高，才导致其政治活动中的消极性。当被问及在网上不参与讨论评论的原因时，排在首位的原因是“我说了也没有用”，其次才是“不懂，不知道该讨论什么”（表2-14），可见，政治效能感较低是制约农民新媒体参政议政的首要原因。

表 2-14 您不参与讨论或评论的原因

		频数	占比/%	有效占比/%	累积占比/%
有效	跟我没关系	174	8.3	18.1	18.1
	我说了也没有用	280	13.3	29.2	47.3
	不懂，不知道该讨论什么	201	9.5	21.0	68.3
	担心言论被屏蔽	14	0.7	1.5	69.8
	对于在网上发表评论的功能还不太熟悉	243	11.5	25.3	95.1

（续）

		频数	占比/%	有效占比/%	累积占比/%
	其他	47	2.2	4.9	100.0
	合计	959	45.5	100.0	
缺失	系统	1 147	54.5		
合计		2 106	100.0		

数据来源：根据笔者实地调查问卷整理所得。

（3）利用新媒体获取与政府机构、政治决策者的对话机会。以微信、微博为代表的社交平台为用户提供即时交流与互动，农民可以随时随地与村干部就自身利益要求、村庄公共事务等问题进行沟通。在调查中发现，仅有 32.3%的受访者使用微信等社交网络途径与村“两委”成员直接接触，67.7%的人表示未使用过该途径。

当前，从中央到地方，各层级政府部门都在大力发展电子政务，开通了微信、微博公众号，还有专门机构和人员负责更新，农民可以通过发送电子邮件、网络评论和留言等途径反映自身的要求，网络舆情已成为政治决策中的重要参考。课题组以农民接触频度最高的微信、微博为例，调查了农民对公众号的关注情况，数据显示，关注地方政府或基层组织公众号的农民为 36.3%，没有关注的比例高达 63.7%，这说明农民对政务公开新渠道的了解还不足，而这种不足主要是由于两个层面的原因，一是农民自身文化水平和新媒体使用能力不足，另一方面则是政府部门公众号的内容和形式脱离农民的现实需求。

第三节　个案调研与分析

一、金湖县闵桥镇村委会换届选举观摩

2016 年 8 月 23 日，课题组成员参加了由江苏省民政厅组织的江苏省第十一届村委会换届选举工作金湖县现场观摩会。金湖县闵桥镇闵桥村和施尖村作为苏北观摩点，在经过前期宣传教育、推选选举村选举委员会、选民登记、推选候选人等阶段后，于 23 日最后进入正式选举阶段。闵桥村推行无候选人一次性直选。在选举现场，经过宣布投票办法、宣布选举工作人员、候选人发表竞选演说、查验密封票箱等环节后，村民在工作人员的指导下分别来到验证发票处，凭选民证

（委托投票证）在工作人员的查验后领取选票，在秘密写票处或代写处写票后，将自己神圣的一票在总监票人的监督下投入投票箱。经启封、清点、公开验票、唱票、公开计票等环节后，当场选出村委会主任、副主任和村委会委员。施尖村采用便捷高效的投票站方式进行选举，投票站开放时间从早上六点直至下午两点，选票在固定格式的基础上插入了候选人的照片。选民们陆续来到设在村委会办公地点的投票站，凭选民证（委托投票证）领取。在秘密写票处或代写处写票后将选票投入带有封条的投票箱。

图 2－1　闵桥村第十一届村委会选举大会

9 月 10 日，课题组对参加金湖县闵桥镇闵桥村村委会 2016 年换届选举的村民进行回访，回访村民的满意程度有力地佐证了我国基层选举和村民自治制度的优越性。村民试图通过更加宽阔的渠道获得信息、参与决策、释放政治热情，可见协商民主和选举民主在中国村治中需要更加自觉地统一起来，这显然倚赖于长期、稳定、高效的乡村治理机制培育与完善。

二、海门市联合村“微自治”创新

2001 年，中国农村掀起了一轮大规模的合村并组改革，这一举措的目的旨在减少行政成本支出，保持村级组织正常运转。但是合村并组后，不仅管理地域和人口的增加导致新的行政村管理幅度过大，而且离散了原有的乡情网络与集体认同，自然村落的独特魅力大打折扣，村民自治变得十分不便利，想要“议事”

的村民往往无处可议。

2015 年起，海门市对农村基层自治体系积极探索，把村民小组自治作为农村基层民主自治的有效形式和重要载体，围绕选好村民小组长与村民小组议事会、完善村民小组决策制度以及村民小组自我服务制度这三个方面开展试点。

（一）联合村村民小组自治实访

联合村位于海门市包场镇西北部，于 2001 年 4 月建立，由原联合、同合、双合三个自然村组成。全村有 33 个村民小组 1 230 户 3 343 人。辖区面积 3 千米^2，耕地 2 500 余亩。

为创新和完善乡村治理机制，2016 年初，联合村开始探索构建村民自治机制，将“为民管理”与“由民管理”结合，在全村推行“村民议事会”制度，开启了以村民小组为基本单位的村民自治试点。2016 年 6 月，由村党支部组织牵头，成立村民小组长和议事会设立工作团队，具体负责村民小组长及各村民小组议事会的筹备与选举事宜。村里相继召开了村“两委”会议、村民组长会议、村民代表会议，并通过入户调查、走访、座谈等形式，在每个组确定了 5 名议事会成员候选人。同年 6 月份，村庄在每个村民小组逐个召开选举会议，由一户一代表，以无记名投票的方式，村民自主选择，选举产生村民小组长和议事会成员。

经过选举，该村产生了 33 个村民小组议事会，每个议事会由一名议事长、两名议事员组成，共产生了 33 名议事长、66 名议事员。这 99 名议事会成员在各村民小组都是有一定威望、群众基础好、文化程度比较高的人，其中年龄最大者 1937 年出生，年龄最小者 1980 年出生，男性 41 人、女性 58 人。

联合村村民小组议事会建立后，开展了一系列工作，解决了村垃圾处理和公共卫生维护问题，解决了土地调整和流转等涉及农民主要经济利益事项的纠纷，建立村级慈善帮扶基金等，加强了村民归属感、向心力。

（二）意义与价值

村民小组议事会促进了农村基层治理效能的提升，服务效能增强。通过调查反馈得之，村民小组议事会在减轻村委会工作负担、丰富基层群众精神文化生活、动员居民参与社区事务管理与监督、提升群众满意度等多方面都发挥了良好的协调作用，成为缓解农村社区工作压力的缓冲器，提高了农村基层社会自治效能。

村民小组议事会使农村社区治理品质升华，群众满意度提高。调查显示，90％以上的受益群体对其提供的各类服务表示满意。同时，越来越多的村民在议事会动员和宣传下，积极投身于社区公益服务中，为参与社区治理积淀了良好的基础。议事会成为引导居民关注社区事务、参与社区事务、监管社区事务的一面旗帜，促进了政府治理和社会自我调节、居民自治良性互动，带动了社区居民自我教育、自我服务、自我管理的活力。

（三）深化和完善

村民小组议事会的建立无疑是解决由于村域规模增大、人口流动频繁等原因而导致村民会议甚至村民代表会议决策和议事难问题，但其实际运作的合法性难免受到质疑，根据《中华人民共和国村民委员会组织法》，村民会议或者村民会议授权的村民代表会议是村民自治活动中民主决策的主要组织形式，讨论决定村务重大事项，行使法定决策权，在该法第二十八条还进一步规定，涉及本村民小组的重大事项应当经本村小组的村民会议讨论通过。所述规定导致村民小组议事会如对小组内的重大事项行使议决权，就会在法律上面临着架空村民会议或者村民代表会议的指责。这样，村民小组议事会在实际运作过程中只是一个协商议事机构，而不具有决策功能，村民小组议事会能否决策，需要进一步研究，在理论上进行澄清。

村民小组议事会是在行政村建制范畴内进行的自治形式变革，其创新本质上仍然没有脱离行政化的老路。这种自治形式是由政府部门主导，由上而下进行推动而实现的，并不是内生发展，因为它不是从农村内部自发生成的内在力量，而是依靠外在行政力量推动的组织体系，因此在政府推进过程中，未免有一定的勉强和无力。海门市虽然在大多数村庄建立了村民小组议事会，但也只是完成了组织形式，在实际运作方面，只是停留在组织机构和制度的确立，多数村庄还未真正开展实质性村民自治活动。村民小组议事会作为自治组织，其行为应主要体现为自治性，但在现实运作过程中在很大程度上体现出了行政化倾向，其工作内容较多地是配合村委会的行政工作，而从事自治活动的内容相对较少，从而引起村民村庄事务参与的减少和对自治组织依赖程度的下降。

总之，海门市所做的探索还有改进和完善的空间。要切实把村民小组议事会做实，做成一个村民民主议事和民主参与的平台，并与村民会议与村民代表大会结合起来，真正行使村务事项的议决权。同时还要理顺村民委员会与村民小组议事会的关系，村民委员主要负责落实政务、指导协调村务，村民小组议事会专司组内自治，从而逐步形成功能划分合理、职责任务明确的新型农村基层治理机制。

三、张家港市公益创投实践

乡村矛盾①一直是我国基层民主政治建设的实践难题之一。自太仓市首创“政社互动”基层民主实践并积极向周边乃至全国村居推广经验以来，乡村关系得到进一步理顺，乡村矛盾在一定程度上得以缓解。“政社互动”基层民主政治模式的核心要义在于“两份清单”界分“行政权力”和“自治权力”，在一定程度上改变了村居自治组织无限承接乡镇政府转嫁职能的自治困境，进一步明晰了基层政府职责和村居自治权利，有利于促进政府职能转型，减轻自治组织负担，提升基层社会治理水平。上述对“政社互动”效果的描述与其说是一种基层政治体系运转的现实状况，不如说是一种政治理论模型的设想。因为撬动“政社”“互动”的杠杆不仅在于地方政府“主动地”权力空间让渡和职能转型，而且也在于公民社会的充分发育和城乡社区的功能强化。在西方公益创投实践经验基础上，我国政府、企业、社区等主体参与公益创投也逐渐起步。为了较为全面了解基层政府、企业、社区、社会组织等主体参与公益创投情况，课题组专程赴张家港市开展调研。

（一）张家港市公益创投概况

张家港市地处水网密布、经济发达、文化底蕴深厚的长江三角洲地区，深受上海经济辐射，经济实力雄厚，多次跻身全国十强县，城镇化水平高，公民社会

① 乡村矛盾是指乡镇政府所拥有的行政权与村居自治组织的自治权之间由于权力主体地位不同、权力属性不同而产生的矛盾。

发育较好。截至 2016 年 7 月底，全市登记注册社会组织 881 个，其中社会团体 466 个（行业性 61 个、学术性 55 个、联合性 35 个、专业性 315 个）、民办非企业单位 415 个（教育类 117 个、卫生类 9 个、文化类 2 个、科技类 8 个、体育类 42 个、人社类 18 个、社区服务类 146 个、其他类 73 个）。另外还有基金会 14 个、异地商会 3 个，备案社区社会组织 2 144 个。张家港市每万人（户籍）拥有登记社会组织 9.6 个，拥有专业持证社工 1 400 余名、志愿者 49 967 名和志愿服务团队 836 个。

张家港市在 2014 年 6 月正式启动首届社会组织公益创投活动，至今已经连续举办 3 年。目前，公益创投活动主要在三个层面上开展：一是市级政府层面，主要由市民政局、市公益组织培育中心主办，委托第三方专业机构市明德公益事业发展中心承办，创投活动资金主要来源于市福利彩票公益金。2014 年，共有 59 家社会组织提交了 97 份公益项目创投申请书；2015 年有 68 家社会组织提交了 136 份；2016 年实行分期创投，第一期有 83 家社会组织提交了 118 份。经过资质审核、项目优化、初审、终审和公示等环节，前两年各有 35 个公益项目获选，2016 年第一期 25 个项目正处于公示期。2014 年和 2015 年共计投入 400 万元，2016 年已投入 200 万元。这是张家港市公益创投活动的主体部分。二是由镇区和市级政府职能部门主导的公益（微）创投活动。2015 年开始有 80 家公益组织及社区社会组织向镇区政府申报实施了 92 个公益服务项目，获得了 162 万余元的镇级资金支持。其中，以保税区（金港镇）最为突出，2015 年共有 42 家社会组织申报，最终立项 15 项。同时，共青团市委和市妇联也加入到公益微创投行列。三是由企业主导的公益创投活动。随着市镇政府和政府职能部门纷纷开展创投活动的同时，部分企业也开始加入这一行列。企业的微创投活动分为两类：一类是企业向社会组织培育中心（孵化基地）捐赠资金，用于社会组织的培育，比如江苏淮阴建工集团张家港分公司向锦丰镇滨江公益坊捐赠 6 万元；另一类是企业直接向社会组织直接开展创投，购买公共服务，比如永联钢铁厂向永联惠民服务中心和永联爱心互助志愿者联合会等一批社会组织购买公共服务。

从服务的直接与间接性来看，（拟）立项项目主要分为两类：一是用于社会组织培育的公益项目；二是直接面向服务对象的项目。第二类项目的服务对象覆盖老年人、青少年、残疾人、新张家港人、女性等几大类群体；服务内容包括专项服务（养老、助残、济困、健康教育、城市融入）和综合性社区服务两大类。

从项目实施情况看，项目实施周期均为 1 年。2014 年立项的 35 个项目经专家期末评估、评选，合格率达 100%，优秀率为 29%，服务对象满意度均在 90%以上，所有项目有效投诉率均为 0。2015 年度项目正在接受第三方机构——市至诚社会组织评估中心的结项评估。由此可见，张家港市公益创投活动起步不算早，但发展速度较快，品质良好。社会组织参与政府购买服务积极性高，并在项目实施中历练成长、发展壮大；政府部门和社会企业对公益事业的发展支持力度也在不断增强；首届公益创投活动直接受益对象达 29 150 人、间接受益 254 681 人，较好实现了“花小钱办大事”和激发社会组织活力两个目标。

（二）张家港市公益创投的社会成效

1. 持续孵化社会组织，增强其自我发展能力

张家港市目前已经初步形成多层次（包括市、区镇和社区）社会组织培育中心的发展格局，在开展公益创投活动过程中，持续孵化社会组织。许多项目团队在此过程中品牌营销意识也逐步增强，有意识地对实施项目进行包装宣传，扩大社会影响力，提升社会组织知名度，扩大社会组织发展空间。

2. 有效发挥社工人才专业作用，提升社会组织服务水平

张家港市多层面开展的公益创投活动，吸引了省内外部分高校社工专业毕业大学生参与其中，促进了大学生就业工作。公益创投活动也为全市 1 000 多名持证社工提供了实务平台，发挥了社工人才专业作用，提升其工作技能。通过专业社工技能的发挥和社会组织能力的提升，在政府创投资金的资助下，社会组织提供的公共服务无论量与质都有所提高，服务社会的水平得到不断提升。

3. 链接优化社会资源，营造社会公益氛围

张家港市公益创投首先由政府发动，投入市级福彩基金和镇区财政资金。仅从首届公益创投 35 个公益项目来看，共获得政府创投项目资助资金 177 万元，平均每个项目获政府资助 5 万多元，平均每位服务对象花费资金仅为 15.8 元，与以前传统的资金使用方法相比，大大提升了财政资金的使用效率。不仅如此，政府创投带动企业、社区和公民个体参与，进一步链接社会资源，优化并提升资源使用效率。

4. 有力推动政社互动和减负增效，促进基层多元共治

社会组织通过提供公共服务承接政府和社区部分职能，一定程度上减轻了基层政府和社区工作负担。在项目实施过程中，专业社工、志愿者和社区居民共同参与，服务精准周到，激发了基层社会活力，提升了镇区政府和村居工作绩效，有力地推动了政社互动的深入开展。市级政府及其部门的公益创投为区镇政府、企业、基金会等社会组织参与公益创投提供了一定的示范和引领作用，多元社会力量参与，在一定程度上促进基层社会多元共治的发展，提升了社会治理效率。

四、徐州市铜山基层党建助力脱贫攻坚

“十三五”期间，江苏扶贫开发已经从消除绝对贫困转向缓解相对贫困进而推进高水平全面小康建设的新阶段，但任务仍然繁重艰巨，依然存在农村低收入人口持续稳定发展的能力还不强等突出“短板”。

徐州市铜山区地处淮海经济区的中心，有321个村（居）委会，其中村委会293个、居民委员会28个。2016年，铜山区确定17个省定经济薄弱村。共有3.1万低收入农户，7.6万低收入人口，已全部建档立卡。

“十三五”期间，铜山区组织实施脱贫致富奔小康工程的基本目标是：到2020年实现农村低收入人口人均纯收入达6 000元以上和经济薄弱村全部达到新“八有”目标[①]。为切实做好脱贫致富奔小康工作，确保完成新一轮扶贫开发工作各项目标任务，铜山区坚持挂钩帮扶和建强经济薄弱村基层党组织。

根据铜山区有关文件通知，2016年铜山区从区级机关中选派19名中青年干部，到帮扶的经济薄弱村任党组织第一书记，开展帮扶工作。各单位选派的帮扶工作队队员（第一书记）要在区镇党委领导和指导下，紧紧依靠村党组织和各方支持，带领村“两委”成员开展工作，注意从派驻村实际出发，抓住主要矛盾、解决突出问题。主要职责包括[②]：

---

① 经济薄弱村新“八有”目标：有群众拥护的“双强”班子；有科学合理的发展规划；有高产高效的农业设施；有特色鲜明的主导产业；有持续稳定的集体收入；有先进适用的信息网络；有健康向上的文明村风；有村容整洁的居住环境。

② 根据铜山区有关文件、扶贫工作简报和访谈资料整理。

一是建强基层组织。重点是协助配齐配强经济薄弱村“两委”班子，着力解决班子不团结、软弱无力、工作不在状态等问题，防范应对宗族宗教、黑恶势力的干扰渗透，物色培养村后备干部；严格落实“三会一课”、民主评议党员等组织制度，做好党组织设置、发展党员、党员教育管理等工作；推动落实村级组织工作经费和服务群众专项经费、村干部报酬和基本养老医疗保险、村综合服务中心和服务设施建设等，充分发挥村党组织领导核心作用。

二是推动精准扶贫。重点是大力宣传党的扶贫开发和强农惠农富农政策，深入推动政策落实；带领驻点村开展低收入农户识别和建档立卡工作；按照“一村一策”要求，与村“两委”一起制订实施发展规划和脱贫计划；组织落实扶贫项目，参与整合涉农资金，积极引导社会资金，促进经济薄弱村、低收入农户脱贫致富；帮助选准发展路子，培育农民合作社，增加村集体收入，增强“造血”功能。

三是兴办惠民实事。重点是推动党的群众路线教育实践活动整改事项落实，带领村级组织开展为民服务全程代理、民事村办等工作，打通联系服务群众“最后一公里”；围绕村级新“八有”建设、发展集体经济、村庄环境整治等重点工作，积极争取政策、资金、项目、人才、技术等支持，推动脱贫致富奔小康措施落地见效；经常入户走访，与群众同吃同住同劳动，关心关爱低收入户、五保户、残疾人、农村空巢老人和留守妇女儿童，定期走访慰问老党员、老干部、老模范；帮助解决生产生活中的实际困难。

四是加强基层治理。重点是推动完善村党组织领导的充满活力的村民自治机制，落实“四议两公开”，完善村务监督委员会工作机制，促进村级事务公开公平公正，妥善解决优亲厚友、暗箱操作、损害群众利益等问题；培育经济合作类、公益服务类等社会组织，完善服务体系，提高村级组织为民服务能力；帮助村干部增强法治意识，提高依法办事能力，指导完善村规民约，弘扬文明新风，促进农村和谐稳定。

从 2016 年铜山区进村入户开展帮扶工作的实践看，帮扶队员总体上能切实发挥自身能力，本着对贫困村、贫困户负责的态度，保证时间，保证精力，尽心尽力帮助贫困村制定发展规划，争取脱贫项目，指导项目实施和新“八有”建设。

第四节　问题与对策

一、面临的困难和挑战

江苏农村政治文明建设在现实中不断地推进和发展，在民主选举、基层治理机制创新以及治理效果方面，处于全国的领先水平。同时，社会环境、现有政治体制以及村民自治制度本身存在的一些问题也给政治文明建设带来了一定的困难和挑战。主要表现在以下方面：

（一）村委会选举组织难选人难

1. 组织选举的难度加大

一是人户分离现象。主要集中在动迁安置村，有些入住安置小区、有些租房在外、有些仍未动迁，部分已住进动迁安置社区的村民户口仍保留在原行政村，直接导致村民联络难、登记难、投票难。二是选民外出现象。主要集中在苏北经济不发达地区，以及涉外劳务大的县（市），如东海、赣榆、响水等地。三是合并村现象。随着城镇化进程加快，村村合并调整现象频繁，导致村面积不断扩大，人数越来越多，组织召开村民选举大会的难度和工作量加大。有的合并村因村与村之间经济状况不一、村民熟悉程度不一等问题导致原村与新村选举谁当村委会主任的矛盾突出。

2. 部分经济欠发达地区出现“选人难”现象

苏北等欠发达地区，留守农村的大多是老人、妇女、儿童，而且村干部“在职待遇低、压力任务重、上升空间小”，有能力的人不愿意干，特别是大部分年轻人更愿意选择外出务工，村委会干部后备力量匮乏。很多地方村干部年龄结构老化、学历偏低、能力偏弱，难以胜任工作。

3. 有的选民参选意识不强

因村民生产生活的自主性、独立性日益增强，大多与村级组织的利益关系相对弱化，部分村民民主参与意识不强，加之选举效能感低，所以对村委会选举缺乏应有的热情。

4. 基层社会矛盾突出

随着社会转型和城镇化进程加快，积累了土地征用、拆迁补偿、土地流转、就业安置、资产处置、社会保障等一些深层次的矛盾和问题，在村委会选举时容易集中凸显，影响了换届选举工作的正常开展和社会稳定。

5. 贿选等不正当行为依然存在

候选人请客送礼拉选票、送钱送物买选票、利益许诺拢人心等现象时有发生。有的村派系和家族宗族斗争激烈，扰乱选举秩序。这些情况和问题虽然只是少数，但影响很大，要采取有效措施加以解决。

（二）农村协商民主制度空壳化

一是部分农村存在制度空壳化现象，并未真正建立起制度化的协商民主机制。尽管国家和江苏省的相关文件都明确要求在基层实行各种形式的协商民主制度，力争将协商民主成为基层民主的另一重要载体。然而在实践中，协商民主制度被旁置与空壳化，部分村并未真正建构起协商民主的制度体系，一些村即便搭建起了协商民主的棚子，却未将其功能落实。例如课题组在 N 市 J 区 S 村的调研发现，村干部以村庄并无重大公共事项为由，而村民们也处于利益无涉，未能积极实施协商民主制度的建设。上述现象也从问卷统计中得到了体现，当问及“村里遇到修桥铺路缺资金、征地拆迁补偿不到位、宅基地违建、焚烧秸秆被不公平罚款等引发矛盾时，有没有以集体协商的形式坐下来讨论解决?”仅有 10%的村民承认他们村庄经常以协商民主会议的方式来讨论并解决村庄公共事务，而 1/3 的村民认为所在村庄在治理过程中根本不存在协商民主会议，另外半数多村民则发现他们所在村庄只是偶尔召开协商会议来讨论村庄公共事务。

二是农民的权利意识和协商意识不足，或对村庄政治参与不感兴趣，或以较为极端的方式参与。村民在追求权利实现层面较为被动和冷漠，同时在参加村庄协商会议时也在一定程度上体现出协商意识不足的问题，这种参与冷漠首先体现在村民并不愿意积极参加村庄类似协商会议。在回答“您有没有参加过协商会议”这一问题时，半数村民给出了否定的答案，只有近 20%的村民经常参加。至于在村民不参加协商会议的诸多原因中，不感兴趣成为主要原因。即便村民参与村庄的协商民主会议，也并非在会议上踊跃参与和表达，更多扮演着听众的角色，这正是村民参与冷漠的第二种表现，40%的参与者表示不会在会议上发表言论。另一方面，当真正涉及自身重大利益时，少数村民有时也会采取较为极端的体制外方式来表达诉求，不仅无益于化解问题，反而激化干群矛盾。

三是在协商过程中，威权引导多于民主协商，村庄精英与普通村民的结构性地位不对等。首先，机构的主体和主要负责人由村委会成员和非正式精英组成；其次，普通村民很少参与协商会议；最后，不论是议题设置还是发言顺序和时间跨度，会议议程基本被精英所掌握。根据调研，村庄协商会议往往由村委书记和村委会主任主持并引导相关议题，这样的情况占总比95%。而在会议议程上，村书记和村主任主导着会议的发言状况，村民代表和普通村民鲜有发表意见的机会。

四是协商会议的议题范围过窄，并未真正容纳村庄财政、人事等重大事项。数据显示，有20%的村民认为他们所在村庄的土地确权问题并没有被纳入协商民主会议中去。

五是平行式协商民主机制虽然在实践中运作顺利并且收效良好，然而在理论上和法律基础上却面临困境。农村协商民主制度成为弥补村民自治制度空白的替代性机制，成为村庄准“代议”机制。换言之，江苏农村平行式协商民主机制目前处于一种悖论中：法律体系中缺乏足够的制度空间，但在实践运作中却作用巨大。这种困境需要相关部门重视并及时解决。

（三）农村基层党建工作有待加强

管理制度不全、活动不很规范、农村党员的教育与管理要求不高等突出问题具有一定普遍性，一些村庄一年就开“七一”或年终总结大会，平时很少或根本无法开会学习。调研数据显示，“2016年以来，你们村党支部已开展党员活动大概几次？”55.1%的受访者表示“没有”或“不知道”。根据调研，在相当多村庄，包括学文件、上党课、召开组织生活会等在内的党员活动不少流于形式，成效、影响不大。因此，包括“两学一做”在内的农村基层党建要注重实效，力避流于形式。

（四）基督教信仰对社会控制带来挑战

基督教信仰除了对民众意识形态形成挑战外，也会对农村基层组织造成弱化。从调研数据来看，基督徒的确存在着不信任政府、不愿意参与农村政治事务的现象。比如当我们问到“在你心目中，您最信任的群体是谁?”时，基督徒的回答大多数是“教会和教友”。我们这里选择基督徒第一个和第八个信任的群体进行比较，可以看出除了家人是最信任的群体之外，第二个被信任的群体就是教会和教友，比例占到31.3%，而第一个信任政府的比例只有7%。相反第八个信任的群体中（在我们的问卷中是排在最后的信任群体），教会和教友比例只有1.5%，而政府高达28.1%。一正一反表明在基督徒心目中，最值得信任的群体除了自己的家人，就是教会和教友，最不信任的群体是政府。同样，当问到“当您碰到困难时，例如生病、资金短缺、找工作时，您更倾向于找谁帮忙?”时，村民最先选择的是自己的家人，比例占到59.3%，选择教会和教友的比例占26.5%，而选择政府的只有1.8%。以最后一个选择作为对照，教会和教友占1.4%的比例，而政府达到25.9%。可见，基督徒遇到问题不去寻找基层组织，反而是寻找教会组织，某种程度反映出基督教信徒与农村政治之间的脱节。

基督徒对政府缺乏信任和依靠，这种情况还存在于基督徒不愿意参与政府的各样事务上，体现为在教会活动与村民会议时间上发生冲突时，基督徒多数选择参加教会的活动，在被问的135人中，有105人选择参加教会活动，比例为77.8%，只有17人选择参加村民会议，比例为13.9%。同样，基督徒很少过问村里的事情，基本上对村里的事情不提意见，也不参与村委会的各种小组，比如村民民主小组、村务公开监督小组、村民民主评议小组、村民理事会，基本上都没有基督徒参与其中。基督徒也很少和别人讨论村集体事务、参与讨论决定村里的大事、与镇村干部面对面讨论等。这反映出，基督徒的政治参与度非常低，他们多数对政府和政治都不感兴趣。

（五）农民新媒体参政议政不足

1. 农民新媒体参政议政的程度较浅，政治效能感不足

相当比例的农民因为缺乏基本知识和技能而成为信息的贫困者。即使是对新媒体的使用，也主要集中在娱乐、购物等方面，还未能清楚掌握新媒体参政议政的有效途径和方法。农民对新媒体在政治生活中发挥的作用评价不高，对自身以新媒体途径参政议政行为的效果评价不高，当问及“您认为通过网络维护自己的

权益有用吗?”回答“有”的占26.1%，“没有”的占22.1%，“不好说”的占51.8%，可见，他们怀疑或否定网络新媒体的维权功能，对自身以网络新媒体维权的行为评价较低。

2. 线上线下未能有机结合

肯定新媒体参与的意义，并不是否定传统的现实政治参与的重要性。新媒体参与固然便捷，但自身也存在明显的弊端。调查发现，一半左右的受访者认为网络参政议政最突出的问题在于“网络信息混乱，影响判断”，近1/3的人选择“大部分人只看不说，只有少数人参与”，其余选项则依次为“部分网民素质较低，网络参政议政的水平不高”“非法、不良内容太多”“没有便捷有效的专门通道，不方便参与”等，这说明农民对新媒体参与的弊端有一定了解，他们在遇到具体、现实问题时，仍倾向于采取与决策者直接接触、逐层逐级向上反映等传统政治参与的方式。当问及“如果您对土地确权或者拆迁赔偿方案不满意，您更加倾向于选择以下何种方式?”52.9%的受访者选择“找村干部”，仅有1.9%的人选择“到网上去发帖，引起关注”。

（六）公益创投发展面临的主要问题

从上述张家港公益创投实践来看，该市公益创投属于典型的政府主导多方合作模式，这也是目前江苏公益创投的基本模式。这种模式有其自身的优势，同时也有一些不足。公益创投发展面临着如下一些问题：

1. 创投资金量不足，资助周期短

一些社会项目运转较好，但是由于资助到期而未有新的资金投入的情况下，服务社会的可持续性受到影响。这对一些新孵化的社会组织影响更甚，甚至直接影响到新组织的生存和发展而导致组织“夭折”。

2. 社会组织服务发展能力较弱，创新意识不强

目前，江苏大多数社会组织力量较为薄弱，相当一部分是近几年新孵化社会组织，组织自身还处于新生期，组织内部管理机制还不健全，外部资源链接范围有限。这对社会组织提供服务和自我发展都形成了较大制约。同时在调研中课题组也发现，社会组织服务的领域基本还是传统的民政工作范围，各类社会组织服务内容雷同性明显。这在一定程度上暴露出社会组织创新意识不足，过于偏重服务而忽视其社会倡导功能。社会倡导功能不足也说明了社会组织精神资源和物质资源稀薄的现实困境。

3. 专业人才匮乏，队伍稳定性差

专业人才匮乏是目前国内绝大多数地区开展公益创投的约束因素之一，加之薪酬低，也带来了专业社工队伍稳定性差、人员流动性大，系统的职业技能培训效果大打折扣。这严重影响到专业人才的职业进入和职业技能的自我提升。

4. 资金来源结构有待优化，社会力量参与力度有待增强

理想的公益创投景象是政府、市场和社会三方合作共荣，资金来源多元化，人力资源充沛，形成一个资源信息流通顺畅、链接网络严密通达的协同治理社会网络。但在现实运作过程中，当公益创投成为一项行政任务的时候，其成为地方政府负担（特别是经济发展不是非常好的地区）的状况难以避免。

二、加强农村政治文明建设的对策

在全面建成小康社会的决胜阶段，江苏农村政治文明建设的推进，要以中共十八大，十八大三中、四中、五中和六中全会精神为指导，适应“强富美高”新江苏的要求，在新媒体背景下，积极回应江苏民众扩大政治参与、维护政治权益的现代公民政治诉求，以“公正、有序、理性”为基本要求，以完善村民自治制度“四个民主”为工作重点，注重道德重建，引导宗教信仰的正面作用，努力争取“基层民主制度公正、公民政治参与有序、农村政治文化理性、政社关系良好、两委职能协调”的现代政治文明建设成果。

（一）依法公正公开有效开展村委会选举

1. 从严把好候选人资格，优化村干部队伍结构

坚持德才兼备、群众公认、注重实绩的原则，把政治素质高、“双带”能力强的人提名为候选人。特别要加大年轻干部选拔工作力度，从本地大中专毕业生、致富能手、复退军人、大学生村官以及回乡创业者中发现推荐候选人，逐步改善村领导班子年龄和知识结构。

2. 着重抓好重点难点村，严肃查处不当行为

江苏省重点难点村虽然数量较少，但其影响不容轻视。对少数情况复杂的村，要选派得力人员进行指导；对个别暂时不具备选举条件的村，要派驻工作组先进行整顿，待条件成熟再换届选举；对村民反映的问题要及时调查处理，做好解释答复工作，理顺村民情绪；对候选人加强警示教育，对候选人提名、竞职演说、投票选举等关键环节进行全过程跟踪监督，杜绝拉票贿选现象；对选举中的违法乱纪问题，发现一起，查处一起，形成强大的威慑态势。

3. 增强认同感，调动村民参选积极性

村“两委”要以满足村民需求为导向，不断拓宽服务领域、优化服务手段，提高服务质量，提高村民的获得感，增强村民对所在村的认同感，提高村民对选举工作的支持率和参与率。

（二）优化农村协商民主机制

1. 加强顶层设计和理论研究，厘清协商民主机制的理论属性与制度位置

农村协商民主制度在实际运作过程中并没有充分的制度资源和法律基础，应当加强顶层设计，来明确协商民主制度在农村中的结构性地位。

2. 加强对村干部的指导，将协商民主制度的建设工程纳入正常考核指标之内

协商民主制度在江苏农村处于虚置化状态，与乡村干部不重视的态度有极大的联系，可将“建设健全农村协商民主制度”纳入考核指标体系，以体现其重要性。

3. 加强对村民的政治素质培训，增强其协商意识与协商能力

村民具有较强烈的知情意识和政治参与意识，但是缺乏必要的协商意识和协商能力，可加强对村民的政治意识培训。

4. 继续优化协商会议程序，确保村民平等有序参与协商过程

为了最大限度限制村干部和乡村精英对协商会议的引导，可有效设计会议流程，例如：一定数量的村民联合提议便可要求召开协商会议；当议题确定后应当大力宣传，确保每个村民都充分了解议题并评估自身利益；参加协商会议的村民代表应当根据随机和广泛代表原则，随机从全体村民中抽取，并一定程度上照顾到村庄外来人口；会议的主持人应当随机由村民来担任；会议应当保证每位参会代表都有发言的机会，且时间和顺序上保持平等；在利益协商时确保平等协商，不被精英人士引导。

（三）缓解道德焦虑的制度建构

道德焦虑的解困方式及其超越，最终目标仍然需要构建一个道德和谐、秩序良好的乡村社会，一种既能继承传统政治文化的优良道德风尚，又能够适应新形势下不断调整的利益共同体，并且超越简单的排他性和继承性的新乡情亟待建设。

新农村建设中的道德选择是一种政治行为，这样的政治行为需要一定的制度规则来规范其政治意识。道德更是一种软约束，其作用的发挥主要依靠个人的自觉，而制度则是自律与他律的结合，从硬约束入手，能够通过改善制度环境、降低制度建构的成本、增强制度创新的供给能力入手，增强道德约束制度框架的约束性和灵活性，扩大缓解道德焦虑的制度基础。

加强和完善农民政治参与的制度化建设。只有增强了村民的政治参与意识，才能更好地提高村民的道德自主意识，践行道德行为，充分发挥人的主体性。从目前的道德焦虑现状来看，对于道德现象的缺失不能随波逐流，人要充分发挥自我的主观判断和评判是非善恶标准。只有当村民更好地熟悉了民主机制和民主程序，积累了充分的民主政治实践经验，加强民主意识的熏陶和民主演练过程，才能更好地提高道德自主意识，判断是非善恶，建立良好的社会伦理秩序。

（四）促进基督教信仰与农村政治文明的融合

基督教信仰有一定积极的社会功能，表现在对民众伦理道德的改善，对民众精神生活的推动，在某些层面上有利于政府对村庄的治理。应该消除基督教与政府的对立状态，政府可以借鉴基督教信仰的优势进行有效的基层治理。

第一，可以对基督教组织做政治上的“无害化”转变，就是不再认为基督教的发展是对政府控制的威胁。第二，政府可以利用基督教有效的组织管理能力增强基督徒的政治认同，使基督教组织的发展与经济社会发展相协调。在这方面，基层权力组织与基督教组织可以找到共同的契合点，达到共存共荣。因为从基督教方面而言，他们愿意以爱心奉献的方式参与村庄建设和事务（虽然是选择性的参与），通过这些参与为自身创造良好的村庄舆论环境，提升基督教组织在村民中的形象，取得非基督徒和政府对他们的信任和认同。从基层权力组织来看，因为社会转型所带来的组织低效涣散、动员能力下降，需要一定的社会组织给予改变和支持，而基督教较强的组织能力正好可以弥补基层权力组织的这一缺陷，推动基层权力组织重新获得组织管理能力。第三，积极利用基督教积极向上的教化功能提升民众的伦理道德层次，在这方面，基层权力组织可以去除基督教信仰的层面，引导民众行出爱人如己、宽容对人、规范自我、公正处事的良好行为。第四，组织和利用基督徒善于唱诗赞美的特长，吸纳基督徒进入村庄文化建设中，用歌唱的方式宣讲积极向上的人生态度，活跃村民文化生活。

总之，从共同提升人的道德文化层面而言，农村基层权力组织与农村基督教信仰具有一致性，这样的一致性可以推动二者搭建相互促进的平台，维护社会安定，推进乡村建设，使新农村进入团结、和谐、融洽的运行轨道。

（五）引导农村新媒体政治参与

以新媒体为中介和联结纽带的现代农村社区的形成，将是农村由传统的熟人社会走向公民社会的逻辑起点。需要从新媒体、农民、政府三个层面多管齐下，既要引导新媒体健康发展，营造健康的舆论空间，充分发挥其正面效应，使其成为农民关注和参与政治的平台，又要着力提升农民的政治认知水平、政治行为能力和新媒体素养，塑造现代意义上的“新”农民，使其网络参政议政行为向更加理性健康的方向发展，还要保障农民通过新媒体与政治体系之间的回应互动常态化、制度化，定期的、制度化的良性互动能让农民及时反映社情民意，也能让决策者更充分了解真实情况。

（六）加大公益创投力度

政社互动下，村居自治组织不再承接的政府职能由政府向社会第二部门（商业企业）和第三部门（社会组织）购买服务，应当采取有效的措施吸引更多社会主体参与公共服务供给，提升社会组织公共服务供给水平和质量，并走出政府主导型公益创投困境、推动创投可持续发展的正途。

1. 强化顶层设计，做好公益创投规划

主要包括：①服务领域与服务对象的识别、分类与确定，引导公益创投项目全覆盖；②社会组织和社工培训以及慈善宣传的统筹安排和系统实施，避免重复培训和宣传，增强培训效果，扩大宣传范围；③项目管理与跟踪服务的规划，规范项目运作，提高服务效率。

2. 做大公益创投总盘子，优质项目尝试滚动资助

增加福彩资金和政府财政基金投入总量，同时用舆论宣传和政策支持引导更多企业加大公益创投资金投入量，引导社会公众个人捐赠，做大做强公益创投总盘子，同时优化创投资金结构。严格创投项目结项评审，对于结项考核成绩优秀的项目，突破一年资助期限，尝试滚动资助，对有潜力的社会组织或创投项目提供可持续发展支持。在总盘子做大的同时，也能培育一批具有引领性、有竞争力和更好发展前景的社会组织。

3. 加快政府政策创新，优化公益创投宏观环境

主要包括：①贯彻落实国家关于支持社会组织和慈善事业发展的各项规章法令，确保政策落地不打折扣；②因地制宜出台地方性鼓励政策，比如减免企业税、实行专业社工薪酬兜底计划、全国性社会组织引入计划等，激发社会力量参与创投积极性；③由政府主导建立政府、企业和社会组织合作机制，特别是加强信息平台和交流机制建设；④实施公民公益积分计划，因地制宜地把公民个体参与社会公益活动与个人切身利益相关的事项链接，比如年终工作考核、学生学业计划、新市民落户等，营造社会公益氛围。

4. 加强培育培训，搭建政府服务平台

在一个县域范围内，在顶层设计的培训培育一揽子计划中，采取多种形式提高参与度和培训效果，切实提升专业社工专业技能，帮助社工做好职业远景规划，稳定社工队伍。提升社会组织自我发展能力和链接社会资源能力。以“社区发展基金会”“公益组织联合会”为基础平台，构建社会组织服务支持系统，包括培训、培育、信息共享、专家库、网站、人员互通等。

参考文献

陈朝晖，2013. 影响与对策：农村宗教信仰与社会稳定研究——基于对苏北 L 市农村的调查 [J]. 农业经济 (2).

陈朋，2012. 国家与社会合力互动下的乡村协商民主实践：温岭案例分析 [M]. 上海：上海人民出版社.

崇杰，2005. 政治文明理论研究综述［J］. 中国特色社会主义研究（3）.

海门市人民政府办公室，2015. 关于开展村民小组自治试点工作实施方案［EB/OL］.（09-22）［2016-12-31］. http://zfb.haimen.gov.cn/default.php?mod=article&do=detail&tid=371440.

陆玉芹，李晓杰，2016. 盐城市农民基督教信仰的历史学分析［J］. 盐城师范学院学报：人文社会科学版（4）.

罗纳德·L约翰斯通，1991. 社会中的宗教：一种宗教社会学［M］. 尹今黎，张雷，译. 成都：四川人民出版社：128-130.

马克斯·韦伯，1999. 儒教与道教［M］. 王容芬，译. 北京：商务印书馆：11.

麦金太尔，1992. 道德困境［J］. 莫伟民，译，哲学译丛（2）.

王炯，2016. 扎实做好农村基层党建工作［N］. 学习时报，09-01.

萧楼，2005. 载体：通向制度抑或回归事件［J］. 开放时代（3）.

薛恒，黄剑波，何俊，2003. 苏北地方基督教研究：以盐城市为样本和例证［C］//张允贵，等. 盐城市民族宗教志. 盐城：盐城市图书馆.

张敏，2016. 政府供给与基层协商民主生长：基于三地实践的考察［J］. 学海（2）.

周晓婷，邢超，2015. 农村宗教活动的现状及其对治安影响的实证调查研究：以江苏农村地区为例［J］. 经济研究导刊：（6）.

第三章 <<<

2016 江苏农村生态文明发展状况

第一节 导　　论

改革开放以来，我国工业化、城镇化快速发展，人口—资源—环境—发展间的不协调问题日益凸显，加强生态文明建设的任务尤为紧迫。中共十八大把生态文明建设纳入“五位一体”总体布局中；中共十八届三中全会进一步推进了这一战略布局，提出加快建立系统完整的生态文明制度体系；《中共中央关于制定国民经济和社会发展第十三个五年规划的建议》将“加强生态文明建设”第一次写入五年规划，提出生态文明建设的基本思路。农村生态文明建设是生态文明建设的重要内容，尤其在我国农村生态环境危机日益严重，农民生态意识较为薄弱，城乡二元结构还未根本改变的情况下，推进农村生态文明建设具有十分重要的理论意义和现实意义。

生态文明的分析起始于欧美发达国家，源于他们对工业文明的反思与对资本主义的判断，主要开展了对工业文明的反思、生态马克思主义、如何推进生态文明等方面的研究。专家学者基于不同视角研究了我国生态文明建设，具体包括生态文明建设的理论基础、驱动因素、评价体系、战略选择等。国外由于城市与农村环境政策、公共服务差异不大，针对农村生态文明的分析较少；国内学者开展了农村生态文明建设的基本内容、评价体系、路径选择等方面的研究。客观测度生态文明建设水平，诊断主要制约因素，是有效加强生态文明建设的重要手段，目前农村生态文明建设水平评价研究处于起步阶段，定性分析较多、定量研究较少，专家学者主要从宏观层面来分析农村生态文明建设，基于农民视角开展农村生态文明建设研究鲜见报道。农民是农村生态文明建设的最终受益者，从农民的角度来衡量农村生态文明建设水平的高低具有很强的说服力。

为深入了解江苏农村生态文明建设状况，南京农业大学“江苏农村生态文明发展报告”课题组对淮安市、盐城市、扬州市、泰州市、镇江市、无锡市进行了农户问卷调查，共发放调查问卷653份，回收有效问卷621份，有效率为95.10%。在被调查的样本中，平均年龄53岁，村干部的比例为44.12%；文化程度分布中，小学占13.37%，初中占41.06%，高中占29.31%；家庭平均年收入9.70万元，最低年收入0.50万元，最高年收入150万元。本章采用李克特量表的形式，将满意度评价分为非常满意、比较满意、基本满意、不太满意、很不满意五种类型。根据调查问卷、统计资料，本章呈现了江苏省农村生态文明建设现状，分析了农村生态文明建设存在问题，并就进一步完善农村生态文明建设提出了建议。

第二节 农村生态文明建设现状

农村生态文明是指农村居民在进行生产生活时，积极主动地优化农村社会结构、协调农村与城市之间的关系，合理调控农村环境，有效改善农村面貌所取得的一系列物质成果、精神成果和制度成果的总和。为了实现农村生态文明，必须转变农村过去粗放的发展方式和生产模式，形成资源节约型和生态保护型的产业结构和增长方式，以促进农村生产和发展的可持续性；优化农村人居环境、改善农村生态环境，从根本上改善村容村貌，以实现净化、绿化、亮化、硬化及沼气化；转变农业生产方式和农民生活方式，建立清洁生产生活方式，协调推进农村生产、生活、生态；健全制度体系，加强宣传教育，培育微观主体意识。

一、农村生态文明建设主要内容

农村生态文明建设是生态文明建设的重要组成部分，是生态文明理念在农村领域的一种表现形式和实现载体；农村生态文明的构建主要包括生存性建设、发展性建设、制度体系性建设三个层面。农村生态文明生存性建设主要从物质层面出发，在有效协调自然关系的基础上开展农村产业生态化建设，改变农村生产方式，优化农村生活方式，改善农村生态环境，促进农村人居环境建设等；农村生态文明发展性建设主要从精神层面出发，通过宣传教育提高人们的农村生态文明建设意识，培育农村生态文化；农村生态文明制度体系性建设主要是健全法律法规体系，构建农村生态文明建设的决策机制、考评机制、调控机制等。由此可见，农村生态文明建设主要包含发展农村生态经济、优化农村生态环境、培育农村生态文化、改善农村人居环境、完善农村生态制度5个基本要素：发展农村生态经济是农村生态文明建设的基础条件，优化农村生态环境是农村生态文明建设的主要阵地，改善农村人居环境是农村生态文明建设的重要目的，培育农村生态文化是农村生态文明建设的重要支撑，完善农村生态制度是农村生态文明建设的坚实保障。在此基础上，结合江苏省2015年实际情况，分析农村生态文明建设主要内容。

1. 积极发展农村生态经济

江苏省推动经济绿色转型，经济转型升级取得重要进展；协调推进转型升级工程和科技创新工程，积极培育新增长点，创新能力持续提升。三次产业增加值比例调整为5.7∶45.7∶48.6，实现产业结构“三二一”标志性转变，战略性新兴产业、高新技术产业规模和占比加速扩大，节能环保产业主营收入超过8 000亿元。2015年江苏省实现生产总值70 116.4亿元，按可比价格计算，比2014年增长8.5%；全省人均生产总值87 995元，比2014年增长8.3%。全省完成固定资产投资45 905.2亿元，比2014年增长10.5%；一般公共财政预算收入8 028.6亿元，增长11%。与2010年相比，全省单位GDP能耗下降22%，单位GDP建设用地规模下降33%。继续加大结构减排、工程减排、管理减排力度，进一步削减主要污染物排放总量，全省化学需氧量、氨氮、二氧化硫、氮氧化物排放总量分别为105.46万吨、13.77万吨、83.51万吨、106.76万吨，较2014年分别削减4.13%、3.43%、7.70%、13.38%，均超额完成年度目标。服务业发展态势良好，2015年全省服务业实现增加值34 084.8亿元，增长9.3%；服务业增加值占GDP比重达48.6%，比2014年提高1.6个百分点。

农业生产平稳，2015年全省粮食播种面积8 137.0万亩，比2014年增加72.8万亩，粮食平均亩产437.7千克，比2014年增加4.8千克，增长1.1%，粮食总产3 561.3万吨，增长2%。粮食总产量自2004年开始实现“十二连增”，是历史上第二高产年份，仅次于1997年的3 564万吨。蔬菜面积持续增加，2015年全省新增设施农业面积62.7万亩，累计面积达1 199.2万亩，增长5.5%，占耕地面积的比重达到17.4%，比2014年提高0.9个百分点。全省蔬菜播种面积为2 135.4万亩，总产量为5 595.7万吨，增长3.3%，蔬菜已成为推动农业增加值持续增长的重要支撑。蔬菜价格总体平稳，1—11月江苏省17种蔬菜平均价格为每千克5.36元，同比上涨4.1%。林牧渔业总体稳定，2015年全省新增造林面积4.1万公顷，林业总产值4 081亿元，林木覆盖率达22.5%。2015年猪牛羊禽肉产量359.2万吨，禽蛋总产量196.2万吨，牛奶总产量59.6万吨，水产品总产量522.1万吨。

据城乡一体化住户调查，2015年江苏农村常住居民人均可支配收入为16 257元，比2014年增加1 298元，增长8.7%。2015年江苏农村常住居民人均工资性收入8 015元，比2014年增加845元；受粮价下降，生猪及家禽产量减少，第二、三产业经营困难增加等因素影响，2015年江苏农村常住居民人均家庭经营净收入5 046元，较2014年持平略增，增长0.3%；2015年江苏农村常住居民人均财产净收入545元，比2014年增加73元，增长15.5%，拉动人均可支配收入增长0.5%；江苏农村常住居民人均转移净收入2 651元，增加365元，增长16%，拉动人均可支配收入增长2.4%；2015年江苏农村常住居民人均可支配收入增速较城镇常住居民高0.5个百分点，城乡居民收入比连续六年缩小。

新型农业经营主体培育壮大，农业部批准新型职业农民培育整省试点，启动涉农院校应届毕业生万人培训计划，2015年江苏省培育新型职业农民20万人，家庭农场、农民合作社分别达到2.8万家、7.2万个，创建省级示范家庭农场417家，监测合格的国家级示范社352家。农业电子商务蓬勃发展，启动农产品电子商务万人培训计划，开展农业电子商务示范创建，大力推广“一村一品一店”模式。农村土地确权登记颁证工作全面展开，农业部批准整省试点，全省已有13 575个行政村开展试点，涉及的行政村、土地面积均超过90%。

问卷调查结果表明：30.6%的农户对生态工业发展比较满意，43%的农户一般满意；44.8%的农户对生态农业发展比较满意，28.5%的农户非常满意；

37.5%的农户对生态服务业发展比较满意，37.4%的农户一般满意；18.4%的农户对生态旅游业发展比较满意，56.5%的农户一般满意。

2. 持续改善农村人居环境

加强农村环境保护，全面开展“覆盖拉网式”农村环境综合整治试点，全年建成950多套污水处理设施，铺设污水管网约2 100公里，建成垃圾转运站36座、非规模化畜禽养殖污染集中处置中心6座、氮磷拦截工程4万多米^2。深化环境综合整治，累计完成18万个村庄环境整治任务，建制镇污水处理设施覆盖率达90.4%，城乡生活垃圾转运体系实现全覆盖。推进生态保护与修复，全省林木覆盖率提高到22.5%，自然湿地保护率达42.7%。全省设立自然保护区31个，其中国家级自然保护区3个，自然保护区面积达56.7万公顷。问卷调查结果表明：农户对乡村道路、自来水设施、排水管网设施、电力设施、灌溉设施、通信设施、垃圾收集设施、文化娱乐设施等较为满意。

3. 不断优化农村生态环境

2015年江苏省深化重点流域水污染防治，扎实推进新一轮太湖治理，连续第八年实现“两个确保”；认真落实国家重点流域“十二五”水污染防治规划，累计完成长江、淮河流域治污项目219个，完成率89.4%，国家考核结果为优。实施《水污染防治行动计划》，省政府出台《江苏省水污染防治工作方案》，明确“十三五”江苏省水环境质量目标和水污染防治重点任务。构建覆盖全省地表水、饮用水、城市内河、近岸海域、地下水等五类水体的水环境监测断面（点位）体系，进一步提高各市、县（区）水环境监测点位的代表性、科学性。保障集中式饮用水水源地安全，开展全省县级以上集中式饮用水源地环境状况评估，现场督查饮用水源地保护区环境问题整治情况；协同推进集中式饮用水源地达标建设和农村饮用水水源保护。各地党委、政府严格落实空气质量改善目标责任制，建立“以周保月、以月保年”的工作机制。省人大颁布《江苏省大气污染防治条例》，提供坚实法律保障。组织实施1 727个大气治理重点项目，进一步提升治理系统性、科学性。在秸秆综合利用和禁烧方面，省农委、省农机局、省环保厅、省财政厅联合印发2015年农作物秸秆综合利用实施指导意见和考核办法，完善以禁烧成效为导向的资金补助机制，省财政安排10亿元专项补助资金。严格落实禁烧责任制，完善卫星遥感、路面巡查和PM2.5监测“三位一体”监控模式，环保部通报的秸秆火点数同比下降91.2%。开展污染场地环境监管试点，扩大典型污染土壤修复试点。

问卷调查结果表明：对于绿化状况而言，44.4%的农户比较满意，24.2%的农户一般满意；48.8%的农户对空气质量比较满意，16.7%的农户一般满意；47.3%的农户对饮用水水质比较满意，15.6%的农户一般满意。

4. 大力培育农村生态文化

加大环境宣传教育力度，开展第三届全省环境宣传教育周，举办“全省大学生环保知识大赛”“百名主播带你领略环境美”等大型宣教活动；电子废弃物微信回收平台正式上线，命名第十四批111所省级绿色学校；建设“e环保”等多个自媒体平台。认真落实《国务院办公厅2015年政府信息公开工作要点》，主动公开环境质量、污染源监管、建设项目环境影响评价等环境信息，“江苏环保”网站全年对外发布各类信息8 233篇，年访问量达890万人次。推进生态示范创建，2015年新增11个地区达到国家级生态县市考核标准，新建国家级生态镇94个，生态村44个。生态示范创建位居全国前列，国家环保模范城市累计达21家。国家森林城市累计达5家，国家生态市（县、区）达35个。

问卷调查结果表明：83.7%的农户听说过农村生态文明；对于民俗文化传承，38%的农户比较满意，36.4%的农户一般满意；46.1%的农户对文化教育比较满意，24.3%的农户一般满意；43.3%的农户对文化活动比较满意，25.1%的农户一般满意。

5. 健全完善农村生态制度

2015年江苏省委、省政府出台《关于加快推进生态文明建设的实施意见》，加强顶层设计，明确目标方向，更大力度推进生态文明建设工程“七大行动”。加强生态空间管控，启动省级生态红线区域优化调整，各省辖市均制定辖区生态红线保护规划以及管控办法、补偿政策。对省级生态红线监督管理情况实施严格考核，并与生态补偿资金分配挂钩，拨付年度省级生态补偿资金15亿元。江苏省被环保部列为国家首批生态红线管控试点省份。加大环境执法力度，认真贯彻落实新修订的《中华人民共和国环境保护法》、国务院办公厅关于加强环境监管执法的通知要求，深入开展环境保护大检查。省委、省政府出台《关于建立网格化环境监管体系的指导意见》，明确提出党政同责，形成党委组织领导、政府具体实施、部门各司其职、社会广泛参与的环境监管格局。全省环保部门累计出动执法人员 60.9 万人次，现场检查企业 23.6 万厂次，立案查处环境违法行为 8 033起、处罚总额近 4.2 亿元。推进环境行政执法和刑事司法联动。省高级人民法院、省人民检察院、省公安厅和省环保厅联合出台《关于规范全省环境污染犯罪案件检测鉴定等有关事项的通知》，进一步明确监测数据认可、危险废物认定等相关事项。积极推进生态环境保护制度综合改革，制定《江苏省生态环境保护制度综合改革方案》，获环保部批复同意；完善经济社会发展绿色评估制度，将“绿评”范围逐步拓展到县（市、区）及重点工业园区。

二、农村生态文明建设水平分析

（一）农村生态文明建设水平评价指标

农村生态文明建设是基于当前资源压力、能源压力、环境压力和生态压力，针对不断恶化的生态环境健康状态做出的旨在实现优化国土空间布局、资源节约和环境保护的重要措施，是一个基于“压力—状态—响应”的系统进步过程。PSR 概念模型是由联合国 OECD 和 UNEP 提出的，该模型以因果关系为基础，主要目的是诊断生态系统的持续性，剖析生态系统内在的因果关系，构建人类活动与生态环境影响之间的因果链，得到较为普遍的认可与应用。

按照“压力—状态—响应”模型框架，在生态系统的视角下，本研究认为农村生态文明建设的压力系统、状态系统和响应系统的主要方面是：人口压力、国土承载压力和资源环境消耗压力是刻画生态系统压力的主要内容，可以用来表征农村生态文明建设的压力方面；状态系统，生态系统健康主要表现在生态资源禀赋较高、环境健康、自然灾害损害较小等方面，这也是生态文明建设较好的主要表现状态；响应系统，生态环境管理主要表现在经济高度化、生态环境的保护与投入和环境污染治理等方面，这也是生态文明发展的主要行动措施。在上述压力系统、状态系统和响应系统分析的基础上，按照科学性、全面性、动态性、可比性、现实性原则，基于 PSR 模型框架本研究构建了包括生态系统压力、生态系统健康状态和生态环境管理水平三个子系统，24 个评价指标的农村生态文明建设水平评价指标体系（表 3－1）。

表 3－1　农村生态文明建设水平评价指标

目标层	准则层	指标层	评价函数	标准值	
				优秀	很差
农村生态文明建设水平	压力系统	X_1人口密度（人/千米^2）	总人口除以土地总面积	360	900
		X_2 人口自然增长率（‰）	/	2	15
		X_3 单位耕地化肥负荷（千克/公顷）	化肥施用量除以耕地面积	275	900
		X_4 人均耕地面积（公顷/人）	耕地面积除以总人口	0.150	0.053
		X_5 单位耕地农药负荷（千克/公顷）	农药使用量除以耕地面积	6	30
		X_6 单位耕地农膜负荷（千克/公顷）	农膜使用量除以耕地面积	9	35
		X_7 农村工业废水排放量（万吨）	/	70 000	170 000
		X_8 农村工业废气排放量（万吨）	/	6 000	40 000
	状态系统	X_9 人均水资源量（米^3/人）	/	900	250
		X_{10}土地垦殖率（%）	耕地面积除以土地总面积	50	15
		X_{11}耕地粮食单产（千克/公顷）	粮食总产除以耕地面积	8 000	3 000
		X_{12}灾害指数（%）	受灾面积除以农作物播种面积	5	50
		X_{13}水土流失程度（%）	水土流失面积除以土地总面积	2	15
		X_{14}森林覆盖率（%）	/	30	3
	响应系统	X_{15}农民人均纯收入（元/人）	/	16 000	2 500
		X_{16}有效灌溉面积比（%）	有效灌溉面积除以耕地面积	85	45
		X_{17}单位耕地农业机械动力（千瓦/公顷）	/	12	2
		X_{18}教育投资强度（%）	教育投资量除以财政支出总量	35	8
		X_{19}水土流失治理率（%）	水土流失治理面积除以水土流失面积	60	10
		X_{20}环境污染治理投资占 GDP 比重（%）	/	3	0.3
		X_{21}农村改水累计受益人口比例（%）	/	100	60
		X_{22}农村卫生厕所普及率（%）	/	100	30
		X_{23}农村沼气池产气总量（万米^3）	/	40 000	5 000
		X_{24}农村生活污水净化沼气池（个）	/	40 000	7 500

（二）农村生态文明建设水平评价模型

1. 功效函数法

本章运用功效函数法对影响农村生态文明建设水平指标进行综合评价，最后得到农村生态文明建设水平。假定农村生态文明建设水平各评价指标为u_j（$j=1，2，3，\cdots，m$），a_j，b_j 分别为农村生态文明建设水平评价指标的标准最大值与标准最小值。指标值 x_j 对农村生态文明建设水平的功效 U_i（u_j）由式 3-1 确定：

$$U_i(u_j)=\begin{cases}\dfrac{x_j-b_j}{a_j-b_j} & U_i(u_j)\text{具有正功效时}\\[2ex] \dfrac{b_j-x_j}{b_j-a_j} & U_i(u_j)\text{具有负功效时}\end{cases} \tag{3-1}$$

2. 改进的熵值法

农村生态文明建设水平评价是一个多指标定量综合评价的过程，指标权重确定具有举足轻重的地位，将直接关系到农村生态文明建设水平评价结果的准确性。为了避免人为因素的影响，使指标权重确定更加具有科学性，本研究采用客观赋权法中的熵值法来确定指标权重。熵值法根据评价指标变异程度的大小来确定指标权重，指标变异程度越大，信息熵越少，该指标权重值就越大，反之越小。在熵值法的计算过程中，运用了对数和熵的概念，根据相应的约束规则，负值和极值不能直接参与运算，应对其进行一定的变换，即应该对熵值法进行一些必要的改进；改进的办法主要有两种：功效系数法和标准化变换法，本研究采用标准化变换法对熵值法进行改进。改进的熵值法确定指标权重主要步骤如下：

（1）评价指标标准化处理。由于不同的指标具有不同的量纲和单位，为了消除量纲和量纲单位的不同所带来的不可公度性，需要对指标数据用标准化法进行变换：

$$X''_{ij}=(X_{ij}-\overline{X}_j)/s_j \qquad i=1,2,\cdots,m;j=1,2,\cdots,n \tag{3-2}$$

式中，X''_{ij} 为标准化后的指标值，$\overline{X}_j$ 为第 j 项指标的均值，s_j 是第 j 项指标的标准差。

（2）为了清除负数，进行坐标平移：

$$X'''_{ij}=H+X''_{ij} \tag{3-3}$$

式中，X'''_{ij} 为平移后的指标值，H 为指标平移的幅度。

（3）计算第 j 项指标下的 i 个样本值的比重：

$$P_{ij}=X'''_{ij}/\sum_{i=1}^{m}X'''_{ij} \tag{3-4}$$

（4）计算第 j 项指标的熵值：

$$e_j = -k\sum_{i}^{m} P_{ij}\ln(P_{ij}) \qquad (3-5)$$

其中 $k>0$，ln 为自然对数，$e_j>0$。如果 X'''_{ij} 对于给定的 j 全部相等，那么 $P_{ij} = X'''_{ij} / \sum_{i=1}^{m} X'''_{ij} = 1/m$，此时 e_j 取极大值，即 $e_j = -k\sum_{i=1}^{m}\frac{1}{m}\ln\frac{1}{m} = k\ln m$。若设 $k=1/\ln m$，$e_j=1$，所以 $0\leqslant e_j\leqslant 1$。

（5）计算第 j 项指标的差异性系数 g_j：

$$g_j = 1 - e_j \qquad (3-6)$$

（6）定义第 j 项指标的权重：

$$w_j : w_{ij} = g_j / \sum_{i=1}^{m} g_j \qquad j = 1,2,\cdots,n \qquad (3-7)$$

3. 综合评价法

农村生态文明建设水平评价的单项指标只能从某一侧面反映农村生态文明建设水平状况，只有根据相应的权重，将各评价指标标准化值逐层合成综合指数，才能反映农村生态文明建设水平状况，具体采用如下加权函数法合成农村生态文明建设水平综合指数：

$$F = \sum_{i=1}^{3} w_i\left(\sum_{j=1}^{n} U_i(u_j) w_{ij}\right) \qquad (3-8)$$

式 3－8 中，F 为农村生态文明建设水平综合指数，w_i 为第 i 子系统权重，w_{ij} 为第 i 子系统第 j 项指标权重，n 为第 i 子系统所包含的指标数。F 越接近 1，表示农村生态文明建设水平越好。

在此基础上，借鉴国内外研究成果将农村生态文明建设水平级别分为：优秀、良好、一般、较差和很差 5 个等级（表 3－2）。

表 3－2 农村生态文明建设水平分级标准

综合指数	0.8～1.0	0.6～0.8	0.4～0.6	0.2～0.4	0～0.2
等级	优秀	良好	一般	较差	很差

4. 障碍因素诊断

为有效提高农村生态文明建设水平，有必要对单项指标和分类指标的障碍作用大小进行评估，寻找出阻碍农村生态文明建设水平的主要障碍因素。障碍因素计算采用因子贡献度、指标偏离度和障碍度三个指标来进行分析诊断，因子贡献度（V_j）表示单项因素对总目标的影响程度，即单因素对总目标的权重（$w_i * w_{ij}$），指标偏离度（x_{ij}）表示单项指标与农村生态文明建设水平目标之间的差距，设为单项指标标准化值与100%之差；障碍度（Y_i，y_i）分别表示第 i 年分类指标和单项指标对农村生态文明建设水平的影响，是农村生态文明建设水平障碍诊断的目标和结果，计算公式如下：

$$x_{ij} = 1 - U_i(u_j) \quad (3-9)$$

$$y_i = x_{ij} V_j / \sum_{j=1}^{n} (x_{ij} V_j) 100\%, Y_i = \sum y_i \quad (3-10)$$

（三）农村生态文明建设水平评价结果

1. 数据来源

农村生态文明建设水平评价指标数据主要来源于《江苏统计年鉴》《江苏农村统计年鉴》《中国统计年鉴》《中国农村统计年鉴》《中国农业年鉴》《中国环境统计年鉴》、江苏省国民经济和社会发展统计公报、江苏省土地利用变更调查数据等。评价标准的制定是农村生态文明建设水平评价的关键环节，现阶段农村生态文明建设水平评价在我国尚处于探索阶段，还没有统一的评价标准；农村生态文明建设水平评价标准不仅复杂，而且需要因地制宜。评价标准的确定主要参考国家、行业及国际相关标准，科学研究的判定标准，研究区域本底背景值，全国平均水平等，具体标准见表 3－1。

2. 结果分析

收集江苏省有关农村生态文明建设水平评价指标数据，经分析整理后，按照改进的熵值法确定各评价指标的权重（表 3－3）。根据前文提供的研究方法，得到江苏省农村生态文明建设水平评价结果以及分类指标评价结果（图 3－1）。

表 3－3　农村生态文明建设水平评价指标权重

目标层	准则层	指标层	评价函数	权重
农村生态文明建设水平	压力系统	人口密度（人/千米^2）	总人口除以土地总面积	0.041 9
		人口自然增长率（‰）	/	0.040 2
		单位耕地化肥负荷（千克/公顷）	化肥施用量除以耕地面积	0.043 5
		人均耕地面积（公顷/人）	耕地面积除以总人口	0.041 3

（续）

目标层	准则层	指标层	评价函数	权重
农村生态文明建设水平	压力系统	单位耕地农药负荷（千克/公顷）	农药使用量除以耕地面积	0.041 5
		单位耕地农膜负荷（千克/公顷）	农膜使用量除以耕地面积	0.040 4
		农村工业废水排放量（万吨）	/	0.041 8
		农村工业废气排放量（万吨）	/	0.040 1
	状态系统	人均水资源量（米³/人）	/	0.040 1
		土地垦殖率（%）	耕地面积除以土地总面积	0.040 8
		耕地粮食单产（千克/公顷）	粮食总产除以耕地面积	0.045 5
		灾害指数（%）	受灾面积除以农作物播种面积	0.039 6
		水土流失程度（%）	水土流失面积除以土地总面积	0.038 0
		森林覆盖率（%）	/	0.039 9
	响应系统	农民人均纯收入（元/人）	/	0.039 7
		有效灌溉面积比（%）	有效灌溉面积除以耕地面积	0.041 4
		单位耕地农业机械动力（千瓦/公顷）	/	0.041 1
		教育投资强度（%）	教育投资量除以财政支出总量	0.048 2
		水土流失治理率（%）	水土流失治理面积除以水土流失面积	0.040 4
		环境污染治理投资占 GDP 比重（%）	/	0.040 6
		农村改水累计受益人口比例（%）	/	0.048 8
		农村卫生厕所普及率（%）	/	0.041 5
		农村沼气池产气总量（万米³）	/	0.039 9
		农村生活污水净化沼气池（个）	/	0.043 8

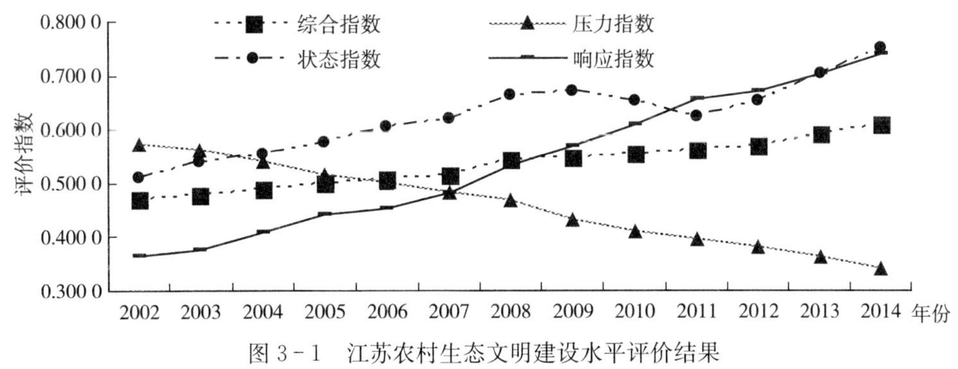

图 3－1　江苏农村生态文明建设水平评价结果

（1）综合评价结果

对 2002—2014 年农村生态文明建设水平综合指数变化走势分析表明，江苏省农村生态文明建设水平综合指数总体处于改善上升趋势，农村生态文明建设水平将会得到进一步改善。江苏省农村生态文明建设水平综合指数由 2002 年的 0.468 5 上升到 2014 年的 0.609 4，农村生态文明建设水平不断好转，年均增长率达到 2.51%，表明农村生态文明建设水平不断提高。根据农村生态文明建设水平分级标准（表 3-2），农村生态文明建设水平等级由“一般”转变为“良好”，研究发现：2002 年以来江苏省经济社会不断发展，持续推进产业转型升级，农民收入水平有效提高，生态保护意识不断强化；着力加强基础设施建设，积极开展村庄环境整治，优化农村人居环境；加大生态环境保护建设的力度，有效加强水土流失治理，环境污染治理投资显著增加；加强农村生态制度建设，培育农村生态文化，积极开展农民科技培训，着力提高耕地粮食单产，促进了农村生态文明建设绩效水平提高。

（2）分类指标对比

2002—2014 年压力指数呈现下降趋势，从 2002 年的 0.572 5 下降到 2014 年的 0.340 6，表明生态系统压力现状有所恶化（负向指标，数值越小，生态压力相对越大），人类对生态系统的干扰有所强化。由此可见，随着经济社会的不断发展，生态系统的压力有所增加，特别是近几年，压力持续上升。状态指数呈波动上升趋势，2014 年状态指数是 2002 年的 1.47 倍，年均增长率为 3.89%，增长幅度相对较小。响应指数逐年增大，发展水平迅速提高，2014 年响应指数是 2002 年的 2.03 倍，年均增长率达到 8.59%，增长幅度较大。

（3）障碍因素诊断

①评价指标的障碍度

根据农村生态文明建设水平障碍因素诊断计算方法，对 2002 年和 2014 年江苏省农村生态文明建设障碍度进行计算（表 3-4）。2002 年阻碍农村生态文明建设水平改善的障碍因素主要集中在系统响应方面、系统状态方面，主要包括农村沼气池产气总量、农村生活污水净化沼气池、教育投资强度、农民人均纯收入、森林覆盖率等；而 2014 年阻碍农村生态文明建设水平改善的障碍因素主要集中在系统压力方面、系统状态方面，主要包括农村工业废气排放量、农村工业废水排放量、人均耕地面积、单位耕地化肥负荷、人均水资源量等。从单项指标变化趋势上看，2002—2014 年农村工业废气排放量、农村工业废水排放量、人均耕地面积、单位耕地化肥负荷、单位耕地农药负荷、土地垦殖率等指标障碍度上升幅度较大。

表 3-4　2002 年、2014 年农村生态文明建设水平障碍因素排序

年份	位序	1	2	3	4	5	6	7	8
2002	障碍因素	X_{23}	X_{14}	X_{24}	X_4	X_{15}	X_{18}	X_{22}	X_9
	障碍度	7.174 7	7.082 7	7.055 0	6.694 1	6.642 5	6.555 0	6.334 1	6.243 5
2014	障碍因素	X_4	X_8	X_1	X_{19}	X_{18}	X_7	X_3	X_6
	障碍度	10.077 0	9.912 4	8.264 1	7.950 5	7.876 3	7.722 6	7.690 0	6.813 4

②分类指标的障碍度

在单项指标障碍度计算的基础上，进一步计算农村生态文明建设水平的分类指标障碍度：系统压力的障碍度呈上升趋势，系统状态的障碍度总体上呈下降趋势，系统响应的障碍度呈下降态势（图 3-2）。从 3 个指标障碍度的数值来看，2009 年之前系统响应障碍度最大，其次是系统压力、系统状态；从 2009 年开始，系统压力障碍度位居第一位，其次是系统响应、系统状态。可见，提高农村生态文明建设水平必须从系统压力、系统响应入手，同时注重加强系统状态。从各分类指标障碍度年变化率来看，2002—2014 年系统压力障碍度以年均 9.16% 速度增加，系统状态和系统响应的障碍度分别以年均 2.49% 和 3.68% 的速度下降。显然，从长远来看，系统压力是影响农村生态文明建设水平的首要因素。

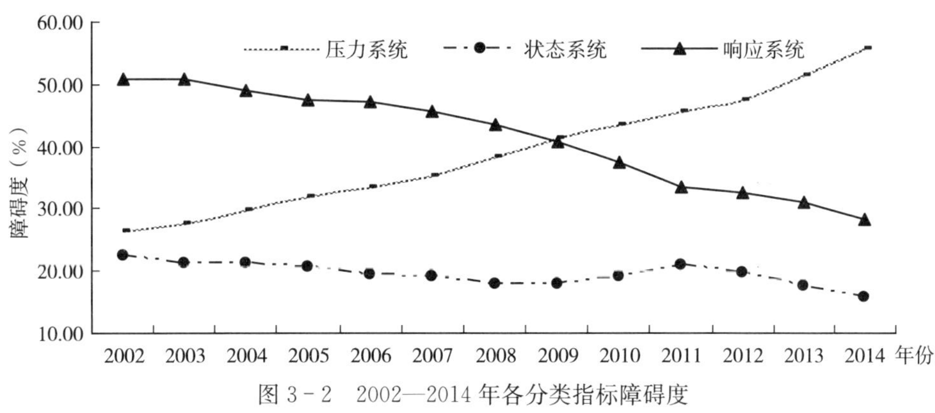

图 3-2　2002—2014 年各分类指标障碍度

三、农村生态文明建设农民满意度

（一）评价指标体系构建

农村生态文明建设是基于农村当前资源与环境压力，针对不断恶化的农村环

境健康状态做出的旨在转变农业生产方式、农民生活方式，协调推进农村生产、生活、生态的重要措施。从农民主体来看，只有农民满意度高，农村生态文明建设水平才能较高。因此，本报告基于农民对农村生态文明建设的主观感受——即农民满意度，来诊断农村生态文明建设水平。农村生态文明建设农民满意度是个总体概念，具体包括了农民对农村生态经济、农村生态环境、农村人居环境、农村生态文化、农村生态制度等方面的满意程度，每一个方面可以进一步细分为具体的评价指标。为了准确区分农民对农村生态文明建设的满意程度，采用李克特量表作为满意度的测量工具，用 1、2、3、4、5 分别表示很不满意、不太满意、基本满意、比较满意、非常满意。

表 3－5　农村生态文明建设农民满意度评价指标

变量	测量指标
农村生态经济	生态农业发展 X_1、生态工业发展 X_2、生态服务业发展 X_3
农村生态环境	生活污水治理 X_4、河塘污染治理 X_5、化肥农药污染治理 X_6、人禽粪便处理 X_7、工业污染治理 X_8
农村人居环境	房屋建筑质量 X_9、房屋建筑面积 X_{10}、房屋内外装修 X_{11}、绿化状况 X_{12}、空气质量 X_{13}、自来水设施 X_{14}、电力设施 X_{15}、灌溉设施 X_{16}、垃圾收集设施 X_{17}
农村生态文化	民俗文化传承 X_{18}、文化教育 X_{19}、文化活动 X_{20}、生活方式 X_{21}
农村生态制度	农村环境监管 X_{22}

（二）评价模型建立

因子分析的概念起源于 20 世纪初 Karl Pearson 和 Charles Spearmen 等人关于智力测验的统计分析，因子分析已成功应用于经济学、管理学、心理学、医学等领域。因子分析是研究如何以最少的信息丢失将众多原有变量浓缩成少数几个因子，如何使因子具有一定的命名解释性的多元统计分析方法，它的主要功能是用较少的相互独立的因子反映原有变量的绝大部分信息、再现变量之间的内在联系。因子分析的数学模型为：

$$\begin{cases} x_1 = a_{11}F_1 + a_{12}F_2 + a_{13}F_3 + \cdots + a_{1k}F_k + \varepsilon_1 \\ x_2 = a_{21}F_1 + a_{22}F_2 + a_{23}F_3 + \cdots + a_{2k}F_k + \varepsilon_2 \\ x_3 = a_{31}F_1 + a_{32}F_2 + a_{33}F_3 + \cdots + a_{3k}F_k + \varepsilon_3 \\ \cdots \\ x_p = a_{p1}F_1 + a_{p2}F_2 + a_{p3}F_3 + \cdots + a_{pk}F_k + \varepsilon_p \end{cases} \quad (3-11)$$

式3-11中，农村生态文明建设农民满意度原始变量用 x_i 表示，具体包括 x_1，x_2，x_3，…，x_p；F_j 表示公共因子，具体包括 F_1，F_2，F_3，…，F_k，因子个数 k 小于原始变量个数 p；a_{ij} 表示因子载荷，是原始变量 x_i 与因子 F_j 的相关系数，反映了原始变量 x_i 与公共因子 F_j 的相关程度，绝对值越接近1表示相关性越强。ε_i 表示特殊因子，显示原始变量 x_i 中公共因子无法解释的部分。

根据因子得分系数矩阵，公共因子变量可以表示为原始变量的线性组合：

$$F_j = \beta_{1j}x_1 + \beta_{2j}x_2 + \beta_{3j}x_3 + \cdots + \beta_{pj}x_p \qquad (3-12)$$

式3-12中，F_j 表示公共因子，x_i 表示农村生态文明建设农民满意度原始变量，β_{pj} 表示原始变量 x_i 在公共因子 F_j 中的系数得分。

根据因子得分系数矩阵、公共因子的方差贡献率计算原始变量 x_i 的权重，在此基础上测算农村生态文明建设农民满意度，得到农民视角下农村生态文明建设水平。将农民视角下农村生态文明建设水平划分为"优秀、良好、一般、较差"四个等级（表3-6），将满意度得分Y相应地均等分为四个等级，根据"差松优严"原则赋予各等级对应分值。

表3-6 农村生态文明建设水平等级划分

等级	优秀	良好	一般	较差
分值	$4.0<Y\leqslant 5.0$	$3.0<Y\leqslant 4.0$	$2.0<Y\leqslant 3.0$	$0<Y\leqslant 2.0$

（三）结果与分析

1. 数据来源

"江苏农村生态文明发展报告"课题组对淮安市、盐城市、扬州市、泰州市、镇江市、无锡市进行了农民问卷调查，共发放调查问卷653份，回收有效问卷621份，有效率为95.10%。在被调查的样本中，平均年龄53岁，村干部的比例为44.12%；文化程度分布中，小学占13.37%，初中占41.06%，高中占29.31%；家庭平均年收入9.70万元，最低年收入0.50万元，最高年收入150万元。

2. 结果分析

（1）量表的品质检验

由于此次问卷调查是通过自行设计的量表形式开展，在分析之前首先要对量表的品质进行检验，从而保证分析的可靠性与有效性，检验项目包括信度分析和效度分析。信度分析是对量表的有效性（信度）进行研究，通常以克朗巴哈（Cronbach）α 系数来进行评价：如果克朗巴哈 α 系数大于 0.9 说明量表的信度很高，克朗巴哈 α 系数大于 0.8（小于 0.9）认为量表的信度可接受，克朗巴哈 α 系数大于 0.7（小于 0.8）说明量表的设计存在一定的问题、但仍有一定的参考价值，克朗巴哈 α 系数小于 0.7 认为量表设计存在很大的问题、应考虑重新设计。通过 IBM SPSS Statistics 20 软件对本次问卷进行信度检验发现，克朗巴哈 α 系数为 0.917，说明问卷的信度很高。效度分析的主要作用是判断量表能够准确测出所需测量的事物的程度，主要通过 Bartlett 球形度检验和 KMO 检验来开展评价：Bartlett 球形度检验的检验统计量近似服从卡方分布，若该统计量的观测值比较大，且对应的概率小于给定的显著性水平 α，则拒绝原假设，认为原有变量适合做因子分析；KMO 值越接近于 1，原有变量越适合做因子分析，0.9 以上表示非常适合，0.8 以上（小于 0.9）表示适合，0.7 以上（小于 0.8）表示一般，0.6 以上（小于 0.7）表示不太适合，0.5 以下表示极不适合。KMO 值为 0.910，Bartlett 球形度检验的检验统计量为 7 458.876，对应的概率 0.000 小于 0.01，非常显著，表明数据适合做因子分析。

（2）农民满意度的因子分析

采用主成分分析法进行因子萃取，根据特征值大于 1 的原则提取主成分，选取了 6 个公共因子（F_1、F_2、F_3、F_4、F_5、F_6）（表 3－7）。公共因子总方差贡献率达到了 70.049%，说明公共因子能较好地反映原始变量的信息，因此因子分析的结果是有效的。第一公共因子的方差贡献率最大，为 16.353%，是最重要的影响因子。

为了使公共因子的命名与解释更加清晰，对因子模型进行具有 Kaiser 标准化的正交旋转，使公共因子的负荷系数更接近 1 或 0。旋转在 6 次迭代后收敛，得到旋转后的因子载荷（表 3－8）。从表 3－8 可知：第一个公共因子在民俗文化传承、文化教育、文化活动、生活方式、农村环境监管上的载荷系数较高，反映了农村生态文化与制度；第二个公共因子在生活污水治理、河塘污染治理、化肥农药污染治理、人禽粪便处理、工业污染治理上的载荷系数较高，反映了农村生态环境；第三个公共因子在生态农业发展、生态工业发展、生态服务业发展上的载荷系数较高，反映了农村生态经济；第四个公共因子在房屋建筑质量、房屋建筑面积、房屋内外装修上的载荷系数较高，反映了农村人居环境（居住条件）；第五个公共因子在自来水设施、电力设施、灌溉设施、垃圾收集设施上的载荷系数较高，反映了农村人居环境（基础设施）；第六个公共因子在绿化状况、空气质量上的载荷系数较高，反映了农村人居环境（自然环境）。公共因子对原有变量的载荷均大于 0.5，且原有变量在公共因子上没有交叉载荷，显示出良好的区别效度和聚合效度。

表 3－7　解释的总方差

成分	初始特征值			提取平方和载入			旋转平方和载入		
	合计	方差的占比/%	累积占比/%	合计	方差的占比/%	累积占比/%	合计	方差的占比/%	累积占比/%
1	8.271	37.597	37.597	8.271	37.597	37.597	3.598	16.353	16.353
2	2.095	9.523	47.120	2.095	9.523	47.120	3.340	15.184	31.537
3	1.859	8.449	55.568	1.859	8.449	55.568	2.620	11.907	43.444
4	1.178	5.353	60.921	1.178	5.353	60.921	2.302	10.462	53.906
5	1.006	4.572	65.493	1.006	4.572	65.493	2.098	9.537	63.443
6	1.002	4.556	70.049	1.002	4.556	70.049	1.453	6.606	70.049

注：提取方法为主成分分析。

表 3－8　旋转成分矩阵

指标	成分					
	1	2	3	4	5	6
生态农业发展 X_1	0.341	0.149	0.841	0.123	0.143	0.068
生态工业发展 X_2	0.307	0.257	0.717	0.046	0.016	0.179
生态服务业发展 X_3	0.298	0.137	0.875	0.103	0.103	0.041
生活污水治理 X_4	0.351	0.534	0.383	0.060	0.095	0.018
河塘污染治理 X_5	0.182	0.795	0.128	0.114	0.090	0.065
化肥农药污染治理 X_6	0.162	0.757	0.088	0.103	0.136	0.140
人禽粪便处理 X_7	0.134	0.702	0.058	0.133	0.226	0.122
工业污染治理 X_8	0.105	0.661	0.262	0.028	0.184	0.317
房屋建筑质量 X_9	0.071	0.113	0.087	0.836	−0.005	0.133
房屋建筑面积 X_{10}	0.112	0.063	0.075	0.829	0.125	0.049
房屋内外装修 X_{11}	0.122	0.139	0.051	0.812	0.057	0.115

（续）

指标	成分					
	1	2	3	4	5	6
绿化状况 X_{12}	0.307	0.243	0.164	0.211	0.175	0.616
空气质量 X_{13}	0.076	0.170	0.072	0.167	0.140	0.858
自来水设施 X_{14}	0.099	0.440	0.241	0.067	0.610	−0.112
电力设施 X_{15}	0.085	0.101	−0.019	0.116	0.790	0.195
灌溉设施 X_{16}	0.145	0.151	0.113	−0.008	0.691	0.164
垃圾收集设施 X_{17}	0.238	0.489	0.046	0.100	0.528	−0.035
民俗文化传承 X_{18}	0.813	0.157	0.213	0.090	0.086	0.062
文化教育 X_{19}	0.843	0.132	0.232	0.053	0.071	0.071
文化活动 X_{20}	0.835	0.172	0.219	0.053	0.076	0.126
生活方式 X_{21}	0.682	0.184	0.191	0.190	0.226	0.151
农村环境监管 X_{22}	0.571	0.344	0.291	0.177	0.234	0.018

利用 IBM SPSS Statistics 20 软件，采用回归分析法测算因子得分系数，得到因子得分系数矩阵（表 3－9）。根据因子得分系数矩阵，公共因子变量可以表示为原始变量的线性组合：

$$F_1=-0.101x_1-0.086x_2-0.128x_3+0.014x_4-0.031x_5-0.035x_6-0.043x_7-0.118x_8-0.055x_9-0.029x_{10}-0.021x_{11}+0.030x_{12}-0.071x_{13}-0.103x_{14}-0.037x_{15}-0.032x_{16}+0.025x_{17}+0.344x_{18}+0.360x_{19}+0.352x_{20}+0.255x_{21}+0.160x_{22} \quad (3-13)$$

F_2、F_3、F_4、F_5、F_6 以此类推。22 种农村生态文明建设具体方面的满意度最终在 6 个公共因子上得以反映，表现了农民在农村生态文明建设满意度评价上具有明显的聚合特征。其中农村生态文化与制度因子的方差贡献率为 16.353%、农村生态环境因子的方差贡献率为 15.184%、农村生态经济因子的方差贡献率为 11.907%，居住条件因子的方差贡献率为 10.462%、基础设施因子的方差贡献率为 9.537%、自然环境因子的方差贡献率为 6.606%，表明农村生态文明建设农民满意度中的很大部分是由农村生态文化与制度满意度、农村生态环境满意度来进行解释的，显示出农民对农村生态文化与制度、农村生态环境的重视程度较大。

表 3-9 成分得分系数矩阵

指标	成分					
	1	2	3	4	5	6
生态农业发展 X_1	−0.101	−0.110	0.452	0.008	0.038	−0.035
生态工业发展 X_2	−0.086	−0.005	0.360	−0.048	−0.090	0.084
生态服务业发展 X_3	−0.128	−0.103	0.491	0.005	0.018	−0.049
生活污水治理 X_4	0.014	0.191	0.087	−0.029	−0.095	−0.098
河塘污染治理 X_5	−0.031	0.382	−0.075	−0.006	−0.161	−0.075
化肥农药污染治理 X_6	−0.035	0.348	−0.093	−0.021	−0.123	−0.002
人禽粪便处理 X_7	−0.043	0.300	−0.097	0.000	−0.040	−0.022
工业污染治理 X_8	−0.118	0.246	0.052	−0.084	−0.072	0.177
房屋建筑质量 X_9	−0.055	−0.012	0.004	0.414	−0.073	−0.026
房屋建筑面积 X_{10}	−0.029	−0.066	−0.006	0.420	0.040	−0.110
房屋内外装修 X_{11}	−0.021	−0.009	−0.038	0.399	−0.036	−0.050
绿化状况 X_{12}	0.030	−0.040	−0.032	−0.020	−0.021	0.463
空气质量 X_{13}	−0.071	−0.065	−0.023	−0.060	−0.032	0.721
自来水设施 X_{14}	−0.103	0.062	0.085	0.003	0.337	−0.235
电力设施 X_{15}	−0.037	−0.181	−0.053	0.000	0.525	0.070
灌溉设施 X_{16}	−0.032	−0.140	0.016	−0.067	0.443	0.056
垃圾收集设施 X_{17}	0.025	0.113	−0.100	0.004	0.244	−0.171
民俗文化传承 X_{18}	0.344	−0.049	−0.118	−0.023	−0.046	−0.041
文化教育 X_{19}	0.360	−0.063	−0.110	−0.045	−0.053	−0.026
文化活动 X_{20}	0.352	−0.045	−0.124	−0.055	−0.064	0.021
生活方式 X_{21}	0.255	−0.070	−0.101	0.020	0.049	0.017
农村环境监管 X_{22}	0.160	0.033	−0.017	0.029	0.035	−0.118

注：提取方法为主成分分析法；旋转法：具有 Kaiser 标准化的正交旋转法。

(3) 农村生态文明建设水平分析

按照降维后农村生态文明建设农民满意度新的维度划分，可以建立农村生态文明建设农民满意度三级评价指标体系，一级体系是农村生态文明建设农民满意度，二级体系是 6 个公共因子所代表的农村生态文明建设农民满意度，三级体系是原始变量（x_1，x_2，x_3，…，x_{22}）所代表的满意度。根据因子得分系数矩阵、公共因子的方差贡献率计算原始变量的权重，在此基础上测算农村生态文明建设农民满意度，得到农民视角下农村生态文明建设水平。

测算结果显示，江苏省农村生态文明建设农民满意度得分为 3.683 6，表明江苏省农村生态文明建设水平处于“良好”等级。而在影响农民满意度的二级指标中，满意度得分排序为基础设施（3.981 2）＞自然环境＞农村生态文化与制度＞居住条件＞农村生态经济＞农村生态环境（3.279 7），农村人居环境（基础设施）、农村人居环境（自然环境）满意度得分较高，农村生态环境、农村生态经济满意度得分较低。这些数据表明，农民对农村人居环境（基础设施）、农村人居环境（自然环境）表现出较高的满意度，而对农村生态环境、农村生态经济满意度较低，反映了农村生态环境、农村生态经济已成为制约农村生态文明建设水平的主要障碍，也反映了农民对改善农村生态环境、发展农村生态经济的渴望。观察农村生态文明建设农民满意度三级指标发现，满意度较高的表现在电力设施、空气质量、生活方式、自来水设施、垃圾收集设施、灌溉设施、绿化状况等方面，满意度较低的表现在河塘污染治理、工业污染治理、化肥农药污染治理、生活污水治理、生态工业发展、人禽粪便处理、生态农业发展、生态服务业发展等方面。

第三节　农村生态文明建设存在问题

一、污染治理难度依然较大

农业面源污染对农村生态文明建设的压力日益增大，农业面源污染主要来源于化肥超量施用、农药不合理施用、畜禽养殖污染等。2015 年全省废水排放总量 62.45 亿吨，废水中化学需氧量排放总量 105.46 万吨，其中农业污染源排放占 33.2%。废水中氨氮排放总量 13.77 万吨，其中农业污染源排放占 26.5%。畜禽粪便处理、化肥农药污染治理、河塘污染治理等指标满意度分值低于满意度平均水平，说明这些指标与农民的期望还有一定的差距；畜禽粪便处理、河塘污染治理等指标重要度得分高于指标重要度平均得分，说明相对其他指标而言农民对这些指标需求更加强烈，期望值更高；大约 15%的农户对化肥农药污染治理不满意，接近 15%的农户对畜禽粪便处理不满意，大部分农户认为亟须开展政府与农户协同治理农业面源污染，进行农业结构优化，推广农业清洁生产。

伴随着农村工业的迅速发展，从 2007 年至 2015 年江苏省工业乡镇企业的数量在不断地增加，农村工业废水与废气排放量呈现上升态势，使得农村工业污染问题也越来越突出，加重了农村生态文明建设的压力。问卷调查结果表明，工业污染治理、清洁能源推广等指标满意度分值低于满意度平均水平，说明这些指标与农民的期望还有一定的差距；大部分农户认为乡镇企业主要污染类型为水污染、大气污染等，亟须开展政府与企业协同治理工业污染、进行产业结构调整。

农村生活污染主要包括两方面：一是农村生活垃圾，二是农村生活污水。2015年全省废水排放总量62.45亿吨，其中生活污水排放占66.6%。废水中化学需氧量排放总量105.46万吨，其中生活污染源排放占47.4%。废水中氨氮排放总量13.77万吨，其中农业污染源排放占26.5%。农村生活垃圾的成分主要是厨余类垃圾、纸制品类垃圾、塑料类垃圾、金属类垃圾、纺织品类垃圾等，农民人均每天固体垃圾排放量超过了2千克，其中厨余类占有最大比重。大部分农民没有接受过生活固体垃圾处理相关培训、没有参与生活固体垃圾处理项目，接近40%的农户不知道有管理生活垃圾规章制度，大约40%的农户没有接受过相关宣传。农村生活污水主要包括厨余废水、牲畜废水、洗涤用水等，70%以上的农户生活污水未经处理直接排放，大部分排到地沟或排水沟，大约50%的农户不知道有管理生活污水规章制度，接近70%的农户没有参加过相关培训。生活污水未经处理直接排放污染了农村生态环境，加大了农村环境污染治理难度。

二、监管体制有待健全

农村生态文明管理机构呈现从中央到地方依次递减的状态，地方农村生态文明管理机构数量较少、规模较小，专业技术人员不多。农村最基层的环保系统是县一级的环保机构，乡镇政府基本没有专门的环保机构，农村环保人员的配备不足。大部分县（区）、乡（镇）、村庄环保管理网络还没有建立，环保设备配置较为简单，环保监管技术不太先进，监测体系有待建立。农村环保社会监督不够，农村生态文明建设公众参与程度不高。

三、法律法规亟待完善

环境保护立法工作取得了很大的成绩，基本形成了具有中国特色的环境法律法规体系，但针对农村特殊环境问题而制定的法律法规较为少见，直到现在还没有制定一部全面规范农村环境保护的基础性法律或专门性法律，也缺乏专门性的法律法规来加强农村生态文明建设，防治农村工业污染、农业面源污染、土壤污染等。与此同时，农村环保法律法规立法配套不足，直接影响了相关法律法规的实施效果。此外，现行环境保护法律法规和其他规范性法律文件，虽然规定了不少有关农村环境保护的内容，但其中不少内容不能适应农村生态文明建设的特点，有关农村环境市场机制、公众参与等内容较为缺乏。

四、建设投入依然不足

虽然环境污染治理投资总额和占 GDP 的比例不断上升，但还是不能满足环境治理的需求，农村环境污染治理、生态保护的投入较少。资金投入渠道较为单一，农村环保资金投入主要依靠国家财政投入、农民自身筹资等方式，融资渠道十分有限，很难满足农村生态文明建设的需要。部分村庄的环卫保洁、垃圾运输处理费用等主要靠村集体资金解决，造成农村生态文明建设后的村庄集体经济负担较重，很难真正提高农村生态文明建设效果；70%以上的农户认为农村生态文明建设投入不足。

五、绿色科技支撑不够

绿色科技也称环境友好科技或生态科技，是指能够促进资源合理利用、改善环境状况或至少是无害于生态环境的技术工具和手段。尽管江苏省绿色科技的发展已经开始起步，一定程度上奠定了良好基础，多项指标已经达到世界水平，但整体发展水平不高、发展不太平衡，不能满足农村生态文明建设中清洁生产、低碳经济等领域的技术支持需要。绿色科技意识较为淡薄，科技研发应用中经济效益仍占上风，科技的生态功能、社会功能体现不多。科技研究开发还没有树立绿色理念，核心技术方面仍然缺乏竞争力；绿色技术的科研力量相对薄弱，自主研发能力不强。绿色科技的层次不高，源头控制技术还处于起步阶段，环境应急监测能力不足。绿色科技开发成本较高，应用推广难度较大。

六、生态意识仍需提高

农村生态文明建设意识不强，部分领导干部还未充分认识到农村生态文明建设的重要性、对农村生态文明建设工作重视不够，在执行节约优先、环保优先的方针时态度不够坚决，甚至有些地方仍存在以牺牲环境利益为代价来换取经济增长的现象。对于企业而言，农村生态文明建设意识不强，超标排放、恶意偷排等行为依然存在。伴随着城市工业经济的快速发展、城市环境保护标准的提高，许多落后、污染严重的工业企业无法在城市立足，为降低生产成本向郊区、农村迁移，工业园区、化工园区在农村兴起；迁移到农村的污染企业，并没有改造相对落后的生产工业、生产设施，在农村环境监管力度不够的情况下，企业三废排放超标，对农村环境造成了较为严重的污染。对于农民而言，农村生态文明建设意识较为淡薄，多采用粗放式农业生产，生活方式不太合理，维权意识较为薄弱。农村生态文明理念还不牢固，尊重自然、保护自然的意识还没有真正形成。传统粗放的生活方式和消费理念仍未发生根本性转变，人们还没有形成真正的自觉遵守绿色消费、绿色出行等道德准则和行为规范。60.4%的农户认为农村生态文明建设主要依靠当地政府；如果政府提出控制污染，接近35%的农户不愿意承担一定的费用。

第四节 农村生态文明建设对策

一、优化法律监管体制

1. 完善法律法规

转变立法指导思想，从农村环境资源问题、环境保护立法的现状和农村环保护历史性转变的实际需要出发，按照建设农村生态文明和实现生态文明建设法制化的要求，通过科学立法、民主立法，逐步健全农村生态文明建设法律体系和法律制度体系。修正立法理念，改变以罚为主的立法观念、以行政责任为主的污染责任制，污染防治向行政责任与刑事责任相融合的立法方向发展。完善立法内容，把农村环境保护法从整个环保法中凸显出来，逐步构筑一个比较完善、独立的农村环境保护法律法规体系，建议出台农村生态文明建设法。制定促进农村生态文明建设的条例，清理修订与农村生态文明建设相冲突、或不利于农村生态文明建设的地方性法规、规章和规范性文件，将农村生态文明建设纳入法制化轨道。研究制定应对气候变化、生态补偿、湿地保护、生物多样性保护、土壤环境保护等方面的法律法规，修订土地管理法、大气污染防治法、水污染防治法、循环经济促进法等。加快制定修订一批能耗、水耗、地耗、污染物排放、环境质量等方面的标准，实施能效和排污强度“领跑者”制度，加快标准升级步伐。

2. 强化执法监管

健全执法机制，提高执法水平，完善执法责任制。加强法律监督，明确上下级政府监督关系，环保机关形成上下级垂直监督关系。加大环保、节能、海洋、林业、国土、水资源管理等方面的执法监督力度，健全司法协作和联动执法机制，始终保持执法高压态势，严厉打击污染环境、破坏生态的违法行为。加强农村生态文明建设监管体制建设，建立健全专门负责农村生态文明建设工作的组织机构，完善机构的人员配置。优化农村生态文明建设的机构建设，逐步建立县乡两级环保机构，把环保管理工作延伸到乡镇和村；重点乡镇建立环保所，负责区域环境保护；形成以县市（区）环保局为主体，以重点乡镇环保所为支撑，以乡村监督员为辐射的四级网络管理体系。进一步明确乡级人民政府和村镇委员会、村民委员会在农村生态文明建设方面的监管作用，加强有关部门的协调和合作。完善农村生态文明建设责任制，实行乡镇环境质量行政首长负责制，把化肥农药使用、秸秆处理、畜禽养殖等活动中的资源综合利用和自觉的污染防治纳入当地政府政绩考核。优化农村生态文明建设社会监督机制，实施环境信息公开，完善公众环境参与制度。

3. 加强生态文明监测

进一步健全农村生态文明建设的监测机构，完善机构人员配置。全面设点，完善农村生态文明监测网络，环境部门会同有关部门统一规划、整合优化环境质量监测点位，建设涵盖水、土壤、噪声等要素，布局合理、功能完善的环境质量监测网络，按照统一的标准规范开展监测和评价。环境部门以及国土资源、住房建设、水利、农业、林业、海洋等部门和单位获取的环境质量、污染源、生态状况监测数据要实现有效集成、互联共享；建立重点污染源监测数据共享与发布机制，重点排污单位要按照环境保护部门要求将自行监测结果及时上传。加快环境监测信息传输网络与大数据平台建设，加强环境监测数据资源开发与应用，开展大数据关联分析，为农村生态文明建设决策、管理和执法提供数据支持。依法建立统一的环境监测信息发布机制，规范发布内容、流程、权限、渠道等，及时准确发布环境质量、重点污染源及生态状况监测信息，保障公众知情权。在农村生态文明监测基础上，持续预警农村生态文明建设绩效水平。

二、健全经济调节机制

1. 健全多元化投入机制

进一步加大农村生态文明建设资金投入，建立“自上而下”的开源机制，加大对农村公共服务供给的转移支付；建立“自下而上”的节流机制，通过村民代表大会民主地决定公共服务项目建设优先序、服务费收取标准，确保资金最大限度地满足农民的消费者支付意愿；建立多元化的投融资促进机制，在农村生态文明建设中引入竞争机制，调动民间资本投入农村环境治理的积极性。适当引入多中心治理模式，加快推进农村垃圾收集和无害化处理设施建设，加强生活污水处理设施建设，加强农村饮用水水源地环境保护和水质改善设施建设，完善危险废物安全处置设施。

2. 健全生态补偿机制

进一步完善《江苏省生态补偿转移支付暂行办法》《江苏省生态红线区域保护监督管理考核暂行办法》，严格执行《江苏省生态红线区域保护规划》，对实施生态红线区域保护的地区给予生态补偿，加强生态红线区域的环境保护和生态修复。全面建立生态补偿制度，提高生态补偿标准。积极探索生态补偿市场化机制，扩大生态补偿的内涵和范围，对基本农田、菜篮子基地等重要农产品生产基地，制定保护规划，给予农业生态保护补偿。建立完善生态补偿体系，在保持激励型财政机制总体框架不变的基础上，对生态优化区域实施以生态保护修复为基本导向的激励型财政机制，使生态补偿从生产性补偿转变为环境性补偿。

三、建立绿色考评机制

1. 提升绿色决策水平

将农村生态文明建设纳入经济和社会发展规划，建立健全环境与发展综合决策机制。在重大决策过程中，优先考虑环境影响和生态效应，行使环保“一票否决”。严格执行集体决策，完善环境信息发布、项目公示听证制度，实行环保决策责任追究制度、环境损害赔偿制度。

2. 建立绿色考评体系

加快建立绿色 GDP 考核体系，将资源环境成本纳入社会经济发展评价体系。探索建立绿色 GDP 核算体系，健全基于绿色 GDP 的绩效考核指标体系，把农村生态文明建设指标作为重要考核内容。开展绿色发展水平评价，逐步推行绿色审计制度，提升绿色发展水平，加快产业转型升级，促进经济发展方式转变。调整能源结构，推动传统能源安全绿色开发和清洁低碳利用，发展清洁能源、可再生能源。大力发展节能环保产业，推动节能环保技术、装备和服务水平显著提升，加快培育新的经济增长点。加快转变农业发展方式，推进农业结构调整，大力发展农业循环经济，治理农业污染，提升农产品质量安全水平。依托乡村生态资源，在保护生态环境的前提下，加快发展乡村旅游休闲业。

四、优化科技支撑机制

1. 加快绿色科技研究开发

针对农村生态文明建设的现实需求，重点开展资源环境、生态产业、气候变化、新能源等领域的基础性研究，积极抢占绿色技术发展的制高点。积聚优势科研力量，针对低碳经济、节能减排、污染防治等重点领域，推进核心技术集成。加强环境标准、环境预警防控、环境政策效应等管理类技术研究，积极探索建立绿色经济管理体系。强化企业技术创新主体地位，充分发挥市场对绿色产业发展方向和技术路线选择的决定性作用。支持生态文明领域工程技术类研究中心、实验室和实验基地建设，加强生态文明基础研究、试验研发等科技人才队伍建设。

2. 推广应用绿色科技成果

完善产学研结合体系，加大对企业绿色技术创新活动的政策支持，充分发挥高等院校、科研机构、企业等主体的协同作用，建立集绿色科技研发、集成应用、成果产业化于一体的绿色科技产业链，提高产学研结合的组织化程度。针对农村生态文明建设的共性技术问题，加快生物技术、新能源技术等在生态产业发展、污染治理、环境监测预警等领域的示范应用。完善科技创新成果转化机制，形成一批成果转化平台、中介服务机构，加快成熟适用技术的示范和推广。

3. 营造绿色科技创新环境

加强绿色科技创新研究平台建设，优化人才发展环境，大力引进、培养农村生态文明建设急需的各类人才，强化科技工作者的伦理道德意识。建立科技成果绿色评价体系，加强科技与市场对接平台和技术交易市场建设，促进高成长性绿色科技企业持续涌现。加快发展节能环保产业，加强节能环保服务支撑体系建设，促进节能环保制造业和服务业互动发展。

五、完善公众参与机制

1. 提高公众参与意识

加强农村生态文明建设宣传教育，提升公众农村生态文明建设意识。通过环境状况公报、内参录像片、内参资料等，定期向领导干部通报农村污染、生态破坏的状况和变化趋势，增强污染防治工作的紧迫感。以各类排污企业和资源开发型企业的负责人和员工位重点教育对象，使其认清农村污染现状和趋势，明确企业环保责任，推进污染防治、实行污染源头控制，实现清洁生产。围绕科学生产和增收增效，把推广农业生产实用技术与提高农民环境道德素质结合起来，激发广大农民参与农村生态文明建设的积极性。开展农民环保培训，动员广大农民自觉地参与农村生态文明建设。挖掘传统生态文化精髓，打造江苏特色生态文化品牌，加强生态文明文化艺术作品创作和宣传，积极构建和谐的环境公共关系，增强全民节约意识、环保意识、生态意识，形成全社会积极参与生态文明建设的良好氛围。加强农村精神文明建设，以环境整治和民风建设为重点，扎实推进文明村镇创建。

2. 优化公众参与渠道

拓宽宣传渠道，充分发挥门户网站在推进农村生态文明建设信息公开中的主渠道作用，引导公众积极参与，及时反馈公众建议。扩大人大、政协的农村生态文明建设决策与监督权力，通过听证会、论证会、座谈会等形式优化农村生态文明建设决策；充分发挥专家学者的智慧，健全农村生态文明建设参与决策机制。

参考文献

陈巍，李烨，郑华伟，2016. 基于改进灰靶模型的农村生态文明建设差异分析［J］. 水土保持通报，36（4）：90－96.

范中健，2014. 马克思主义生态观视角下我国农村生态文明建设研究［D］. 杭州：浙江理工大学.

方凯，王厚俊，2012. 基于因子分析的农村公共品农民满意度评价研究 [J]. 农业技术经济 (6)：30-36.

贾卫列，杨永岗，朱明双，等，2013. 生态文明建设概论 [M]. 北京：中央编译出版社.

江苏省环境保护厅，2016. 江苏省环境状况公报 (2015) [R].

江苏省统计局，国家统计局江苏调查总队，2016. 江苏统计年鉴 2015 [M]. 北京：中国统计出版社.

李娟，2013. 中国特色社会主义生态文明建设研究 [M]. 北京：经济科学出版社.

李平星，陈雯，高金龙，2015. 江苏省生态文明建设水平指标体系构建与评估 [J]. 生态学杂志，34 (1)：295-302.

李伟，燕星池，华凡凡，2014. 基于因子分析的农村公共品需求满意度研究 [J]. 统计与信息论坛，29 (5)：78-84.

林爱广，2013. 中国生态文明建设及路径研究 [D]. 杭州：浙江农林大学.

刘海涛，2014. 我国农村生态文明建设问题研究 [D]. 济南：山东师范大学.

刘晓光，侯晓菁，2015. 中国农村生态文明建设政策的制度分析 [J]. 中国人口·资源与环境，25 (11)：105-112.

罗文斌，吴次芳，倪尧，等，2013. 基于农户满意度的土地整理项目绩效评价及区域差异研究 [J]. 中国人口·资源与环境，23 (8)：68-74.

戚晓明，2015. 基于因子分析的农村义务教育家长满意度研究 [J]. 江苏社会科学 (5)：248-254.

王舒，2014. 生态文明建设概论 [M]. 北京：清华大学出版社.

文高辉，杨钢桥，李文静，等，2014. 基于农民视角的农地整理项目绩效评价及其障碍因子诊断 [J]. 资源科学，36 (1)：26-34.

吴小节，彭韵妍，汪秀琼，2016. 中国生态文明发展状况的时空演变与驱动因素 [J]. 干旱区资源与环境，30 (8)：1-9.

许尔君，袁凤香，2015. 生态文明建设：美丽中国视域下的生态文明建设现实路径 [M]. 兰州：甘肃人民出版社.

薛薇，2013. SPSS统计分析方法及应用 [M]. 3版. 北京：电子工业出版社.

杨东红，郝广，刘宏伟，2015. 基于因子分析的企业员工知识满意度影响因素分析 [J]. 哈尔滨商业大学学报：社会科学版 (6)：46-52.

杨永梅，郭志林，洪荣昌，等，2013. 基于因子分析的格尔木市郊工程移民满意度评价［J］. 干旱区资源与环境，27（9）：38－43.

袁晓玲，景行军，李政大，2016. 中国生态文明及其区域差异研究［J］. 审计与经济研究（1）：92－101.

张欢，成金华，陈军，等，2014. 中国省域生态文明建设差异分析［J］. 中国人口·资源与环境，24（6）：22－29.

张锐，刘友兆，2013. 我国耕地生态安全评价及障碍因子诊断［J］. 长江流域资源与环境，22（7）：945－951.

张艳，何爱平，2016. 生态文明建设的理论基础及其路径选择［J］. 西北大学学报：哲学社会科学版，46（2）：120－125.

赵美玲，马明冲，2013. 基于战略视角的农村生态文明建设探析［J］. 理论学刊（7）：72－75.

赵明霞，包景岭，2015. 农村生态文明建设的评价指标体系构建研究［J］. 环境科学与管理，40（2）：131－135.

郑华伟，张锐，孟展，等，2015. 基于PSR模型与集对分析的耕地生态安全诊断［J］. 中国土地科学，29（12）：42－50.

郑子峰，2014. 福建省农村生态文明建设面临的问题及对策研究［J］. 福建农林大学学报：哲学社会科学版，17（1）：68－71.

John Bellamy Foster，2002. Ecology against capitalism［M］. New York：Monthly Review Press.

René Kemp，Serena Pontoglio，2011. The innovation effects of environmental policy instruments：A typical case of the blind men and the elephant?［J］. Ecological Economics，72（12）：28－36.

Zhang Lei，Zhang Dayong，2011. Relationship between Ecological Civilization and Balanced Population Development in China［J］. Energy Procedia（5）：2532－2535.

第四章 <<<

2016 江苏农村法治建设发展状况

全面推进依法治国不仅是“四个全面”重大战略的重要组成部分，而且是协调推进“四个全面”重要的制度基础和法治保障。中国共产党第十八届中央委员会第四次全体会议审议通过的《中共中央关于全面推进依法治国若干重大问题的决定》明确提出：全面推进依法治国，建设社会主义法治国家；增强全民法治观念，推进法治社会建设；弘扬社会主义法治精神，建设社会主义法治文化。农村法治建设发展的程度直接影响我国依法治国战略的实施效果，直接影响全面深化改革的成果能否惠及全国人民，直接影响建设社会主义法治国家宏伟目标能否顺利实现。

江苏作为全国经济社会发达省份，在 2004 年 7 月省委、省政府颁布的《法治江苏建设纲要》中即明确提出建设法治省份的宏伟目标。2012 年 3 月，中共江苏省委颁布《关于深化法治江苏建设的意见》，明确提出了“构建全国法治建设先导区”的江苏区域法治发展目标。2013 年 4 月，国务院批准了《苏南现代化建设示范区规划》，提出要把苏南地区建设成为“社会主义法治区域，为全国民主法制建设提供示范”。法治江苏建设的成功实践，创造了许多生动鲜活的法制建设的江苏经验，为区域法治发展和江苏农村法治建设注入了新的活力与动力。

江苏各区域经济社会发展差异较大，苏北、苏中和苏南的农村法治建设水平和发展速度也相对不均衡，这也体现了我国的法治建设和发展是普遍性、特殊性和个别性的辩证统一的过程。本章主要通过选择江苏各区域中具有代表性的农村地区进行实证研究，比较苏北、苏中、苏南农村法治建设发展的共性与差异，结合调查过程中发现的问题和我国农村法治建设过程中的经济制度、法律制度进行规范研究，并进行定性分析，进一步全面研究和总结江苏农村法治建设的现状、困境和对策，旨在为推进江苏农村法治的持续协调发展提供决策参考。

第一节　农村法治建设的重要性

一、农村法治建设是社会主义市场经济发展的必然要求

改革开放以来，中国经济发生翻天覆地的变化，社会主义市场经济逐步建立和完善，随着国家对“三农”问题的愈加重视，农村经济也逐渐融入市场经济大发展的潮流。市场经济的发展离不开社会主义法治的完善，所谓无规矩不成方圆，新农村建设在推动农村大发展的同时，也自然地要求农村逐步实现法治，使农村社会真正实现有法可依、有法能依、有法必依的法治环境。

1. 法治是农村市场健康发展的保障

改革开放后，社会主义市场经济逐步发展，推动着我国经济的发展取得了丰硕的成果。市场经济具有自身弱点和缺陷，需要国家加强宏观调控，通过加强法治建设予以规范和调整，使之有序发展。随着农村建设和发展，农村经济成为市场经济不可分离的一部分，将农村经济融入市场经济，促进农村经济大发展成为党和政府的重要任务。由于市场经济具有自发性、盲目性和滞后性的局限性，市场主体之间如果没有法制的约束，缺乏法治观念，必然造成市场的紊乱，引发周期性的危机。因此，农村市场即便相对较小，也离不开法律的约束，只有建立完善合理的法律系统，才能真正保护市场主体的合法权益，保证农村市场主体能够依法进行市场行为，维护农村市场的稳步发展。通过法制建设和提高法治观念，建立公平的市场交易规则，规范市场竞争秩序，确保农村市场的统一和开放，减少恶性竞争和盲目竞争，使农村经济跟上可持续发展的步伐，不断稳步前进。

2. 农业产业的特殊性需要法律的特殊保护

农业是国民经济的基础，我国国民经济基础薄弱的现状标志着农业行业处于薄弱地位，极易受到冲击和改变。现阶段，农村广泛出现土地荒芜、闲置，主要原因是单纯的农业劳动收入微薄，无法满足生活生产所需，大量的农村劳动力转移到城市，形成民工潮。农村许多村寨的土地集体荒芜，年轻人大量外出打工谋

生，产生了大量留守儿童和留守老人，造成新的社会问题。市场经济发展后，农业面临着双重风险，首先是自然风险，气候的变暖造成了每年都有许多地方极度干旱，大部分农村依然是传统农耕模式，对自然条件高度依赖，没有风调雨顺的自然条件，农民就没有硕果累累，少却欢声笑语，难以丰衣足食。其次是市场风险，农产品处于市场链条的最底端，竞争能力较弱，在市场经济中，即便农产品价格提高，收益的也不是辛勤耕作的农民，而是靠获取利润为生的商人。农产品价格提高，在市场经济中经过循环，将成本又转化到农民的肩上，各种生产工具和生活用具随之价格提升，农民的收入不增反减，因此，农民在市场竞争中处于劣势和弱势。由于农业的这种脆弱性，需要国家进行扶持，政策必须向农业倾斜。党和国家千方百计提高农民收入，倡导产业扶持，运用第二产业、第三产业的雄厚实力反哺农业，取得了一定的成效。如何能调动产业支撑，法治是关键，通过制定切实可行的政策和法律，建立配套农业扶持体系，对农业大力支持，进行特殊保护，才能改变农村发展相对落后，农业劳动力缺乏的系列问题。

3. 农村法治是农业现代化发展的必然要求

我国走向现代化的大趋势下，农业的现代化成为必然，农业经济逐渐由计划经济转向市场经济发展。农业现代化水平标志着农村现代化的程度，农村现代化程度越高，越离不开法治。在现代化大背景下，中国农业经济不仅仅是满足自给自足的需要，更要满足国际贸易的需要，中国农业的发展离不开与国际的接轨，加入 WTO 之后，我国农产品市场面向国际市场开放，需要遵循 WTO 规则，按国际贸易法则行事。因此，健全农业法制，推进农村市场进入法治化轨道，是时代要求，也是发展的需要，也是践行“创业创新创优、争先领先率先”新江苏精神的题中应有之义。

二、农村法治建设是加强新农村建设的核心和关键

新农村建设是指在社会主义制度下，按照新时代的要求与标准，对农村进行经济、政治、文化、社会、法治等方面的建设，最终实现把农村建设成为经济繁荣、设施完善、环境优美、文明和谐的社会主义新农村的目标。新农村建设中的经济建设，主要指在全面发展、提升农村生产力的基础上，增加村农民收入，实

现农民的富裕，努力缩小城乡差距。新农村的政治建设，主要指在加强村农民民主素质教育的基础上，切实加强农村基层民主制度建设，引导农民依法实行自己的民主权利。新农村的文化建设，主要指在加强农村公共文化建设的基础上，开展多种形式的、体现农村地方特色的群众文化活动，丰富村农民的精神文化生活。新农村的社会建设，主要指加强农村医疗卫生体系建设，建立和完善农村社会保障制度。

中共十八大提出了全面建成小康社会，当前我国全面建成小康社会的重点难点在农村，农业丰则基础强，农民富则国家盛，农村稳则社会安；没有农村的小康，就没有全社会的小康；没有农业的现代化，就没有国家的现代化。因此，建设社会主义新农村，是全面建成小康社会的关键，在这个过程中离不开法治的建设与完善。

1. 农村法治建设是加强农村民主政治建设的有力保障

法治的本质在于民主，因而新农村法治同农村民主政治的建设密不可分。民主是人类社会的发展潮流，不断走向民主是不可逆转的政治发展趋势。要实现民主，维护农民的合法权益，需要法律去引导和保障。村民自治是基层民主政治建设的基础，其核心在于民主选举、民主决策、民主管理、民主监督。要保证上述活动的有效开展、保障农民在平等、自由的环境下参与选举、监督等活动，推进法制建设的完善，实现实行依法建制、以制治村是一项有力保障。

2. 农村法治建设是加强精神文明的需要

精神文明是人类在改造客主观世界的过程中所取得的精神成果的总和，是人类智慧和道德的进步表现。精神文明建设在社会主义建设中发挥着重要作用。而随着新价值观念不断冲击着农村长久以来形成的风俗习惯、文化理念，道德失衡、享乐拜金、功利思想在农村蔓延，依靠传统道德的力量难以约束人们的行为。法律作为道德的最低要求，可以有效地遏制农村陋习、解决纠纷，促进精神文明建设的良性发展。

3. 农村法治建设是调节农村社会建设的杠杆

在社会领域不断建立和完善各种能够合理配置社会资源和社会机会的社会结构和社会机制，并相应地形成各种能够良性调节社会关系的社会组织和社会力量，是社会建设的核心要求。随着市场经济的发展，农村的社会基础结构发生了很大的变化，利益主体呈现多元化的态势，矛盾、冲突不断增加，农村大规模上访事件增加、农民与基层政权关系紧张。通过法治维护农民公平发展的权益，让农民平等享受发展的成果，有利于实现农村社会的和谐稳定，为农村社会建设的发展奠基。

4. 维护农民的基本权益离不开农村法治

我国农民人口较城镇人口而言，数量众多，由于经济发展水平等条件的限制，农民的某些基本权利并未全部实现。在财产权益上，主要表现为土地权益受侵害的情形时有发生。许多农民由于土地被征收，成为了失地农民，又由于没有其他的就业能力和技术，生活质量不升反降。在农业产业化过程中，农民的权益也容易受到伤害，其受雇于企业，却无法或在部分程度上难以受到劳动法的保护。综上，农民基本权益因各种复杂的原因而得不到保障，需要不断推进农村法治建设从而解决以上问题。

维护农民的权益，在于通过法律，实现法治，提高法治化水平。农村土地产权的保护，需要贯彻落实《中华人民共和国农村土地承包法》（以下简称《农村土地承包法》），制定健全的实施细则和办法与之配套。农民的民主政治权益需要进一步完善《中华人民共和国选举法》（以下简称《选举法》），推进《选举法》在农村的落实程度，完善村民自治规则。二元结构的城乡管理机制亟须改变，缩小城乡差距，提高城镇化水平等，需要以实现农村法治化为前提和保证。农村的医疗、教育、养老、卫生、金融等一系列的问题，都离不开健全的法律作为保障，同时更离不开提高法治化水平，提高农村居民的法律意识和法治思维。

第二节　江苏农村法治建设发展面临的困境及对策

——基于苏北、苏中、苏南 4 县 10 村的调研分析

一、江苏农村法治建设面临的困境

（一）农村立法体系不健全

改革开放以来，伴随着社会主义法制建设的发展，农村法制建设也取得了明

显成效，为农村经济社会发展提供了重要保障。但是，从在江苏各区域实际调研情况来看，无论是农村法制建设还是法治发展都远远落后于城市，特别是随着农村经济和社会结构的调整，法制建设已经不适应其发展，甚至出现了明显的法制缺位现象。

立法体系不健全主要表现在三个方面：一是缺少专门、专业法律法规。二是立法层次较低。我国农业的立法层次不高，在农村很多地方仍以部门规章、地方法规、行政法规作为调整农业生产、农民生活的约束性规章。这些规章受政策影响变化较大，不利于司法执行，使得基层各级政府在行政执法中往往由于标准不统一而无所适从，任意立规、自行其是的现象相当普遍。三是立法与其所依存的社会经济条件不相适应。改革开放以后，市场经济逐步取代计划经济成为调节经济的主要方式，但在我国农村立法还处于计划经济阶段，不利于现有农村关系的调节。除此之外，我国农村现行的法律、法规在立法时只是一味地照搬西方的法律条文，并没有充分地考虑到我国农村的风俗习惯、传统文化，导致一些法律、规章与农村传统的礼法不相适应，甚至相互矛盾。

“三农”问题是一个大问题，由于经济发展不平衡，城乡发展不平衡，农村人口较多等原因，使得“三农”问题愈显突出。法制的创建是立法的过程，立法存在漏洞，则法制必然缺失。没有健全的立法，则没有可遵循的法律，依法治国、有法可依便难以实现。改革开放 30 多年来，我国农村立法取得一定成效，但体系不强，许多问题还不能从法律上找到切实可行的依据和对策，在农业生产发展、农村市场体系建设、农村金融信贷、农村财产分配、农业投资以及农产品国际化等方面都还缺乏有效可行的法律制度。

1. 农村立法相对滞后

“1979 年以来，我国制定法律和有关法律问题的决定 380 多部，制定行政法规 800 多部，制定行政规章 4 000 多部，而农村法律、行政法规和行政规章则分别占同期我国法律、行政法规和行政规章总数的 4.32%、5.29%和 11.25%左右”，“相对于中国特色社会主义法律体系，‘三农’立法在国家立法中的比重仅占十分之一左右”。在一个农业大国，农村人口占多数的国家，农村立法呈现这样的现状，让人堪忧。没有充分的法律规定，如何实现农村法治化的蓝图。立法相对滞后，在农村，时代的发展带来了许多新问题，而立法活动并没有及时跟上，使得农村问题总是层出不穷。如农民基于对土地承包而衍生的土地收益权、支配权还存在法律空白，征地拆迁补偿等方面还存有法律漏洞，对农业的投入缺乏明确具体的法律保障。

2. 农村立法对农民权益有所忽视

我国现行的大多数农业法律，都是在改革开放前的计划经济体制下制定的，后来虽经过数次修订，但依然明显带有计划经济体制下的行政命令特征。如《农村土地承包法》二十七条规定了在“本集体经济组织成员的村民会议三分之二以上成员或者三分之二以上村民代表的同意”的情况下，可以通过一定方式对农民承包的土地进行调整。这明显带有命令特征，对如何补偿农民的赔偿责任并未规定，这就造成了村委会往往以集体名义侵犯农民土地权益，强制农民履行义务。

由于我国的立法体制是自上而下的形式，因此国家立法机关在制定法律时，规定的标准都具有很大的开放性，一些地方立法机关便将标准再次缩小，而地方行政机关在行政时，又再次降低标准，从而在中央立法机关规定的开放范围之下，以最低的标准来执行，从中获取较低的行政成本。而在执行政策时，基本都是按地方政策和地方行政法规执行，有关部门往往一再降低对农民的维护，使得本身就是弱势群体的农民利益更加受损。许多农村的现状是，农村村民委员会是村民自治组织，但对村干部的补贴和奖励往往都是由乡镇政府给予，这就造成了村委会听命于乡镇政府的行政命令式特征。村委会在处理村务和遵循国家法律时，往往以乡镇政府的要求为准，忽视农民的利益诉求，以行政命令的方式要求农民服从政治和法律，对农民正当的合法权益则一拖再拖或不了了之。许多涉农立法都只规定了农民的义务，而对农民的权利却规定宽泛，往往都以农民如有不服，也只能通过法院起诉，而不能阻挡行政机关行政行为的执行。这是对农民权利的忽视，使得许多农民利益受损却无能为力，只能通过效益低下成果甚微的上访来诉求自己的合法权益。

3. 农村立法层次低、效力差

我国的大多数农业立法都出自行政法规、地方性法规和地方政府规章以及自治条例和单行条例。相对法律而言，稳定性较差，容易变动，而且不易实行。位阶较低的立法往往存在一定的不足，立法者在依据政策制定法律的时候，脱离农村实际，忽视农民的意愿和需要，单纯地进行“政策搬家”，把政策的原则性和灵活性直接引用为法律条文，法律规范缺乏可操作性，直接导致“有法难依”或故意曲解。越往基层，制定政策和规范性文件的效力越差，同时也越容易忽视农民的权益，不尊重农民的诉求和意愿，造成农村立法的相对缺失。

（二）农村法治主体缺位

农村法治建设离不开法治主体，我国宪法规定，中华人民共和国的一切权力属于人民，人民群众是法治的主体，因此，农村法治建设的主体就是广大的农民。农民既然是法治建设主体，在推动农村法治化过程中应该要起到关键性的作用。在实际中，农民实际上是被管理者，很难发挥作为法治主体的作用。农民作为法治主体作用的发挥程度，取决于农民群体整体素质和对法律的认可与接受程度，同时还要具备进行法治行为的能力。从江苏农村现状来看，农民作为法治主体明显存在不足，在法治化进程中处于被动地位，缺乏主动性，尚未真正发挥法治主体的作用。

1. 农村居民法律认知不足

“法律认知是法律信仰和法律运用的前提和条件，我国当前农村人口对法律认知能力的有限性和法律作为认知客体的专门性之间形成了较为突出的矛盾。”法律专业性较强，我国很多司法和行政执法主体的法律专业程度尚且不高，作为农村居民，法律认知水平可想而知。由于法律对专业性要求较高，而农村居民极少有机会进行学习和了解，只能通过国家政策和政府行为对法律有一个粗略的认知。许多农村居民对宪法赋予人民的权力不知道、不了解，对刑法、民法、行政法等各个部门法的认知不清楚。只要一上法庭，许多农村居民就认为被告方干了错事。一旦有人被作为嫌疑人遭羁押，就被认为是被抓了，肯定有罪，即便最后没有任何罪行，也会遭周围人白眼和防备。农民本该是农村法治化主体，却对自己在法治化进程中的作用和地位认识不清，对法律赋予自己的崇高地位和自己的监督权利不清楚，传统的民不和官斗的思想根深蒂固。

2. 农村基层干部和群众缺乏民主法制意识

村官不是官，但在我国许多农村居民看来，村官和政府干部一样，都是国家干部，都拥有行政权力。这种现象在苏北相对落后地区比较普遍，村干部在村民们的心目中就是“当官的”，村干部的话就是政府的话。对于民主权利，许多村

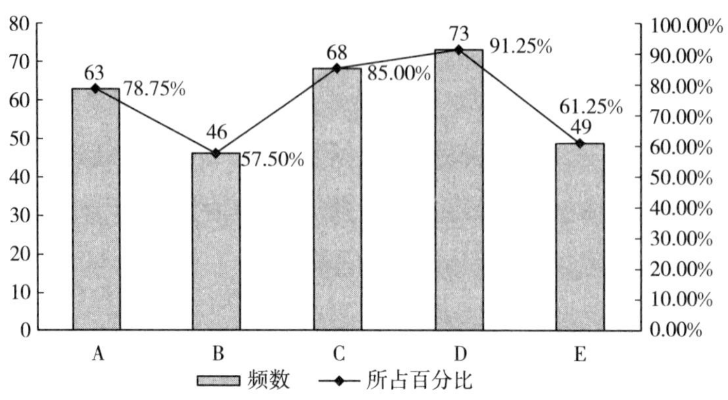

图 4-1　农民对“违法行为”的认知情况统计

注：此图根据《江苏农村法制建设发展调研问卷》统计结果制作。其中英文字母所代表的相应内容分别为：A——违法就会被判刑；B——闯红灯不是违法；C——男女双方没领结婚证长期居住在一起是违法的；D——村长联合城里老板在农用地上建超市是合法的；E——某村民不让嫁出去的女儿继承遗产。

干部和群众都没有明确的认识，很多农民根本不知道自己究竟有多少权利，只知道干部官员说什么就照做，不照做就要吃亏，这种封建思想至今依然广泛存在，而且为祸不浅。许多乡镇干部正是利用了农民法律意识淡薄，不懂维护自身权利的弱点，利用各种“政策”对农民进行乱罚款、乱收费、乱摊派。对于村委会的

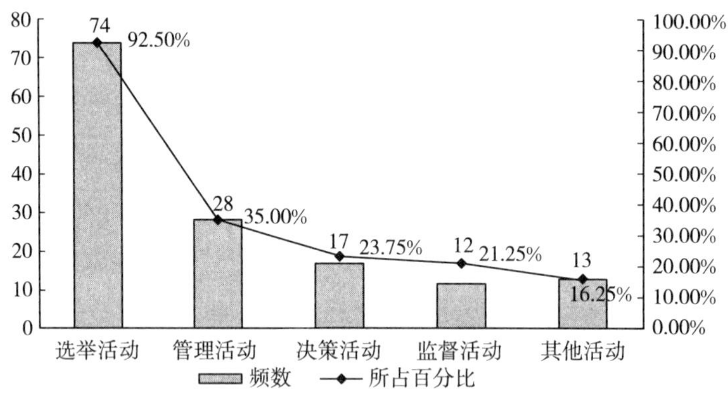

图 4-2　村民近 3 年内参加村内民主自治活动情况

作用，村干部自身都没有明确的认识。《中华人民共和国村民委员会组织法》第五条明确规定：“乡、民族乡、镇的人民政府对村委会的工作给予指导、支持和帮助，但是不得干预依法属于村民自治范围内的事项，村委会协助乡、民族乡、镇的人民政府开展工作。”这明确说明了乡镇人民政府与村民委员会之间的关系是指导关系，而非领导关系，可这一字之差，在许多村干部和农民看来，没有区

别，致使许多村干部盲目听从乡镇领导干部的指挥，直接损害了农民的权益，导致村委会莫名其妙地成为乡镇政府的下级部门。

3. 农村居民的法律运用能力较弱

中国自古以来就讲求“仁”“义”“礼”“智”“信”。“仁”要求君王施行“仁政”，与民休息，使人民能安居乐业，最终实现“使民无诉”。“在传统中国，法律虽然以刑杀为核心，但刑杀不是它最终的目的，它的最终价值取向是实现取消刑杀和法律的无诉。”在传统思想影响下，农民一直以来“厌讼”“拒讼”现象比较严重，遇事首先想到的是“私了”，其次是找村干部和解，最后迫不得已才走法律诉讼道路。

即便随着农民权利意识的觉醒，农民遇事也有意识通过法律途径解决，但却对法律的认识不足，最后诉求难以得到满足。农村居民由于自身知识和素质的缺陷，对法律的运用往往一无所知，不懂如何走法律程序，要打官司，只能步步求人，既花费精力又花费金钱。因此，许多农村居民在发生纠纷之后，不愿意通过法律手段解决，有些侵权行为已经达到了刑法的管制范围，也往往被一些不懂法的农民给“私了”，最后使应受刑法处罚的人逃脱了制裁。

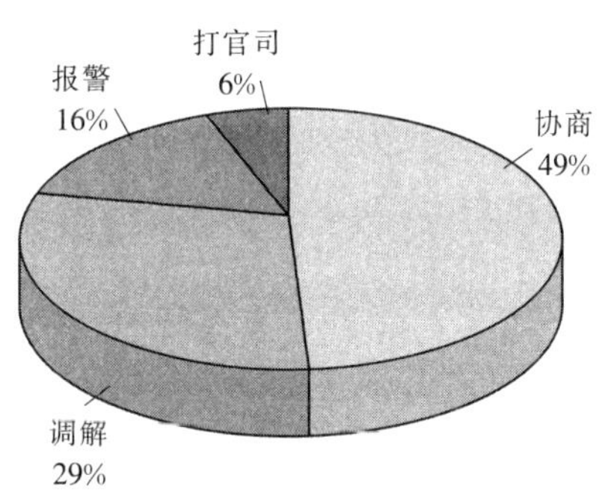

图4-3　农民解决纠纷的主要途径

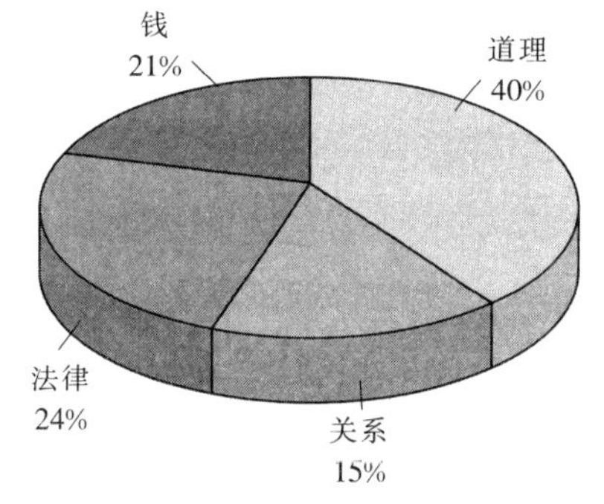

图4-4　农民认为打赢官司的关键因素

（三）农村执法难问题比较严重

执法是对法律的执行，农村执法就是依据各种涉农法律，依法处理农村事务的活动。在我国农村执法过程中，一直存在执法难的问题。农村执法难问题是困扰农村法治化进程的关键性问题之一，执法活动无法正常开展，如何在农村推行法治化建设。农村执法存在着制度、经济、文化等多方面的缺陷，在推进农村法治建设时，往往寸步难行，受各种客观与主观条件的限制，降低了农村执法效力，阻碍了农村执法活动的正常进行。

1. 农村执法力量较薄弱，执法人员素质偏低

调研中发现，农村执法主体主要是乡镇政府、司法所以及公安派出所，均属于行政机关，乡镇一级的司法人员非常少。执法力量较为薄弱，对法律的适用能力较低。行政人员执法通常都是按照上级命令办事，极少尊重农村居民的意愿，随意摊派、指令、罚款现象较为普遍。大多数农村执法人员的素质不高，学历偏低，如苏北 G 县 B 镇派出所的大部分人都是专科学历，或从部队转业过来，缺乏专门的法律知识，执法方式较为粗暴。在农村，时有暴力执法现象的发生，容易引起较大的群体性事件，激化干群矛盾，有的甚至会造成暴力冲突等严重后果。

在农村，大部分案件都属于民事案件，属于民间纠纷导致的，与故意杀人、抢劫等刑事案件不同，民事案件往往与经济利益有关，无法直观地看出谁对谁错，只能通过仔细的调查和调解，才能得出正确的处理方法。这类民事案件有90%都属于基层法院审理，这给基层法院增加了难度。而县一级基层人民法院，编制一般在 70～90 人，依据不同的发展程度而有所不同。在基层法院，由于法院事务重规迭矩、纵横交错，因而大量审判人员漂浮在上边的政工、行政和综合部门，与业务联系不大。同时，基层法院的审判人员素质有待提高，学历偏低，在办案过程中，往往凭借经验办事，但随着社会改革的发展和法律的进步，靠经验办案已经不能满足法治化建设的需要，必须要求农村法律执业人员具有一定的文化层次和法律知识，才能满足法治建设不断发展的需要。因此农村法治人员的素质至关重要，这其中包括县法院的执法人员，由于农村案件绝大部分在县一级法院审理，就要求县级法院审判人员必须秉承公平公正的法理精神办案，才能真正维护农村居民的利益，实现农村法治化建设的目标。

2. 农村执法监督滞后，执法监督制度较弱

执法监督是保证执法公正公平的重要一环，是维护农村法治秩序的重要方式。加强执法监督，才能保障农村执法能真正做到依法治国、执法为民。农村执法监督体制不完善，表现在没有专门的农村执法监督机构，对于政府工作人员的执法活动，一般由上级政府和本级党委监督，实际监督效力相对较弱；对于司法所的监督，由上级司法行政机关负责；对派出所的执法监督，由上级公安机关负责。乡镇人大属于乡镇权力机关，对乡镇政府具有监督权，但其监督作用不明显，且在很多乡镇，人大的工作基本都由党委副书记在主持，难以真正发挥人大的监督作用。因此，农村的执法监督主体较为分散，权力机关、政府机关和监察、审计机关等都能进行执法监督，但权责与及相互之间关系不清晰。这就造成各监督主体之间缺乏沟通和联系，各自为政，形不成合力，使得监督不力，达不到监督效果。

农村执法监督主体除了国家机关外，广大农村居民应该是最大的监督主体，可从现实的情况来看，农村居民对农村执法的监督作用很小，只有在自己权益受损或受侵犯时，一些农村居民才选择上访的方式去维权。农村居民的上访在一定程度上起到了执法监督的作用，随着农民权利意识的觉醒，农民对执法机构的执法活动的监督有所加强，但依然很有限。首先，传统的“官管民”思想没有根除，“顺民”思想依然存在，无法形成执法监督的文化环境，农村居民普遍不愿意与政府官员打交道，没有涉及自身利益时，对政府行为采取冷漠态度，形成了政治冷漠现象。其次，监督渠道单一，监督方式和手段落后。要发挥农民的执法监督主体作用，必须有充分的监督渠道，随着网络技术的发展，网络舆论监督异军突起，在监督国家机关人员工作上发挥了独到的作用。但农村居民的网络应用能力低，很多农村居民不知道什么叫网络，在被问及什么是网络时，农村的很多中老年人认为网络就是游戏，除此之外别无其他，这与许多农村青少年沉迷于网络游戏息息相关。因此，许多农民即便有执法监督的勇气，也无法找到监督渠道，一些人文化水平低，无法进行流畅的书面写作，因此写信监督的方式也不普遍，所以造成无力监督。最后，监督成本和代价较大。在农村，进行执法监督意味着与“官家”作对，由于一些工作人员行事粗暴，在遭到监督与举报后，往往对监督人采取报复手段。同时，农民在进行监督中，往往要承担各种责任和费用，使得监督成本较高，在自己能承受的范围内，往往对农村执法违法行为置之不理。

二、江苏农村法治建设面临困境的原因分析

（一）制约农村法治建设的经济原因

生产力决定生产关系，经济基础决定上层建筑。农村法治建设属于上层建

筑，农村经济条件属于经济基础，农村法治建设与农村经济发展休戚相关。传统的农村经济是以自给自足的自然经济为主体，在社会主义市场经济大发展的冲击下，农村自给自足的自然经济开始逐渐解体，融入到市场经济发展的潮流中去。但从总体来看，农村经济的发展相对滞后，跟不上时代发展步伐，难以真正适应市场经济发展需要。市场经济是一种法治经济，法治的发展程度与市场经济的发展程度密切相关。市场经济得不到充分的完善和发展，法治就不会有根深蒂固的经济基础。农村经济薄弱导致法律教育缺失。现代法治是以商品经济为基础的，它所依存的社会物化条件决定了法治的发展水平。同样，农业经济市场化的发展状况决定了农村法治建设的进程。改革开放以来，市场经济刚刚兴起，自给自足的自然经济在农村仍占有主要地位。农村还处在农业社会向工业社会转变的阶段，经济比较薄弱，远不能满足市场化的要求。农村法治发展进程缓慢、城乡经济发展不平衡，极大地制约了法治资源的分配和相关配套设施的建设。农业在国民经济中占有基础地位，但农业在财政中的比重却与其基础地位不符；在农村，社会保障主要还是依靠家庭，而有关养老、失业、医疗、工伤等为主的各项社会保险制度受益群体主要针对城镇居民。改革开放以来，随着普法工作的开展，农民对法律也有了一定的了解。但是，绝大多数农民只有在迫不得已的情况下才会选择诉讼，通过法律解决纠纷。不是“无法可依”而是“有法不依”的主要原因是守法成本过高。从经济学角度考虑，人们在进行社会活动的时候会对成本和收益进行全盘规划，法治作为一种社会活动也不例外，也需要考虑成本和收益的问题，如果守法的成本过高，甚至大于收益，必然会选择法治之外的其他途径解决问题。因此，村干部的调解成为村民之间解决矛盾的主要途径。农村经济上的困境从根本上制约了农村法治的发展。

（二）农村法治建设缺乏文化土壤

法治来源于文化，没有良好的文化，法治无法生存与发展。因此，当前农村的文化氛围和文化水平直接影响了农村法治的发展程度。中国经历了两千年的封建社会，传统文化深深地制约着人们的思想和行为。尤其是在我国农村，人与人之间的交流沟通更多强调的是血缘和宗教，人们更多地把人伦规范作为自己的调整准则。这种乡土文化强调义务，忽视个人权利和自由，重义轻利，重人情，轻法律。传统文化的人治主义、权大于法的思想，与现代社会法治强调权利、追求平等的原则是相违背的。在这种文化的影响下，农村普通民众的法律意识淡薄，法治建设困难重重。以儒家传统文化为核心，经历了长达数千年的农业社会的农村，宗法观念、义务道德时至今日仍深深印刻在民众意识中，难以让所有的农村居民都具有法律信仰，推崇法治文化，参与法治建设。

（三）限制农村法治建设的社会结构

法治是一个系统的过程，是社会各部门相互联系、运作的结果。新农村法治应该从整个国家和社会的大背景来寻求解决办法。当前，城乡二元结构致使很多政策在城乡之间不平等：赋税制度、公共财产制度、户籍身份制度、社会保险制度的不平等，严重限制了农民人身自由，阻碍了农村劳动力的流转，造成了城乡赋税的极端不公平、经济收入差距加大。在我国，农业虽然是国民经济的基础，但农业在国民经济中所占的比重较低，财政支出远远低于工业、手工业等其他产业，使城乡的差距不断地扩大。除此之外，农村与城镇的赋税也极为不平等。城镇居民只需缴纳个人所得税，而农民却要缴纳各种名目繁多的税费。加之乱集资、乱罚款、摊派的税费，更加重了农民的负担。农民的经济平等权受到了侵害、民主政治权利不平等。从农村基层管理体制来看，基层行政管理权利与职责不统一，监督、奖惩、管理机制不完善，不能真正做到依法行政，且基层政府只重视政治功能，不重视管理和服务职能，管理方式落后，效能不高。我国长久以来形成的城乡有别的二元制度使农民在社会生活处于不平等地位，社会保障不公平。对于进城务工的农民工，由于许多单位在户籍方面设定限制，往往只能选择一些工作环境差、劳动强度大的的职位。从社会保障体系来看，有关生育、失业、养老、工商等社会保险的受益群体大多为城镇居民，农民很少享受到国家给提供的社会保障。土地成为农民的唯一依赖。而在教育、卫生、就业等其他方面，城乡户口也有很大差别。许多农民工的孩子因户籍限制不能入学，造成城乡教育权的不平等。总之，城乡二元结构对农村法治建设形成制约性的影响。它制约了农村经济的发展，导致农民文化水平不高、知识匮乏，法律观念淡薄；加剧了农村居民与城镇居民在权利上的不平等，广大农民得不到尊重，权利得不到保障，从而降低了他们对国家政策和法律的认同度；二元结构还与法治公平的基本原则相悖理，与法治的要求相冲突。因此，要推进社会主义新农村法治建设必须深入改革城乡二元结构。

三、加强江苏农村法治建设的对策建议

（一）加强和完善农村立法，构建新农村法治建设制度保障

加强立法是法治建设的前提和基础，立法是执法和守法的前提与保障，农村立法是我国法治建设中最薄弱的环节，农村立法的相对滞后性，导致法律与农村居民生活的脱节，难以真正被农民接受和认可。面对构建和谐社会的浩大工程，唯有系统构建配套的法律保障调控体系，依法推进，才能达到在秩序状态下除旧布新、和谐建设、持续发展的局面。

1. 加强和完善江苏农村经济立法

农业经济是弱势经济，在国民经济中处于薄弱环节，在经济分配和交易链条中处于底层，但不可忽视。农业经济，是支撑江苏乃至全国经济的大厦基石。农业经济的法律制度是维系农业经济健康发展的纽带，当前农业经济处于供给侧改革、市场转型的关键期，亟须完善各种经济制度，为农村经济建设提供制度保障。

（1）加强和完善农村土地法律制度。农村土地制度是集体土地所有制，而这个集体目前的含义有混淆，有人认为是村集体所有，而有人认为是乡镇集体所有。在乡镇进行土地规划时，往往以土地属于乡镇集体所有，农民只有承包使用权，因而随意征收农民土地，改变农用地用途。江苏农村城镇化建设速度相对较快，高速公路、水利设施、城乡规划等项目工程正在如火如荼地进行，征收了大量农村土地，但由于缺乏有效的法律制度，使得征地过程中出现了很多问题，激化了民众与政府之间的矛盾。完善土地法律制度刻不容缓，严格控制政府的自由裁量权，对土地征用、土地经营、住房产权、土地流转等方面要制定可行性法律，严格控制各区域落实政策不统一现象。

（2）加强和完善农村市场法律制度。农产品市场庞大而分散，加强国家宏观调控成为必须。首先，应完善农业投资扶持制度。具体而言，政府应依据《中华人民共和国农业法》（以下简称《农业法》）加大农业投资比重，主要用于农业基

础设施建设以及生态环境保护等方面。其次，应规范农产品市场竞争制度，严格控制不法商家恶意降低农产品价格，从中谋取不正当利益。最后，要建立完善农产品价格保护制度。虽然《农业法》对农产品价格保护制度有原则性规定，但缺乏具体法律法规可供施行，大部分由政策代替，缺乏稳定性和统一性。2015年，为大力推动实施创新驱动发展战略，江苏制定并出台了农业综合开发管理条例。

（3）加强和完善保障农业基础地位的法律。当前，法治因素对于巩固农业基础地位，促进农村发展方面发挥了很大的积极作用。随着国家对农业投入的加大，农业发展迅速，国家通过法律手段确保了农业投入的稳定增长。虽然《农业法》对农业总投入的增长幅度有明确的规定，但是并不能囊括一切农业投入，还需要各种具体的法律法规来加以规范。在农业现代化的推动下，农村金融发展迅速，农村信贷越来越频繁。有必要针对“农业信贷”和“农业投资”加强立法建设，特别针对农村金融信贷中频繁发生的违法、违规借贷和贪污受贿现象，要进行更加严格的法律法规的监督和管理。

2. 加强和完善江苏农村政治立法

中华人民共和国公民都享有政治权利，这是中华人民共和国宪法赋予人民的基本权利。新农村建设就是要实现农村生活富裕、乡风文明、村容整洁和管理民主的新局面。推进新农村政治文明建设，实现新农村法治化建设，需要从法律上保障农村居民的政治权利得以充分行使，加强和完善《中华人民共和国村民委员会组织法》《农村社会治安条例》等法律法规，从制度上保证农村法治得以稳步发展。

农民能否充分享有政治权利，主要体现在村民自治上，在我国当前的村民自治实践中，存在着制度层面的规范性问题，也存在着更深层次的民主精神匮乏、法治基础薄弱、契约意识淡薄等根源性问题。为了更好地推进村民民主自治制度的发展，需要从法律层面思考，进一步完善《中华人民共和国村民委员会组织法》，为村民民主自治的发展打下制度基础。首先，要保障农村居民选举权的充分和公正履行。农村选举缺乏公正性，农民选举权的履行不充分在农村广泛存在，是不可忽视的现实。由于村委会往往是组织村民选举的主体，负责筹备、召集、组织和策划等工作，选举的结果往往就是组织选举的成员当选。因此，需要对农村选举加以制度规范，控制暗箱操作，增加选举透明度和群众参与力度。其次，要完善村民民主决策制度。对村中大事，要由全体村民或组民来决定，不能由少数村委会成员或是乡镇政府直接干预，对政府决策涉及和影响村民利益的，要由民众集体决定，不能由政府下达命令，村干部来强制实行。因此，要制定各种申诉规则、复议规则、诉讼规则，来保证村民受到集体或干部非法剥夺或限制权利时，能够切实通过各种渠道来维护自身权益。再次，要加强民主监督机制。继续切实推进村务公开制度的实行，许多农村，村务公开制度形同虚设，村民对村里的财务、事务状况一无所知，依然存在包办特办现象。建立村民列席村委会会议长效机制，村委会会议对村民无秘密，可由村民选出可信之人，轮流列席村委会会议，起到监督作用，扩大村民知情权。

2015—2016 年，江苏省注重加强农村基层民主法治建设，修订《全省村务公开目录》《江苏省村务监督委员会工作规则（试行）》，出台《关于加强城乡社区协商的实施意见》，全省建立村务监督委员会的村达到 100%。全省共举办法律讲座和法律咨询 2 000 余场次、法律服务走访活动 660 余次、法治文艺专场演出 1 000 余场。基层政府与自治组织有效衔接、良性互动的模式已覆盖全省 66% 的乡镇（街道），全省 906 个乡镇（街道）推行“政社互动”工作，占总数的 70.9%。

3. 加强和完善江苏农村社会立法

农村社会纷繁复杂，各地不一，发展状况各不相同，如何从法律上来实现对农村社会发展的正确规制，一直是学者和专家研究的重点和难点。农村社会的发展与稳定，离不开健全的法律体系，涉及社会治安、社会保障、社会救济、社会福利等各个方面。由于农村相对落后，农民处于弱势群体，在生存与发展中，离不开国家与社会的大力帮助和扶持，因此，农村社会法律制度的构建应集中在社会保障、社会救济和维权制度上。由于城乡二元经济结构的现实制约，难以短时间内建立城乡统一的社会保障体系，但是，随着社会的发展与进步，建立城乡统一、覆盖全社会的社会保障体系必然成为大势所趋。但目前，只能循序渐进，逐步将农村纳入社会保障体系之中，为建立全国统一的社会保障体系打下基础。首先，完善《中华人民共和国社会保险法》。其次，要加强农村社会救济制度建设。农村存在的贫困、医患、孤老现象很多，每年的社会救济能否真正到达被救济户手中，亟须监管到位。要减少社会救济的经手环节，制定统一的救济程序，防止基层干部从中截留、分资、挪用。再次，健全农民工权益保护和社会保障机制，制定《农民工权益保护条例》等切实可行的法律法规。农民工是现代化发展下壮大的一支庞大的农民群体，他们属于农民，但大部分从事非农业工作，常年居住在城市。农民工劳资纠纷、失业、欠薪、侵权等行为仍然存在，极大地损害了农民工的权益。需要加强对农民工权益保护的立法建设，尤其是农民工子女受教育、拖欠农民工工资、工伤赔偿等问题，需要专门的法律加以规范化，帮助农民工克服弱势地位，增强自身保护能力。

（二）加强江苏农村法治文化宣传教育，提高农村干部群众法治意识

开展法治文化宣传和教育，是将法治理念融入农村的重要方法。深入开展法治宣传，对于江苏农村法治建设具有重要意义。

1. 准确把握农村法治文化与礼治文化均衡点

完善农村法治文化建设，一个不可回避的问题是“怎么对待农村礼治文化”。法治文化在农村的发展本质上是以法治统治秩序取代礼治统治秩序，这本身就涉及对礼治统治秩序的态度问题，在农村发展法治文化不得不考虑礼治文化在农村的发展现状，为法治文化在农村的发展提供方法的指导。

从对苏中Y县级市H镇农民的调查中发现，农民对礼治文化观念的依赖不是自己凭空产生的，也不是对法治文化的刻意排斥，更不是农民文化水平低不能做出明智的选择。恰恰相反，目前农民对礼治文化的依赖正是生活在农村环境中的农民所做出的最佳选择，目前的农村环境就促成了农民选择对自己最有利的处理问题的方式，而不用在乎社会整体的利益。农民对法治还是礼治的选择是理性对比后的选择，农民更加注重实用主义。因此，“实用主义心理”是农民选择礼治还是法治的关键，需要抓住这一农村法治文化建设的“牛鼻子”。

农民是“理性的农民”，以实用主义来决定自己的行为，趋利避害。这为我们处理好礼治文化和法治文化，完善农村法治文化提供了理论指导，对农民再多理论的说教不如一点现实“好处”。法治文化若能给农民带来现实的好处，与礼治文化形成比较优势，就能在农村盛行。

完善农村法治文化，必须摸清农村礼治文化和法治文化发展现状。农村礼治文化和法治文化的发展的不同理论类型可以在均衡图（图4－5）上得到不同体

现（水平移动或垂直移动），礼治文化在现阶段已经失去其发展的根基，不会再发生主动改变，表现在图中就是 L_2 礼治文化曲线在坐标系中不会发生位置移动；法治文化因其目前势头正劲，可以发生内生性的发展（比如加强宣传、开展普法活动，目前礼治文化不可能像法治文化这样具有内生性），表现在图中就是 L_1 法治文化曲线可以在坐标系中发生位置移动（实际上只能水平移动或者垂直移动，水平向左移动代表着对依法治国的否定，是现实中不可能出现的情况）；曲线水平左右移动代表着农民权利保障的实际程度大小，曲线垂直上下移动代表着法治思想（法治理念、法制意识等）在农民心中的高低。

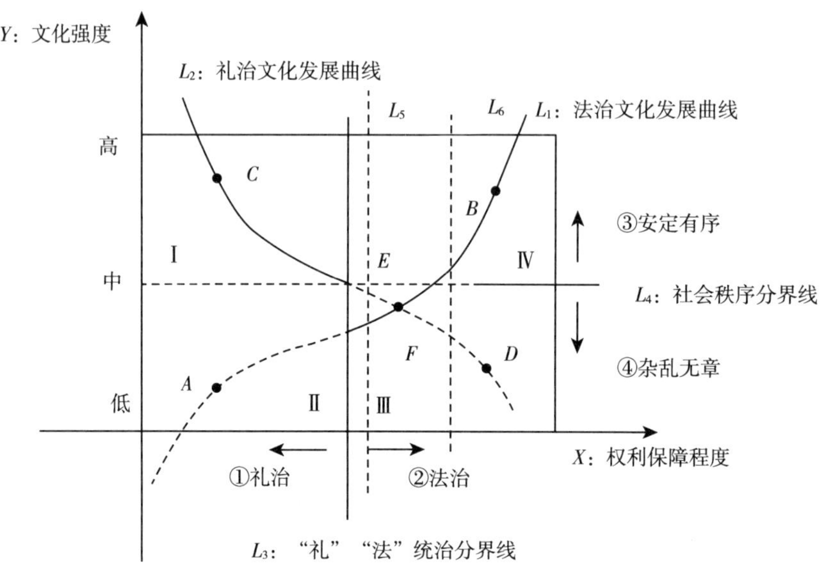

图 4－5　H 镇法治文化与礼治文化均衡曲线

以课题组调查的 H 镇为例，该镇正处于礼治秩序瓦解和法治秩序尚未构建的无权威状态，主要表现为农民的法律意识淡薄，政治民主没有得到充分保障，法律运行不理想。在法治文化与礼治文化均衡图中农民的法律意识淡薄表现为 L_1 法治文化线向下垂直移动，农民的权利保障、法律运行不尽理想表现在权利保障程度不高，刚好在 L_3 “礼”“法”统治分界线右侧，此时 L_1 与 L_2 相交于点 F，此时均衡点在 L_4 社会秩序线以下，此时处于法治弱势区。此时做垂直于 X 轴的线 L_5、L_6 与 L_1、L_2 相交的相对位置就决定了法治文化和礼治文化在对应点上的相对强弱，此图中 L_6 所处的位置为 H 镇目前的状态，L_6 与 L_1、L_2 分别相交，且 L_6 与 L_2 的焦点在与 L_1 的焦点之上，此时礼治文化强于法治文化，一方面礼治文化走向逐步瓦解，法治文化正在构建但尚未取得统治地位。H 镇处于法治文化弱势区中，农村处于无权威状态。此图给我们提供了两条提高农村法治文化强度的路径：一是加强经济建设提高农民生活水平、保障农民权益等内在方面和实质性权利保障，也就是沿着 X 轴的正方向，此时法治文化强度会增大；二是加强宣传教育、增加农村司法资源供给、提高农民法律意识等外在方面直接从农民的思想意识等方面入手，也就是沿着 Y 轴的正方向移动法治文化线，同样农村法治文化强度也会提高。在我国，农村情况远比 X 镇复杂，法治文化与礼治文化的关系也多种多样，借助法治文化与礼治文化均衡曲线能给我们研究各个地区的法治文化和礼治文化的关系提供帮助，对我们针对性的采取措施也大有裨益。

2. 加强法治文化教育，强化农村基层干部与群众权利意识

所谓权利意识，就是指人们对于一切权利的认知、理解和态度，是人们对于实现其权利方式的选择，以及当其权利受到损害时，以何种手段予以补救的一种心理反应，构成了公民意识和宪法精神的核心。基层干部和群众的权利意识，在很大程度上决定了农村基层群众对法治建设的热心程度，有强力的权利意识，才能主动学习法律和运用法律，在遇到权利受损时，能积极运用法律手段，寻找公力救济，而非靠私力救济，罔顾法律而蛮干。

农村基层干部的权利意识的培养，主要应通过培训的方式，一方面，组织农村基层干部分批到党校、干校集中进行法治培训，充实法律知识；另一方面，建立普法队伍，经常下乡开展普法教育课活动，召集村干部和党员到乡镇进行系统学习。而对群众权利意识的培养，应该结合群众自身利益，同时将周围发生的众所周知的案例进行法律解释，解开笼罩在群众心中的种种疑惑，既可防止农村谣言的散布，又可宣传法律知识，更能促使群众的权利意识觉醒，可谓一举多得。农村群众因为自身条件的限制，在权利受损时，往往通过私了或村干部调解，尤其是发生一些道德品质败坏的违法犯罪行为时，被害人往往为自身名声考虑，放弃自诉权利，将事情隐瞒不报，公安机关与公诉机关便无从得知，犯罪分子没有得到应有惩罚。对于这种现象，要大力宣传公民的权利，同时保护当事人隐私，防止不良媒体曝光，损害或侵犯当事人权益，尤其是被害人名誉权。加强村干部和群众权利意识的培养，既能更好地维护基层群众的基本权利，还能促使他们主动履行自身义务，对新农村和谐社会的构建和法治化建设都具有极其重要的意义。

2015 年以来，江苏系列法治创建活动进一步规范和完善，大力推广兴化“农民专业合作社普法联盟”、建湖“法律服务合作社”等特色做法，目前已有全国民主法治示范村 100 个，省级民主法治示范村（社区）7 801 个，省级民主法治示范村（社区）创成率达到 33.4%。

3. 增强守法动力，提高农村基层干部与群众守法意识

从法理的角度看，人们遵守法律是靠一定的动力促使的，这就是常说的“守法动力”。加强守法教育目的是促进农村基层干部和群众能自觉守法，将守法行为转变为自觉行为，在生活中，不违法、不犯罪，能够主动遵守法律法规。培养农村干部的守法意识，需要加强思想道德建设。我国的法律，大多与我国的优良传统道德相一致，与良好的道德观念相契合。传统的仁、义、礼、智、信，忠孝、仁爱、信义和平等的思想道德始终是中华民族传统美德，也是法律所倡导的道德精髓。因此，加强道德修养，能够从内心促使农村干部与群众自觉守法，增强守法意识。对乡镇干部，应使之明确工作任务，依法履行工作职责，做到依法办事、依法执政。加强乡镇干部和村干部的法律修养，使其熟悉《村民委员会组织法》的规定，从而自觉遵守法律规定，不干涉村民自治事务，保证村民能实现自我管理、自我教育和自我服务，实现村委会的民主选举、民主决策、民主管理和民主监督。加强社会治安综合治理，在治理中教育广大农民群众自觉守法，依法打击各种不法行为，铲除农村影响一方平安的邪恶势力和非法组织，对农村存在的“黄、赌、毒”等现象严加管制，净化农村环境，使农民切实感受到守法的好处，从而实现农村社会稳定发展。

（三）规范农村执法司法机制，提高农村执法司法公平与效率

新农村法治建设，是一项长远而复杂的工程，执法司法是其中重要的一环，是保证“依法行政、公正司法”的关键。规范农村执法司法环节，有利于保证农村法制正常运行，农民权益得以全面保障。

1. 规范农村行政制度，促进依法行政

法律的实施，法治的实现，是一个综合机制，由立法、执法、司法和守法等环节构成。其中，执法的程度和水平是关键，标志着法律的实现程度和实行效果。农村的执法机关最常见的就是行政机关，包括农业、林业、水利、财政、公安等行政机关。乡镇政府是农村行政机关的主体，在依法行政中发挥着主要作用。因此，规范农村行政机关依法行政制度，在很大程度上就是规范乡镇政府的行政行为。

在我国的执法实践中，大部分法律和地方性法规以及全部行政法规都由政府负责施行。乡镇政府是最低一级国家行政机关，负责最基层的行政执法工作，是农村行政执法的主体，面对的主体就是广大农民群众，其行政行为直接关乎农民基本权益。规范乡镇政府的依法行政行为应全方位，立体式地进行。首先，加强县级部门领导。乡镇每个行政机关，都有相应的县级部门作为上级领导机关，加强领导是最行之有效的方法。县级部门应将乡镇行政机关的政法工作作为考核和审查重点，明确工作任务，规范乡镇行政机关的具体行政行为。其次，健全执法责任制。理顺农村执法机构的职责、权限，针对农村出现的新问题，要强化责任分配，以防相互踢皮球、推诿，从而提高依法行政水平与效率。再次，简化并公开执法程序。农村广泛存在办事难的问题，村民为一项审批往往要跑很多部门，盖好几个章，到乡镇政府好几次才能得到解决。因此，必须针对一些繁杂但没必要的手续进行简化，并将办事程序长期公布出来，才能切实减轻农民负担，为人民群众办实事。

2. 健全农村司法机制，确保公正司法

司法是所有社会主体正当权益保护的最后一道防线，是司法机关运用法律处理事件的专门活动。“法律的正义唯有通过诉讼程序的公正才能真正实现，而程序公正正是法律公正的根本保障。”因此，司法活动是保证法律实现公平正义的关键环节。由于农村司法力量相对薄弱，对农村司法机制的健全就显得尤为重要。

司法讲究公正性、及时性和有效性。在农村，农民一般发生比较严重的案件时，才会选择到司法机关立案，在发生刑事案件时，公安机关才会将案件移送司法机关处理。一旦进入司法程序，表明案情较为复杂和严重，案件能否公正处理

对当事人的影响很大，目前，农村司法机制不完善，需要健全和完善。第一，健全乡镇人民法庭。随着经济的发展，农村城镇化建设的加快，发生纠纷和案件的概率成倍上升，城乡规划背景下，政府的行政行为越来越多地涉及农民利益，往往引发行政案件发生。同样，各种建设的加强，村民之间发生的经济纠纷日益频繁，民事案件增加。需要更多的司法人员进驻乡镇，为群众提供法律服务，接受群众申诉和起诉。第二，简化办案程序，创新办案机制。我国有巡回法庭制度，主要是为了方便群众诉讼，一些县级法院在本辖区内设置巡回法庭，实行流动审理，有的甚至背着国徽到农户家里进行开庭审理。但是，巡回法庭的设立不成系统，同时设置较少，任务较重，办案条件过于简单，难以适应农村发展需要。必须进一步简化办案程序，能用简易程序办理的，尽量用简易程序办理。第三，增强司法独立机制，保证司法独立性。我国基层法院的财政来源往往掌握在政府财政机关手中，而人事任免易受党政机关影响，因此，司法难以真正独立，常常受到行政干预，使得公正性受影响。应独立司法机关的财政与人事权，司法系统要形成中央到地方的财政统一体系和人事任免体系，严厉打击地方保护主义和行政干预司法的行为。

3. 拓宽农民维权渠道，降低维权成本

随着农村经济的发展和农业现代化水平的提高，农村社会发生了很大变化，经济利益多元化，导致矛盾多样化，侵权行为时有发生，农民维权需求正日益扩大。但由于农村经济的相对落后，很多农民在面临诉讼选择时，往往接受不了高昂的诉讼费和律师代理费而选择私力救济，放弃司法救济途径。农民在权益受到侵犯时，维权之路显得格外艰辛，由于自身素质和文化水平的限制，很多人都无法通过行政复议、申诉、投诉、举报等有效措施。在维权时，唯一被农民广泛知道的，就是上访，但上访影响政府形象和利益，因此，近年来，农民上访增多，也造成了农民与政府之间在上访与制止上访之间的斗智斗勇，这些现象不断被媒体曝光，体现出了农民维权之路的艰辛与酸楚。因此，拓宽农民维权渠道和方式，降低农民维权成本，是维护农民利益，有效处理农村案件，稳定农村社会的重要方式。

拓宽农民维权渠道，需要解决农村司法力量薄弱，司法作用不明显的缺点。首先，增加农村专业法律人士的人数，大力开展法律援助，建立有效的法律援助机制。其次，提高农村执法人员素质，严格执法纪律和程序。规定农村执法人员执法时，一定要告诉农民不服时应该怎么做，采取什么途径去进行诉求，使这项规定成为长期性制度。第三，加强宣传机制，普及维权程序和方式。农民在维权时，总是不知道怎么进行维权，因此，需要加强宣传，让农民能熟悉自己的维权方法，不至于遇事就上访。农民维权成本决定着农民维权的主动性，当成本过高时，许多人不会通过法律程序解决问题。因此，降低农民维权成本，成为推进农民依法维权的主要方式。首先，严格司法收费制度。对于诉讼费等必须费用的收取，应规范收取，让农民对诉讼成本能有一个直观判断，杜绝乱收费现象。其次，建立健全的缓交、免交费用机制。对于行政诉讼，应加大减免力度，因为行政案件大部分是因人民对政府行政行为不服，所以尽量实行免收制度。对于民事纠纷案件，采取缓交制度，等案件结束时，由败诉方负责支付。对于一些轻微刑事自诉案件，则应依据当事人家庭情况，提供减、免救济，经过审查符合减免资格的，则应减免。再次，简化诉讼程序，灵活办案方法。农村案件一般涉及金额较小，人数较少，且涉案人员多为熟人，相互之间有人情关系存在，因此，应该加大司法调解力度，尽量通过司法调解解决案件，从而减少开庭次数，减少农民诉讼成本。

（四）加强对农村法治建设主体的培养

《中华人民共和国宪法》规定，人民群众是法治的主体，中华人民共和国的一切权利属于人民。作为农村法治建设主体的农民对法律的了解、认同乃至接受程度影响着农村法治建设的进程，因而应加强对农村法治建设主体的培养工作，主要是提高农民法律认知度、增强农民法律运用能力。

1. 提高农民法律认知度

依法治国需要人们的法律意识，而法律认知是法律意识的首要表现。法律认知的培养和提高需要内在的因素和外部的条件，内在的因素主要是指认识主体相信、渴望和需要法律，外部的条件有法律环境和培养、提高的方式方法。从内在因素来讲，首先只有让农民看到法律可以帮助他们解决生活中的实际问题，维护他们的合法权益时，农民才会信任法律，从而真正地需要法律。从外部条件来讲，应通过普法宣传等途径，培养法律环境，从而提高农民群体的整体素质和对法律的认可与接受程度。

2. 增强农民法律运用能力

随着农民权利意识的觉醒，农民遇事也愿意去通过法律途径解决，但却会因为对法律的认识不足等原因导致法律运用能力低下。因此，增强农民的法律运用能力是保障农民切实维护自身合法权益的有力武器，也是完善农村法治建设的必经之路。通过法制宣传等途径，传授农民向相关机关寻求法律帮助的手段；通过非诉讼途径解决纠纷，如向政府部门、司法机关反映问题，通过调解、仲裁等方式解决争议、纠纷，这是维护权益常用的有效手段；通过诉讼途径讨回公道，这是维护权益最正规、最权威、最有效的途径。在法制宣传的过程中，还应让农民了解到法律援助的内容与申请程序，以便供经济条件欠缺的农民合理维护其合法权益。

第三节　江苏农民法治意识和法治思维的理性评价

——来自苏南 C 市 J 村的实证研究

传统观念认为，我国农民法治意识淡薄，对法与法治不了解、不接受、不依赖、不信任、不尊崇。经过实地调研，课题组发现，事实并非如此。虽然与农村法治化进程的要求存有一定差距，特别是法律执行中存在的问题影响了农民对法与法治的信任和信心，但农民对法与法治的了解、认同、接受、依赖和尊崇程度确实有了很大提高，其守法意识、维权意识、诉讼意识也有所增强并逐渐趋于理性。农民的传统法律观念正逐步被现代法治意识所取代，应该以发展的眼光去看待现阶段的农民法治意识状况，对其进行客观、理性分析与评价，并采取相应的对策来提升农村干部的法治思维，增强农民的法治意识。

一、法治意识和法治思维

相对于传统意义上的“法律意识”“法治意识”则更强调对法与法治的本质、价值、终极目标的认识、认同、信赖和尊崇，由于法治意识包含了所有促进法治发展的积极要素，符合法治精神要求，所以被认为是法律制度健康运行以及法治建设的精神支持和动力保障。

法治思维属于人的思维形式范畴，是一种理性思维、正当性思维、系统性思维，其内在要求人们在做出相应决策时须按照法治的要求而非其他要求来选择自己行为，即法治思维在本质上区别于人治思维和权力思维。从农村法治建设的角度具体而言，法治思维要求农村基层干部在想问题、做决策、办事情时，必须时刻牢记人民授权和职权法定，必须严格遵循法律规则和法律程序，必须切实保护农民和尊重保障人权，必须始终坚持法律面前人人平等，必须自觉接受法律监督和承担法律责任。

二、传统观念对农民法律意识的一般认知

我国农民法治意识的状况一直颇受关注。传统观念认为，我国农民的法律意识突出表现为轻法意识、畏法意识、无讼意识、伦理意识、清官意识等。在广大的农村地区，农民依然倾向于用非法律方式解决问题，农民生活在熟人社会中，更注重亲情、乡情，而排斥、逃避法律。还有观点认为，现阶段我国大多数农村的农民仍然处于一种法治意识相对淡薄状态，主要表现在：缺乏平等独立的人格意识，维权意识不强，对法律的遥远感和不认同感，漠视法律权威，想依靠法律却又不尊重法律，封建思想严重，习惯于求神拜佛而不习惯于诉诸法律途径，农村违法犯罪相对突出等。

长期以来，学界对我国农民法治意识现状的基本认识与结论是：农民法治意识淡薄，对法律与法治不了解、不认可、不依赖、不信任、不尊崇，农民的生活规则和社会规范基本上仍是伦理道德和习惯。但是，随着改革开放的不断深入和全面依法治国战略的实施，农村的政治、经济和社会文化各方面都发生了很大的变化，农村法治建设也取得了巨大成就，法律在农民的生活中发挥着越来越大的作用，农民法治意识的状况不可能一成不变，应该改变以往的观念，摒弃成见，以发展的眼光去看待发展进步中的农民法治意识状况。

三、农民的传统法律观念正逐步被现代法治意识所取代

为了解当前农民法治意识的真实状况，课题组选取苏南地区 C 市 J 村对年满 18 周岁的农民进行了一次问卷调查。结果显示，当前我国农民的传统法律观念正逐步被现代法治意识所取代，简单而笼统地用“十分模糊”“极不规范”“十分

淡薄”“极其匮乏”“不了解也不愿意了解法律”“漠视法律权威”“不尊重、不信任法律”甚至“人治意识强于法治意识”等概念来描述当前我国农民的法治意识是不准确、不恰当、不科学的。

（一）农民对法与法治并非一无所知

本次调查设置了“你听说过的法律、法规名称”题目，结果显示，所有农民至少知道 3 部法律名称，人均填答个数达到 12.62 部。绝大多数农民已经认识到法律在保护公民权利、维护公民利益方面的作用，另有一部分农民已认识到法律在限制政府权力滥用方面的作用，其中 69.95％的农民认为法律的用途是保护人的利益，30.88％的农民认为法律既约束老百姓也限制政府，10.37％的农民认为法律就是老百姓用来限制政府的，88.05％的农民认为法律存在的意义是追求社会公正与维护老百姓的权益，70％的农民知道自己的权利和义务，81.21％的农民认为自己有选举别人和被别人选举的权利，49.66％的农民基本明白依法治国的内涵。因此，农民对法律与法治的了解逐渐增多，对其认识也较以往全面、科学。

（二）农民对法与法治不再排斥

调查中发现，农民对法与法治的态度不再冷漠与排斥。首先，农民了解法律的意愿不断增强。在调查中，受访者均表示愿意了解法律，其中，想了解诉讼法的占 38.47％，想了解有关中央减轻农民负担方面的法律文件的占 60.17％，想了解有关婚姻、财产继承方面法律的占 10.64％，想了解刑法的占 8.02％。其次，法治代替人治成为绝大多数农民的选择。有 92.23％的农民认为我国非常有必要进行法治建设，只有 0.37％的农民认为法治建设没有必要。这说明随着依法治国方略的实施，法治理念逐渐被农民认同和接受，依法治国、建设社会主义法治国家已经成为绝大多数农民的共识。

（三）法律在农民心目中的地位逐渐提高

调查显示，法律在农民心目中的地位已经逐渐超过了权力、政策以及乡规民俗和习惯，多数农民都不再“轻法”。首先，法的作用逐渐为农民所认识和重视，83％的农民认为法律在现实生活中非常有用或比较有用，76.22％的农民认为同过去相比法律在生活中的作用加强了。其次，农民对权力的崇拜程度大大降低，77.53％的农民认为法大于权。第三，重政策、轻法律的情况也逐渐改善，50.59％的农民认为法律更重要、效力更高。第四，农民守法意识有了很大提高，法治参与意识逐渐增强，消极的守法意识逐渐被积极的守法意识所取代。最后，68.38％的农民认为国家法律比乡规民俗、村规习惯更重要。

（四）农民对待诉讼的态度逐渐理性

调查结果显示，传统观念中农民耻讼、惧讼、拒讼、厌讼的心态已有较大改观。首先，农民的诉讼意识已经有所增强，在调查中已有66.65％的农民在权益受到侵害时，首先想到拿起法律武器来保护自己。其次，农民的维权意识并非十分淡薄，许多人认为，农民在合法权益受到侵害后没有选择法律诉讼是因为其维权意识十分淡薄，其实这种判断是不科学的。维权意识的强弱与是否提起诉讼之间不是完全对应的关系，不选择法律诉讼不等于就没有维权意识，因为法律诉讼本来就不是解决纠纷的唯一途径，且并非在任何时候都是最佳途径。第三，大多数农民不愿意打官司的主要原因是诉讼的成本高以及担心司法可能不公正。最后，农民的清官意识逐渐减弱，在问到“你如果选择打官司，你会请哪些人帮助你”的问题时，57.15％的农民选择律师，选择各级官员的只占4.2％。

四、农民法律意识转型中存在的突出问题、原因及对策

由上述分析可以看出，当前我国农民法治意识的状况较以往确实有了很大提高，农民对法与法治逐渐了解、认同、接受、依赖和尊崇，不过还是与法治社会要求有一定距离，其中最突出的就是农民对当前我国现实中的法律评价不高，对法与法治信任不够、信心不足。我们应该坚持实事求是的原则，对此进行客观、理性的分析与评价，探寻造成这种状况的原因，进而采取相应的对策促进农民法治意识的提高，为农村法治建设提供精神动力与支持。

（一）农民对法与法治的情感态度

首先，虽然农民对法治较为认同与接受，但对当前我国现实中的法律评价及认同度不高。农民对法与法治的本质、作用、价值目标等的评价是肯定的，但

65.21%的农民认为法律略有不平等。

其次，虽然农民逐渐认识并重视法与法治在社会生活中的作用，但对其仍然缺乏充分的信任和充足的信心。在调查中，42.26%的农民认为法律现在不能充分维护自己权益，但随着社会的发展法律会逐渐完善。

（二）法律运行的失调是最直接的原因

农民对待法与法治的情感态度并不一致，这似乎是不合情理的。但将其与农村法律运行的现状联系起来，我们就能明白这种矛盾或背离实际上是情理之中的。调查中只有 20.19%的农民认为我国的法律执行得很好。对于影响我国法律有效执行的主要原因，有 45.18%的农民认为是执法机关执法不严，35.61%的人认为是由于一些领导干部不守法，有 18.54% 的农民认为是多数人对法律尊重不够。事实上，当前农村有法不依、执法不严、以权压法、以言代法、司法不公和腐败现象确实存在，在有些地方还相当严重。有些农村基层执法和司法人员业务素质和职业道德水平不高，滥用职权，徇私枉法，这些情况严重损害了法与法治在农民心目中的形象和地位，导致农民对其产生怀疑和失望感。加之当前我国有关“三农”方面的法律制度尚不完善，这些法律空白领域大多由政策与习惯调整，从而削弱了法与法治的权威。此外，许多农民不重视自己的选举权，并非是普遍认为的“农民对宪法确认的人民主人翁地位认识不清，没有意识到参加选举是自己参与民主和法制的重要途径”，而是因为选举中存在的问题让农民觉得自己选了也没有用。显而易见，法律运行中存在的种种违背法治原则的现象是影响农民对法律的认同、信任以及对法治能否实现缺乏信心的直接原因和主要原因之一。

因此，要想促进农民更快地形成与树立现代法治意识，除了通过发展社会主义市场经济、完善社会主义民主政治、加强社会主义思想道德建设以及加强农村法治宣传教育、为农民法治意识的形成提供良好的经济环境和政治环境，强大的道德支持和直接的帮助与推动之外，还必须确保法律的运行符合法治的要求与原则，使农民对法与法治更加认同与信赖。

（三）确保法律良性运行，培养农民对法与法治的良好情感

首先，健全和完善有关“三农”方面的法律制度。应该坚持以人为本的原

则，根据我国农业、农村和农民的实际情况与需要制定和完善相关法律制度。从根本上说，农民对法与法治的态度是源于其对自身利益的考量而做出的判断和选择，所以，立法时一定要认真倾听农民的声音，尊重农民的情感、愿望和利益，使法律成为保护农民权益的根据。只有这样，才会让农民觉得法律是保护自己的，而不是“统治”或者“管”自己的，从而欣然接受，自觉遵守并予以充分信任，增强和坚定对法治实现的信心与信念。不尊重和保护农民权益的法律，无论国家花多大的力量去普及，也难以获得农民发自内心的认同、尊崇和信守。

其次，规范农村基层执法活动。如前所述，农村基层政府及其工作人员的执法行为是否合法、合理直接影响到农民自身权益的实现及其对法与法治的情感与态度。所以，必须加强农村基层执法队伍的建设，尽快提高执法人员的素质，规范其执法行为，建立健全对农村执法活动的监督和制约机制，保证依法行政，杜绝以权代法，以权压法，徇私枉法等现象，对侵犯农民合法权益的执法者要严肃处理，树立和坚定农民对法与法治的信心和信念。

再次，防止司法腐败，确保司法公正。公正的司法本身具有最强的说服力和社会影响力，农民对司法公正与否的感性体验直接影响着他们对法与法治的认识、情感和态度。要实现司法公正，必须确保司法独立，使农村基层司法活动只服从法律，不受基层党委、政府、村民自治组织、社会舆论的影响和任何个人的非法干涉，同时，要健全和完善农村基层司法机关工作人员的资格审查、考核、奖惩、监督和保障机制，防止司法腐败，恢复和增强农民对法与法治的信任和信心。此外，要牢牢树立司法为民的理念，尽量降低诉讼成本，提高司法效率，完善法律援助制度，调动农民诉讼的积极性，使其对法与法治更加认同和依赖。

最后，农村基层领导干部和党员要以身作则，提供良好的行为示范。农村基层领导干部和党员对法与法治的态度及其行为对普通农民影响很大。因此，要加强对这一群体的教育和管理，提高其法律素质、专业素质和职业道德素质，增强其责任感、使命感，使其成为尊崇、信守法律的典范，以其具体的尊法、信法、守法的行为示范感召普通农民，对其产生潜移默化的影响。

参考文献

费孝通，2012. 乡土中国［M］. 北京：北京大学出版社.

顾培东，2008. 中国法治进程中的法律资源分享问题［J］. 中国法学（3）：141－150.

顾培东，2010. 中国法治的自主型进路［J］. 法学研究（1）：3－17.

江雪松，2013. 江苏法治文化建设的实践经验与推进对策［J］. 淮阴师范学院学报（5）：608－612.

江义知，2013. 论我国地方法治的实践模式［D］. 重庆：西南政法大学.

雷桑，2016. 社会转型时期农村法治建设困境及路径研究［J］. 南方论坛（7）：36－38.

李昌麟，2006. 中国农村法治发展研究［M］. 北京：人民出版社.

李静，2010. 农村社会法治初探［M］. 北京：中国农业科学技术出版社.

李林，2012. 中国法治发展报告［M］. 北京：社会科学文献出版社.

李长山，2012. 江苏法制宣传教育状况［M］//李力，龚廷泰. 江苏法治发展报告：2012. 北京：社会科学文献出版社.

李长山，2012. 江苏法治文化建设实践与思考［M］//江苏省依法治省领导小组办公室. 2012 年法治江苏建设高层论坛获奖论文集. 南京：河海大学出版社.

刘磊，陈柏峰，2015. 有效推进农村法治建设［J］. 中国党政干部论坛（5）：63－67.

刘丽敏，2013. 城乡一体化视域下的新农村法治建设［J］. 河北学刊（4）：166－167.

刘学武，2013. 城乡二元结构下的法治路径探析［D］. 南昌：江西师范大学.

马丽娟，2013. 农村基层干部权力观教育研究［D］. 哈尔滨：哈尔滨工程大学.

秦前红，刘高林，2003. 论民主与法治的关系［J］. 武汉大学学报：社会科学版（2）：151－156.

苏力，2000. 送法下乡［M］. 北京：中国政法大学出版社.

孙笑侠，2014. 法治转型及其中国式任务［J］. 苏州大学学报（1）：23－34.

陶爱萍，2008. 对农民法治意识及其现状的再认识［J］. 行政与法（12）：67－70.

佟丽华，2010. 中国农村法治热点问题研究［M］. 北京：法律出版社.

涂丹，2016. 论农村法治建设的现状及对策［J］. 法制与社会（5）：198－200.

汪必新，郑礼华，2014. 全面深化改革与法治政府建设的完善［J］. 法学杂志（1）：1－14.

王潆晗，2013. 改革开放以来中国农村基层民主政治建设研究［D］. 长春：吉林大学.

韦少雄，2013. 论村民自治与农村法治［J］. 北华大学学报（6）：111－115.

杨灿，2014. 新农村法治建设存在的问题及对策研究［D］. 重庆：西南大学.

易军，2012. 农村法治建设中的非正式制度研究［M］. 北京：中国政法大学出版社.
张建智，2016. 农村法治文化调查研究［D］. 沈阳：沈阳师范大学.
张思玉，2014. 中国农村法治建设之思考［J］. 法制与社会（1）：209－210.
朱凤荣，刘敏洁，等，2013. 关于村民法律意识的现状及对策研究［J］. 学周刊（6）：195－196.

第五章 <<<

2016 江苏农村城镇化发展状况

第一节 江苏农村城镇化发展状况

一、江苏农村城镇化发展背景

农村城镇化是指人口、生产要素由农村向城镇聚集，具体表现为城镇人口增加，城镇数量、规模不断扩大的过程。农村城镇化范围仅局限于县域，其人口空间分布由分散的农村居民点向小城镇聚集，其结果为小城镇人口不断增加，小城镇规模不断扩大，农业人口逐渐减少，它是社会发展和转型的必然产物。改革开放以来，我国农村城镇化发展速度飞快，城镇规模、人口规模和经济发展规模发展空前。截止到 2015 年，我国城镇化率达到 56.1%，与世界平均水平相当，农村城镇化取得显著成效。

诺贝尔经济奖获得者斯蒂格利茨指出美国的高科技与中国的城镇化将是深刻影响 21 世纪人类发展的两大主题。在 1992 年明确经济体制改革的市场化趋向之后，1994 年 9 月，《关于加强小城镇建设的若干意见》发布，这是我国第一个关于小城镇健康发展的指导性文件。1995 年《中国小城镇综合改革试点指导意见》发布，该《意见》提出依靠地方政府和各有关部门，选择一批小城镇，进行综合改革试点。1998 年 10 月《中共中央关于农业和农村工作若干重大问题的决定》中提出，“发展小城镇，是带动农村经济和社会发展的一个大战略。”2000 年中共中央、国务院发布了《关于促进小城镇健康发展的若干意见》，该《意见》提出了发展小城镇的政策和策略。21 世纪以来，农村城镇化已经上升到国家社会经济发展的核心层面。2001 年，中共中央、国务院出台的《关于促进小城镇健康发展的若干意见》（中发〔2000〕11号）指出，发展小城镇要以中共十五届三中全会确定的基本方针为指导。2005年的《中共中央关于制定国民经济和社会发展第十一个五年规划的建议》中指出："坚持大中小城市和小城镇协调发展，提高城镇综合承载能力，按照循序渐进、节约土地、集约发展、合理布局的原则，积极稳妥地推进城镇化"。"十二五"规划进一步提出"加强城镇化管理，要把符合落户条件的农业转移人口逐步转为城镇居民作为推进城镇化的重要任务"。2013年中央城镇化工作会议提出推进城镇化的主要任务就是要"推进农业转移人口市民化，提高城镇建设用地利用效率，建立多元可持续的资金保障机制，优化城镇化布局和形态，提高城镇建设水平，加强对城镇化的管理"。2014年，《国家新型城镇化发展规划（2014—2020）》出台，《规划》明确了"有序推进农业转移人口市民化""优化城镇布局和形态""提高城市可持续发展能力"等重点发展改革方向。城镇化发展上升到战略，是社会发展的必然要求，是符合经济发展的需求。这些政策文件为我国农村城镇化的改革指明了方向。

2016年2月14号国务院印发《关于深入推进新型城镇化建设的若干意见》，全面部署深入推进新型城镇化建设。《意见》提出积极推进农业转移人口市民化，全面提升城市功能，加快培育中小城市和特色城镇，辐射带动新农村建设，完善土地利用机制，创新投融资机制，完善城镇住房制度，加快推进新型城镇化综合试点，健全新型城镇化工作推进机制九个方面意见。2016年6月3日，国务院办公厅印发《关于加快培育和发展住房租赁市场的若干意见》，意见提出非本地户籍承租人可按照《居住证暂行条例》等有关规定申领居住证，享受义务教育、医疗等国家规定的基本公共服务。2016年7月20日，住房和城乡建设部、发展和改革委、财政部三部联合发布《开展特色小镇培育工作的通知》，决定在全国范围内开展特色小镇培育工作，计划到2020年培育1 000个左右各具特色、富有活力的特色小镇，引领带动全国小城镇建设。2016年10月11日，国务院办公厅印发了《推动1亿非户籍人口在城市落户方案》，旨在促进有能力在城镇稳定就业和生活的农业转移人口举家进城落户。2016年10月20日，国务院办公厅印发《全国农业现代化规划（2016—2020）》，确定了创新强农、协调惠农、绿色兴农、开放助农、共享富农等五项发展任务。2016年11月29日，国家发展与改革委员会等11部门联合印发《关于公布第三批国家新型城镇化综合试点地区名单的通知》，通知表示，按照向中西部地区和东北地区倾斜，优先考虑改革意愿强、发展潜力大、特色鲜明的中小城市、县、建制镇的原则，将北京市顺义区等 111 个城市（镇）列为第三批国家新型城镇化综合试点地区。

改革开放以来，江苏省不失时机地实施城镇化战略，提出了“大力推进特大城市和大城市建设，积极合理发展中小城市，择优培育重点中心镇，全面提高城镇发展质量”的指导思想，并做出实施城市化战略的部署，及时调整了县乡两行政建制，满足城镇范围不断向外拓展的需要，城镇周边的农村，逐步为其发展所合并，农村人口转变为城镇人口。江苏省城镇人口由 1978 年的 800.77 万人增加到 2015 年的 5 305.83 万人，城镇化水平由 1978 年的 13.7%增加到 2015 年的 66.5%，平均每年增加 1.4 个百分点。1978—2000 年全省城镇人口比重平均增长速度为 1.26 个百分点，其中，20 世纪 80 年代增长 0.5 个百分点，90 年代增加 2 个百分点，城镇化速度自 90 年代后持续加快。2014 年《江苏省新型城镇化与城乡发展一体化规划》（2014—2020）出台，《规划》提出“城镇化和城乡发展一体化质量显著提升”“城乡空间布局形态更加优化”“城乡基本公共服务水平进一步提高”“城乡可持续发展能力稳步提升”“体制机制不断完善”这五个目标，将重点由“城镇化发展水平”转向“城镇化发展质量”。

二、江苏农村城镇化发展现状

1. 农村城镇化水平发展情况

2015 年，江苏省总人口数达到 7 976.30 万人，比 2014 年增加 16.24 万人，其中城镇常住人口数 5 305.83 万人，城镇化率达到 66.5%，比 2014 年提高 1.3 个百分点，超出全国 10 个百分点。

2. 农村居民收入和消费情况

（1）农村居民收入情况

2015 年，江苏省农村居民家庭人均纯收入达到 16 257 元，比 2014 年增加 1 298元，增长 8.6%，农民收入增幅连续六年超过城镇居民，城乡居民收入比缩小到 2.28∶1。

2015 年农村家庭人均纯收入构成中，工资性收入 8 015 元，经营净收入 5 046元，财产净收入 545 元，转移净收入 2 651 元。由图 5－1 可以看出，工资性收入占总收入比重最高，为49.30%，其次是经营净收入，为31.04%；转移净收入和财产净收入分别占16.31%和3.35%。与城市居民收入构成相比，农村居民转移性收入比重与往年相比有所增高，但仍低于城市居民（图5-2）。

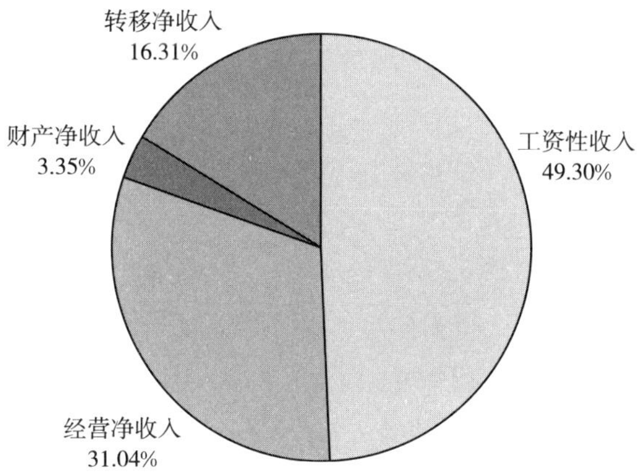

图5-1　2015年江苏省农村居民家庭人均纯收入构成

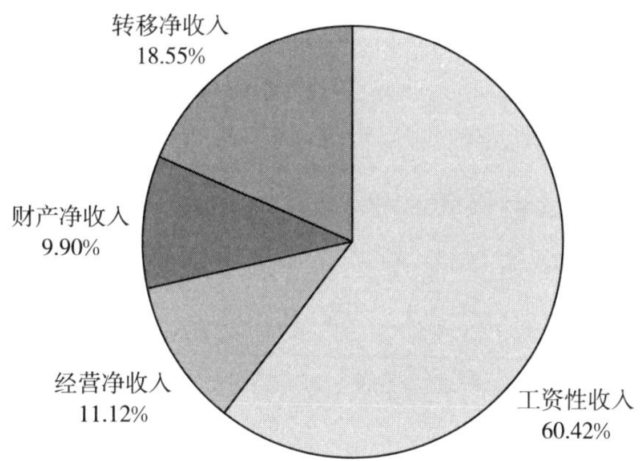

图5-2　2015年江苏省城市居民家庭可支配收入构成

（2）农村居民消费情况

2015年，江苏省农村居民家庭平均每人全年支出12 883元，比2014年增加1 062元，增长8.99%。其中农村居民家庭食品支出为3 488元，占总支出的比重为36.3%，恩格尔系数逐年减少，表明江苏农村居民生活愈加富裕。

2015年，江苏省农村居民家庭消费中，生活消费支出占据很大的比重，为9 607元。从农村居民家庭平均每人生活消费支出构成来看，食品烟酒支出4 078元，衣着支出778元，居住支出2 650元，生活用品及服务支出754元，交通通信支出 1 880 元，教育文化娱乐支出 1 320 元，医疗保健支出 1 088 元，其他商品和服务支出 334 元。由图 5－3 可以看出，食品支出占生活消费支出的比重最高，为 31.66%，其次是衣着支出，为 20.57%，居住和家庭设备用品及服务支出紧跟其后，分别为 14.59%和 10.25%；交通和通信、文化教育娱乐用品及服务、医疗保健和其他商品和服务支出分别占 8.45%、6.04%、5.85%和 2.60%。

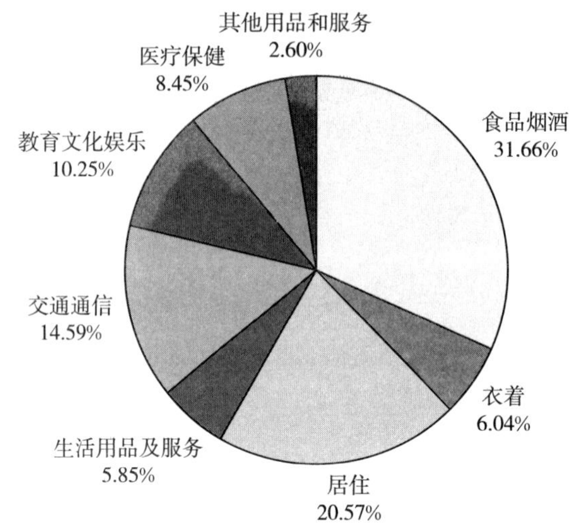

图 5－3　2015 年江苏省农民家庭平均每人生活消费支出构成

3. 农村居民生活和社会保障水平

截止到 2015 年年末，江苏省城乡居民医疗和养老保险基本实现全覆盖，社会保险主要险种覆盖率达 95%以上。年末全省企业职工基本养老保险（含参保离退休人员）、城镇职工基本医疗保险（含参保退休人员）、失业保险参保人数分别达 2 653.58 万人、2 428.25 万人和 1 490.91 万人，分别比 2014 年末增长 3.4%、2.8%和 3.4%。年末享受企业职工基本养老保险离退休人员 640.09 万人，享受城镇职工基本医疗保险退休人员 610.33 万人。年末城乡居民基本养老保险参保人数 1 315.84 万人，领取基础养老金人数 1 022.96 万人。年末城镇居民基本医疗保险参保人数（含人社部门经办的新型农村合作医疗）为 1 586.75 万人，比 2014 年末增长 10.5%。保障性安居工程建设有序推进，全省新开工保障性住房 29.22 万套，基本建成 31.78 万套，分别完成年度目标的 109.8%和 113.5%。

4. 农村基础设施建设情况

城乡基层卫生服务网络更加健全。截至 2015 年年末，江苏省共有公立医院

525 个，民营医院 1 056 个。虽然民营医院的数量是公立医院的两倍，但多为小规模的，这从床位数可以明显看出，据悉，公立医院床位数达 23.6 万张，而民营医院床位数仅 9.2 万张。全省每千人口床位数由 2014 年的 493 张增加到 2015 年的 519 张，每千人拥有 2.37 个医生。县级公立医院综合改革全面启动。全省乡镇、街道均已建成体育健身活动中心。

农村生活生产条件显著改善。新一轮农村实事工程顺利实施，行政村客运班车基本全覆盖；310 万农村居民饮水安全问题已解决，79%的乡镇实现城乡统筹区域供水；6.3 万个村庄的环境已完成整治，2/3 的县（市）实现生活垃圾四级运转。以农田水利为重点的农业基础设施建设投资进一步加强，农业机械总动力 4 405.8 万千瓦，比 2014 年末增长 4.5%。新增设施农业面积 90.4 万亩，农业科技进步贡献率达到 63.2%，位居全国各省第一。

5. 农村劳动力情况

2015 年江苏省乡村从业人口共有 2 375.5 万人，其中农业从业人口有 661.8 万人，非农从业人口有 1 713.7 万人。2010—2015 年，江苏省农村农业劳动力由 859.8 万人减少到 661.8 万人，下降 23.03%，非农业劳动力由 773.9 万人增加到 1 713.7 万人，增长 121.3%。在非农劳动力中，工业从业人员比重最大，为 32.52%；其次为建筑业，占 17.43%。可见，农村非农劳动力多为从事非脑力职业，劳动力技术水平有待提高。

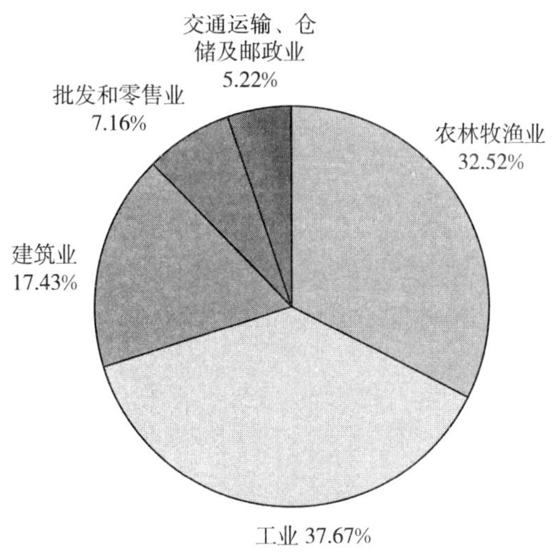

图 5-4　2015 年江苏省农村人口从事非农业分布

6. 农村环境综合整治情况

近五年来，江苏共完成 18.9 万个自然村环境整治，建立了覆盖建成区以外所有自然村庄的农村生活垃圾收运体系，并健全了长效管护机制。截至目前，江苏全省已建有乡镇垃圾中转站 1 100 多座，基本实现建制镇垃圾中转站全覆盖，建有生活垃圾收集点的行政村超过 96%。在 2015 年江苏省生态文明建设百姓满意度调查中，生活垃圾收运处理、村庄环境整治满意率分别达到 89%和 88.8%，分别较 2014 年上升 1.7 和 3.1 个百分点，居各项调查结果前列。

三、江苏农村城镇化发展问题

1. 城镇化发展区域差异大

江苏省的城镇化水平较高，居全国前列，但苏南、苏中和苏北三大区域经济和社会发展水平差异显著，城镇化水平存在较大差异。2015 年苏南、苏中和苏北的城镇化率分别为 75.2%、62.4%和 59.1%。苏北和苏南相差近 16 个百分点；再看江苏 13 市的城镇化率，南京市农村城镇化水平全省最高，为 81.4%，其次为无锡、苏州和常州，分别为 75.4%、74.9%、70.0%；宿迁市农村城镇化水平全省最低，为 55.5%，淮安、连云港和盐城分别为 58.3%、58.7%、60.1%，市域间城镇化水平最大差距近 26 个百分点。

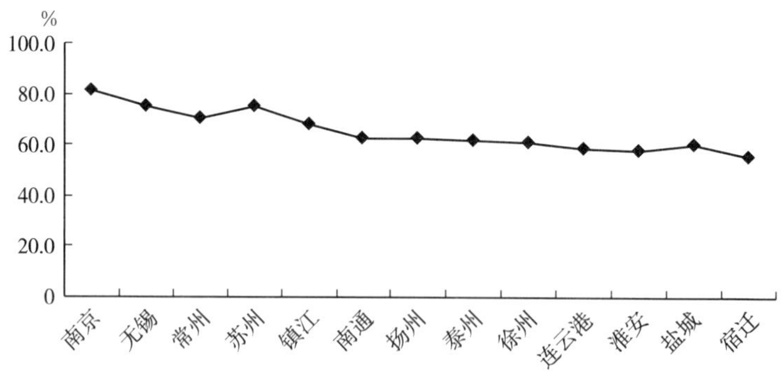

图 5-5　2015 年江苏省 13 个市的城镇化率

2. 城镇化水平区域不均衡，缺乏有效激励制度

苏中、苏北地区农民外出务工人员较多反映了地区工业化和城镇化水平较低，未能有效带动当地社会就业的问题，就业保障缺乏，不能吸纳农民自愿土地流转，放弃“赖以生存”的土地进城。苏中、苏北地区农民从事农业人口相对较

多。农村出现“闲时外出务工，忙时回家种地”的社会现象，与传统小农经济区别不大，这种社会现象具有反馈效应，不利于城镇化的进程。苏南地区从事农业人口较少，且大都实现当地就业从事非农职业，提高自身生活水平的同时，促进经济发展，提高社会效益，反映了苏南地区土地流转政策有效落实和城镇化的稳步推进。地区的差异导致发展好的地区经济社会发展势头更猛，发展差的地区反而影响了社会经济的发展，苏中、苏北地区亟须有效激励制度，促进地区的社会经济发展。

3. 农民认知度与社会保障体系建设影响地区的城镇化建设

农民放弃农业种植，从事非农行业，会预期未来城市生活的状态，包括生活息息相关的住房、教育、工作、收入来源问题。“进城”意愿的地区差距及农民所担忧问题，一方面反映了城镇化水平低的苏北、苏中地区农民对现有的城镇化所涉及政策缺乏了解，不清楚国家战略政策，难以切身体会或预期政策的好处；江苏城乡二元结构仍非常明显，农民进城之后在政治权利、收入分配、医疗、住房、社保、教育等方面很难享受到与城市居民的同等待遇，农民市民化进程极其缓慢，进城务工农民难以融入城镇政治、经济、文化生活之中。

4. 公共基础服务设施建设水平反映地区城镇化进程

基础服务设施的发展是城镇化水平质量的体现，农村公共基础服务设施完善程度反映了农民生活环境和水平的提高及农村城镇化进程的步伐。对比分析苏南、苏中、苏北地区的基础设施配套情况，医疗设施、农村文化活动场所覆盖率较高，农民满意度较高，但是，仍然存在部分村庄农民反映看病困难、文化活动场所缺乏。受地区的经济发展及城镇化进程的影响，地区之间的交通设施建设情况存在较大差异，其中苏南地区村庄的交通便利程度较高，其次为苏中地区，苏北地区农村交通便利度最低。地区之间公共基础设施配套建设的差异，成为影响地区城镇化水平差异的重要因素。

5. 城镇发展资源和环境压力巨大，区域主要环境问题不同

江苏人多地少，资源贫乏，人均占有煤炭资源仅为全国人均占有量的6.83%，已探明的石油可采储量只占全国石油可采储总量的0.12%；水电资源仅占全国水电开发总量的0.034%，能源自给率低，约80%的能源从省外调入，铁矿石及其他金属原料、非金属原料短缺，大多从省外调入；水质性缺水现象严重，水资源供需矛盾突出。工业对城乡生态环境破坏严重，环境污染严重；工业废气、汽车尾气的大量排放，城市空气污染严重，一些大城市特大城市常被雾霾天气笼罩；人口密度大，苏南一些中心城市人口密度已经达到资源和环境承载的上限，江苏城镇发展面临的资源和环境的压力极大。

究其原因，工业集中区域的企业排污管理力度不够，缺少先进的污染物处理设备和监督机制，农村地区缺少污染物集中处理场所和措施，农村生活污水和垃圾随意排放和丢弃现象严重。而苏北地区，农业现代化、产业化水平低，化肥农药过量使用导致农业面源污染，农田秸秆处理不当，导致环境污染问题突出。

6. 城镇发展数量增长快，品质提升慢

从统计数据看，江苏城镇发展形势喜人，很多指标在数量上增长很快，不少指标在数量上高于全国平均水平：江苏省城镇化尚未完成从粗放型城镇发展向集约型城镇、从数量增长型城镇向质量效益型城镇、生存型城镇向发展型和享受型城镇、高碳型城镇向低碳型城镇、传统城镇文明向现代城镇文明的转型，全省创新型城镇、低碳型城镇、环境友好型城镇、智能型城镇、经济社会文化协调发展型城镇建设仍然任重道远。

第二节　江苏农村城镇化区域差异分析

一、江苏农村城镇化发展空间演变影响因素

1. 城镇化空间格局

不同学科对“空间”有不同的认识。经典物理学中将浩瀚宇宙之中的物质实体之外统称为空间，数学中的空间是指一种具有额外结构和特殊性质的集合，社会学中认为空间是个人需求、交流需求等形成的空间，不一定是物质空间。而地理学对空间的描述的特色在于将空间看作自然属性与社会属性的统一，主要研究自然、人文现象的关系和一般规律。

城镇化空间格局常体现在城镇化水平和城镇体系的发育程度上，即区域范围内城镇化率的空间差异以及城镇在空间上不断组织嬗变而形成的城镇体系格局。由于城镇化内涵丰富，还有一些学者将经济空间格局、生态空间格局等也作为城

镇化格局的内容。以上研究均为认识城镇化的空间格局提供了十分重要的参考，能够为区域产业布局、人口合理流动、生态环境保护提供理论依据。在我国，由于特殊的历史行政建制背景，小城镇数目众多，承载人口比重大；且小城镇具备承载大、中城市人口和产业的能力，能够有效规避部分大都市过快城镇化发展伴生的诸如“城市病”等若干问题，因而小城镇在我国城镇化进程中发挥着重要的作用，也是不可忽视的一支关键力量。因此我国学者们常用“城镇体系”而非“城市体系”来凸显城镇的地位。

2. 城镇化发展空间格局演化影响因素

城镇化作为一种复杂的经济社会现象，其影响因素是多方面的。城镇化是一个历史范畴，是一个动态过程。城镇化作为伴随区域经济社会发展水平提高而出现的一种城乡结构关系的变动过程，具体体现为随着非农业的发展和区域经济中非农业经济比重的提高，越来越多的人在经济特征上由农业转向非农业，在空间上由农村转向城镇，在社会组织方式上，越来越多地纳入到城市型的社会组织关系之中。在城乡结构变化上呈现为城镇人口比重不断增大，城镇数量不断增多、城镇实体地域面积不断扩大。城镇化过程中城镇建设和城镇经济发展要以区域自然条件为基础，以经济社会发展为支撑，因此受到自然、经济、社会等多方面要素的影响。在城镇化进程中，由于各种影响因素在空间上的差异，城镇化水平、速度和具体的表现形式在空间上呈现出不同的特征。

城镇是坐落在具有一定自然地理特征的地表上，地理位置、地质、地形地貌、气候、水文、资源等自然条件要素相互组合在一起，共同构成城镇存在和发展的物质基础。

（1）自然地理条件。地形地貌、工程地质条件，土地和水等关键要素条件以及生态环境容量等这些与城镇建设和发展直接相关条件影响着一个城镇的最初的形成与后来的发展；其次是气候条件、水热组合状况、地形地貌、工程地质条件、自然资源状况等会影响城镇所在的区域的综合发展。

（2）区域地理位置。城镇作为一个开放复杂的系统，各种资源要素和产品的对外交流，需要在空间上展开，区域位置则直接影响了各区域对外联系和区域发展过程中的必要要素。良好的区域位置会给城市和区域带来更多的发展机会和较低的发展成本，为区域带来比较优势，可以明显促进较快发展。农村经济体制改革初期，苏南地区依托临近上海的区位优势，苏南村社自力更生兴办起各类工业企业，形成“村村点火、户户冒烟”的农村工业化浪潮，乡镇企业得到迅速发展，城镇化水平得到显著提高，创造了区域经济率先发展的“苏南模式”。

（3）社会经济发展阶段。城镇是生产力发展到一定阶段的产物，城镇化也是经济社会发展到一定阶段之后才得以开始的。从城镇化与社会经济发展的关系来看，已有研究证明，城镇化水平与经济发展水平之间呈正相关关系，二者相互促进，共同发展。从社会经济与城镇化之间的互动关系来看，在城镇化进程的前期，城市经济发展提供的就业岗位吸引人口进入城镇，更多地呈现为经济社会发展促进城镇化；后期，当城镇化进程推进到一定程度，城镇聚集了较多的人才和技术，更多地体现为城镇化带来技术创新而推进经济社会发展。

（4）市场组织关系与政府管理体制。市场组织关系和政府管理体制都会通过影响城乡经济运行而影响区域城镇化进程。区域经济社会发展和城乡经济联系过程中，按照市场组织规律会有城乡间、区域间劳动力、资金、土地资源的空间匹配和要素流动。各种经济要素资源组合条件较好的地区城镇发展优越，城镇化进程也较快，而条件较差的地区则反之。在城镇化进程中，要素集聚和城镇化互动发展。城镇化进程中，城乡产业发展对劳动力和人口由乡村向城镇转移提出要求并提供载体，但人口的流动则涉及必要的社会保障和管理体制。同样，城乡经济发展也需要有相应的管理体制提供保障。必要的人口流动制度（户籍制度）、土地开发和流转制度、促进城镇区域发展的政策支持、金融制度，都会对城镇化进程的顺利推进产生影响。

作为区域经济社会发展的结果和体现，城镇化进程的推进受到自然、经济、社会、技术、制度等多方面各种因素的直接或间接影响。这些因素在空间上的不同表现会对城镇化产生综合影响，从而使得区域城镇化水平和进程在空间上表现出不同的特点。

3. 城镇化空间过程

区域空间格局的演化过程分为空间扩散与空间集聚两个过程（图 5－6）。在物理学中，事物之间物质、能量交换的前提是存在势能差，否则处于能量守恒状态。那么在地理学研究中，每个城镇也有属于自己的势能，势能的差异引起能量流动，城市的势能流动表现为物质、信息、劳动力、资本、技术等要素的流动。这些要素通过扩散效应由高势能地区向低势能或零势能地区流动，会在某个低势能或零势能地区形成新的高势能点，即要素集聚扩大原有城镇规模或形成新的城镇。当集聚发展到一定规模时，由于集聚的边际效益降至零甚至为负，则会出现扩散发展或平衡发展。由此形成城镇空间过程的集聚和扩散的交替演化，即区域内城镇自组织与他组织相互作用的过程。

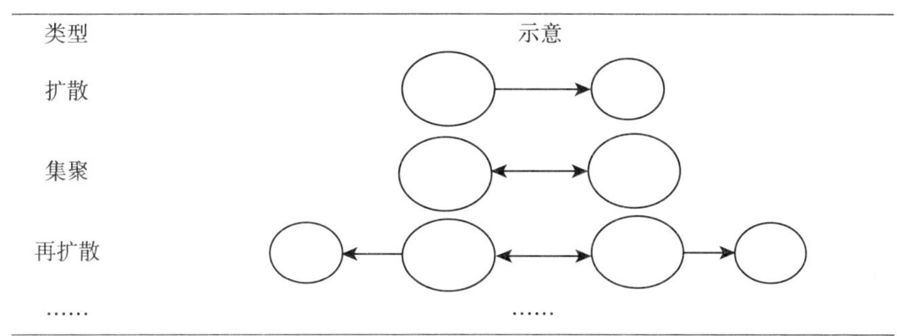

注：字母表示不同的城镇，椭圆大小表示不同的城镇规模。

资料来源：吕园，2014. 区域城镇化空间格局、过程及其响应［D］. 西安：西北大学.

图 5-6　聚集与扩散示意图

因而区域城镇化的空间组织过程表现为在集聚与扩散机制作用下，区域内城镇化率的变化、城镇的兴衰演替及由此形成的城镇等级规模的变化、城镇职能的完善以及区域城镇空间结构的演化。从某种意义上说，在区域城镇发展过程中一定会形成某种发展格局，多个格局的不断演替即为区域城镇化的空间过程。

二、江苏农村城镇化发展的空间特征

（一）城镇化整体概况

江苏总体上已进入工业化中后期，处于全面建成小康社会并向率先基本实现现代化迈进的关键时期。推进新型城镇化和城乡发展一体化，对江苏加快转型发展、实现“两个率先”目标具有重大现实意义和深远历史意义。截至 2015 年年底，江苏省人口规模为 7 976.30 万人，城镇人口达 5 305.83 万人，城镇化率已经达到 66.52%。全省以特大城市和大城市为核心，与中小城市相结合，以小城镇为纽带，初步形成基本健全的城镇体系结构和“三圈五轴”的城镇空间结构。从 1978 年到 2015 年，江苏省城镇化率由 14.8%提升至 66.52%，平均每年提高 1.40 个百分点。在这期间，江苏城镇化进程历经两次重要转折。第一次转折出现在 1997 年，在总人口增加 38 万的情况下，城镇人口增加 196 万，乡村人口则相应减少 157 万，城镇人口增长绝对规模首次超过总人口增长绝对规模。第二次转折出现在 2005 年，城镇化率达到 50.5%，城镇人口的比重首次超过 50%，城镇人口的绝对量超过乡村人口。一般来说，出现这两种情况，特别是城镇人口的比重超过 50%，这是农业社会走向城市社会演变的规律性表现。从图 5－7 江苏省主要年份城镇化率的曲线图可以看出上述的两次转折特别是第二个转折曲线比较陡峭，这个表明江苏城镇化进入良性循环、持续推进的势头走向强劲。

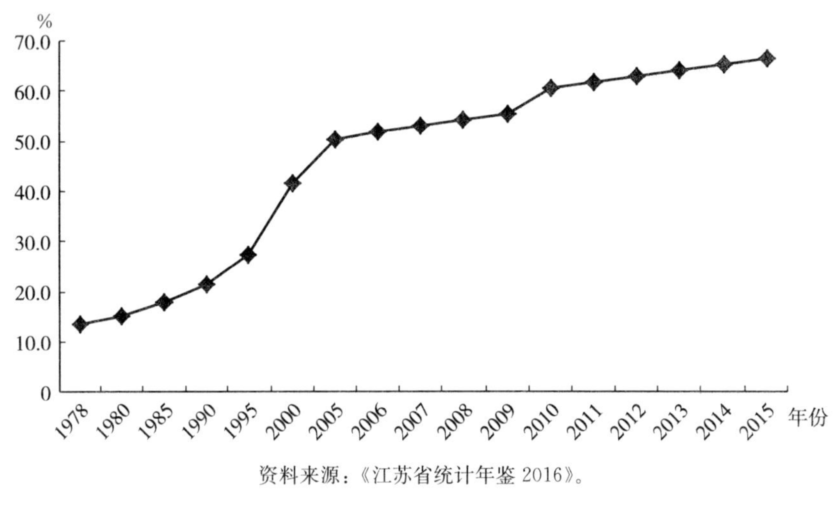

资料来源：《江苏省统计年鉴 2016》。

图 5－7　江苏省主要年份城镇化率

（二）城镇化质量空间差异及结果分析

1. 新型城镇化质量的内涵

中央城镇化工作会议于 12 月 12 日至 13 日首次在北京举行，会议要求，要以人为本，推进以人为核心的城镇化，提高城镇人口素质和居民生活质量，把促进有能力在城镇稳定就业和生活的常住人口有序实现市民化作为首要任务。要优化布局，根据资源环境承载能力构建科学合理的城镇化宏观布局，把城市群作为主体形态，促进大中小城市和小城镇合理分工、功能互补、协同发展。要坚持生态文明，着力推进绿色发展、循环发展、低碳发展，尽可能减少对自然的干扰和损害，节约集约利用土地、水、能源等资源。要传承文化，发展有历史记忆、地域特色、民族特点的美丽城镇。

城镇化质量是个内涵丰富的综合性概念，叶裕民认为城镇化的质量包括城镇现代化和城乡一体化，方创琳认为城镇化质量应该是经济、社会、空间的有机统一，李明秋则认为城镇化的质量应该包含城镇自身发展的质量、城镇化推进的效率以及实现城乡一体化的程度三个方面的内涵，而袁晓玲则从物质文明、精神文明和生态文明等三个角度对城镇化质量进行解释。

根据新型城镇化的内涵及新型城镇化建设的要求，结合我国当前城镇化建设过程中出现的主要问题以及在国内外学者对城镇化质量研究的基础上，笔者认为城镇化质量的具体涵义应该包括以下几个方面的内容：一是城镇的经济发展水平。新型城镇化必须要以信息化为引擎，以工业化为动力，以农业为基础，通过工业化和城镇化的良性互动，达到以工业化增加供给、引领提升城镇化发展和以城镇化推动扩大内需、实现工业转型升级的双重目标，从而为城镇化健步推进提供持久动力。二是城镇居民幸福度。新型城镇化道路要体现“以人为本”的精神，从过去以“要素城镇化”和“空间城镇化”为核心向以“人的城镇化”为核心转变，注重改善人居和生产环境，提高人们的生活品质；注重保障居民权益，提升保障水平；注重社会主义精神文明建设，不断提高居民的思想道德、科学文化、劳动技能和身体素质，促进人的全面发展。城镇化丰富深刻的内涵在城镇社会生活方面有着深刻的体现，伴随着人口、经济等城镇化进程，人们的生产方式、行为习惯、社会组织方式乃至精神要素不断地向城市转化。城镇居民生活水平是居民的幸福指数的重要体现，作为城镇化过程有机的组成部分，也是城镇化发展的最终目的。三是城乡统筹发展水平。城镇化是城乡一体化的基础，城乡统筹发展是城镇化的最终目的。通过城乡资源及生产要素的自由流动，充分发挥城镇和乡村各自的优势和作用，协调发展，达到城乡之间在经济、社会、文化、生态上协调发展。四是环境资源可持续发展水平。新型城镇化是资源集约型条件下的城镇化，是循环经济指导下的城镇化，通过环境资源集约化提升城镇化质量，这也是城镇化持续健康发展的保障。以城镇可持续发展为方向，正确认识城镇发展与资源环境支撑能力的关系，将城镇经济的发展、规模的扩张建立在资源环境承载能力允许的范围内。

2. 江苏省城镇化质量评价

（1）江苏省城镇化质量评价指标体系的建立

为能全面而准确地综合评价江苏省城镇化质量，结合新型城镇化以及新型城镇化质量的内涵，参考其他学者在新型城镇化方面所取得的研究成果，根据江苏省经济社会发展特点，以城镇化发展水平、发展效率作为两个子评价目标，分别构建子评价指标体系，构成新型城镇化发展质量综合评价指标体系。根据指标选取的系统性、有效性、可操作性原则，发展水平子评价体系包括人口城镇化、土地城镇化、经济城镇化、社会城镇化等四方面共 16 个评价指标，发展效率子评价体系包括经济增长方式、资源利用效率、生态环境保护、城乡一体化等四个方面共 22 个评价指标。具体各评价指标的选取及依据如表 5－1 所示。

表 5－1　江苏省新型城镇化发展质量评价体系

总目标	子目标	要素层	指标解释	指标层	序号	指标属性	指标权重
新型城镇化发展质量 [A_0]	发展水平 [B_1]	人口城镇化 [C_1] 0.180 5	城镇人口规模	城镇人口比重（%）	X_1	正	0.052 1
				城镇人口密度①（人/千米^2）	X_2	正	0.084 5
			人口就业情况	二、三产业从业人员比例（%）	X_3	正	0.043 8
		土地城镇化 [C_2] 0.114 2	城镇建成区规模	建成区面积所占比重（%）	X_4	逆	0.025 5
				人均拥有建成区面积（米^2）	X_5	逆	0.031 5
			人均城镇道路	人均拥有城镇道路铺设面积（米^2）	X_6	正	0.057 2
		经济城镇化 [C_3] 0.285 2	产业结构发展水平	二、三产业产值占 GDP 比重（%）	X_7	正	0.019 8
			经济发展水平	人均 GDP②（元）	X_8	正	0.104 5
				年均 GDP 增长率②（%）	X_9	正	0.147 9
			经济投资水平	人均社会固定资产投资②（元）	X_{10}	正	0.013 1
		社会城镇化 [C_4] 0.420 1	社会生活水平	城镇居民可支配收入②（元）	X_{11}	正	0.099 3
				城镇人均住房面积（米^2）	X_{12}	正	0.084 2
				城乡社会保障覆盖率（%）	X_{13}	正	0.097 5
			社会服务水平	每万人拥有医师人数③（人）	X_{14}	正	0.043 7
				每万人医疗机构床位数③（张）	X_{15}	正	0.045 9
				每万人在校大学生数③（人）	X_{16}	正	0.049 5

（续）

总目标	子目标	要素层	指标解释	指标层	序号	指标属性	指标权重
新型城镇化发展质量［A_0］	发展效率［B_2］	经济增长方式［C_5］0.229 2	单位劳动力产值	GDP与社会从业人员总数比（%）	X_{17}	正	0.101 2
			产业结构投资	三产业投资占总投资比[④]（%）	X_{18}	正	0.054 7
			经济外向性	进出口总额占国内贸易对外经济比重[⑤]（%）	X_{19}	正	0.048 3
				实际利用外资占总投资比重（%）	X_{20}	正	0.025 0
		资源利用效率［C_6］0.190 9	土地资源投入水平	地均从业人员数（人/千米^2）	X_{21}	正	0.058 9
				单位GDP占用耕地面积[⑥]（万/公顷）	X_{22}	逆	0.048 3
			土地资源产出水平	地均二、三产值表示（万元/千米^2）	X_{23}	正	0.066 0
			水资源消耗水平	人均生活用水与标准用水量差[⑦]（升/人）	X_{24}	逆	0.009 3
			能源消耗水平	单位工业产值耗水量[⑧]（万吨/亿元）	X_{25}	逆	0.010 0
				单位工业产值能耗（吨标准煤/万元）	X_{26}	逆	0.019 8
			城镇生态基础	单位工业产值用电量（亿千瓦时/万元）	X_{27}	逆	0.020 9
		生态环境保护［C_7］0.192 9	环境污染水平	建成区绿化率（%）	X_{28}	正	0.033 6
				单位工业产值固体废弃物产量（万吨/亿元）	X_{29}	逆	0.019 4
				单位工业产值废气排放量[⑨]（吨/亿元）	X_{30}	逆	0.012 9
			污染治理投资强度	单位工业产值废水排放量（万吨/亿元）	X_{31}	逆	0.014 5
		城乡一体化［C_8］0.387 0	城乡居民收支均衡度	环境保护投资占GDP比率（%）	X_{32}	正	0.112 6
				城乡人均可支配收入比（%）	X_{33}	正	0.040 3
			城乡居民联系度	城乡人均消费水平比（%）	X_{34}	正	0.026 7
				高速公路密度（千米/千米^2）	X_{35}	正	0.077 3
				年客运周转量（万人）	X_{36}	正	0.120 4
				邮电业务总量（亿元）	X_{37}	正	0.122 2

注：①2000年与2005年城镇建成区面积数据根据《中国城市统计年鉴》中建成区面积的变化比例，结合2010年城镇建成区面积进行换算，2000年及2005年各市城镇人口依据全省总城镇人口及近10年各市城镇人口占总城镇人口比重换算；②所有涉及价格水平的数据，全部依据价格指数换算成1999年价格；③采用城市统计数据；④缺少2000年与2005年各市统计数据，依据2010年和2014年之间的变化率进行换算补充；⑤进出口总额按照当年人民币年平均汇率换算成人民币价格；⑥数据来源于《中国城市建设统计年鉴》中耕地征地面积；⑦江苏省城市生活与公共用水定额（2012年修订）；⑧以各城市的数据表示；⑨2010年以前统计数据中缺少氮氧化物排放量数据，为保持一致，所有年份仅考虑二氧化硫和粉尘排放量。

（2）评价方法

①综合评价法

综合评价法是在确定研究对象评价指标体系的基础上，运用一定方法对各指标在研究领域内的重要程度即其权重进行确定；根据所选择的的评价模型，利用综合指数的计算形式，定量地对某现象进行综合评价的方法。目前该方法已在环境污染综合评价研究、生态环境质量评价等领域得到广泛的应用，其具体评价模型为：

$$ESI = \sum_{i=1}^{m} W_i C_i \tag{5-1}$$

式中，ESI 为综合评价指数；W_i 为第 i 个指标的权重值；C_i 为其无量纲量化值，m 为评价指标个数。

在应用综合评价法时，在评价模型确定的前提下，最关键的就是确定各评价指标的权重。确定各评价指标权重的方法比较多，常用的有熵值法、层次分析法、主成分分析法和专家评分法等。层次分析法与专家评分法受主观因素影响较大，最终得出的权重有时候很难真实体现研究对象的实际情况；主成分分析法会丢失部分信息。本书采用熵值法确定指标权重。

②熵值法

熵值法是一种在综合考虑各种因素提供信息量的基础上计算一个综合指标的数学方法。作为客观综合确定权重的方法，其主要根据各指标传递给决策者的信息量大小来确定权重。熵值评价法是一种比较客观、全面、无需检验结果的综合评价方法。

熵值法的计算步骤为：

a. 构建原始指标数据矩阵：有 h 个年份，m 个城市，n 项评价指标，则原始指标矩阵为 $X=\{x_{\lambda ij}\}_{h\times m\times n}$（$1\leqslant\lambda\leqslant h$，$1\leqslant i\leqslant m$，$1\leqslant j\leqslant n$），$x_{\lambda ij}$ 是第 λ 个年份第 i 个城市第 j 项指标的指标值。

b. 原始指标值的标准化处理。

c. 各项指标的归一化处理：

$$p_{\lambda ij} = x_{\lambda ij} / \sum_{\lambda=1}^{h} \sum_{i=1}^{m} x_{\lambda ij} \tag{5-2}$$

d. 计算各项指标的熵值：

$$e_j = -k \sum_{\lambda=1}^{h} \sum_{i=1}^{m} p_{\lambda ij} \ln p_{\lambda ij} \tag{5-3}$$

其中，$k=1/\ln(h\times m)$。

e. 计算各项指标熵值的冗余度：

$$d_j = 1 - e_j \tag{5-4}$$

f. 计算各项指标的权重：

$$w_j = d_j / \sum_{j=1}^{n} d_j \tag{5-5}$$

g. 计算每年各个城市城镇化质量的综合得分：

$$C_{\lambda i} = \sum_{j=1}^{n} w_j \times x_{\lambda ij} \tag{5-6}$$

（3）评价结果及分析

以2000年、2005年、2010年、2014年共计52个样本构成面板数据，依据上文构建的评价指标体系，分别采用熵权法确定城镇化发展水平和城镇化发展效率子评价体系中的指标权重（表5－1），采用加权求和法分别计算各年度各评价区域的发展水平得分和发展效率评价得分（表5－2）。采用发展水平和发展效率的评价得分作为基础数据，利用熵权法计算相对于新型城镇化发展质量的权重，计算结果分别为0.600 5、0.399 5，进而求得个评价单元的新型城镇化发展质量的综合得分（表5－2）。江苏新型城镇化发展水平、发展效率、发展质量的时序变化情况和空间格局以图表的形式进行表达如图5－8所示。

表5－2　江苏新型城镇化发展水平、发展效率和发展质量评价得分

年份	评价得分	南京	无锡	徐州	常州	苏州	南通	连云港	淮安	盐城	扬州	镇江	泰州	宿迁
	发展水平	0.703 8	0.773 6	0.520 9	0.699 9	0.729 7	0.612 6	0.458 7	0.495 9	0.507 0	0.568 1	0.693 9	0.568 7	0.435 1
2014	发展效率	0.564 2	0.610 3	0.461 3	0.555 3	0.734 7	0.549 9	0.405 2	0.396 8	0.427 6	0.500 7	0.504 1	0.497 0	0.388 7
	发展质量	0.648 0	0.708 4	0.497 1	0.642 2	0.731 7	0.587 6	0.437 3	0.456 3	0.475 2	0.541 2	0.618 1	0.540 1	0.416 5
	发展水平	0.538 7	0.588 7	0.362 6	0.528 8	0.537 3	0.460 2	0.364 9	0.355 7	0.355 9	0.432 9	0.470 4	0.423 5	0.347 4
2010	发展效率	0.527 1	0.577 8	0.381 7	0.494 6	0.632 1	0.484 3	0.340 8	0.319 3	0.339 7	0.421 8	0.434 8	0.418 8	0.312 0
	发展质量	0.534 1	0.584 4	0.370 2	0.515 1	0.575 2	0.469 8	0.355 3	0.341 2	0.349 4	0.428 5	0.456 2	0.421 6	0.333 3
	发展水平	0.401 3	0.424 0	0.302 6	0.389 3	0.427 9	0.368 6	0.269 9	0.268 0	0.259 4	0.328 7	0.325 2	0.340 6	0.307 8
2005	发展效率	0.458 5	0.474 1	0.290 6	0.400 8	0.513 1	0.491 6	0.292 2	0.267 9	0.242 9	0.410 5	0.311 8	0.360 7	0.294 8
	发展质量	0.424 2	0.444 0	0.297 8	0.393 9	0.462 0	0.417 7	0.278 8	0.268 0	0.252 8	0.361 4	0.319 9	0.348 6	0.302 6
	发展水平	0.342 7	0.319 9	0.224 7	0.276 6	0.352 1	0.216 1	0.153 7	0.198 6	0.210 1	0.201 6	0.264 5	0.227 6	0.202 9
2000	发展效率	0.371 7	0.382 9	0.202 2	0.324 5	0.409 6	0.349 1	0.179 7	0.222 2	0.2133	0.303 8	0.242 9	0.269 6	0.240 6
	发展质量	0.354 3	0.345 1	0.215 7	0.295 7	0.375 1	0.269 2	0.164 0	0.208 0	0.2114	0.242 4	0.255 9	0.244 4	0.217 9

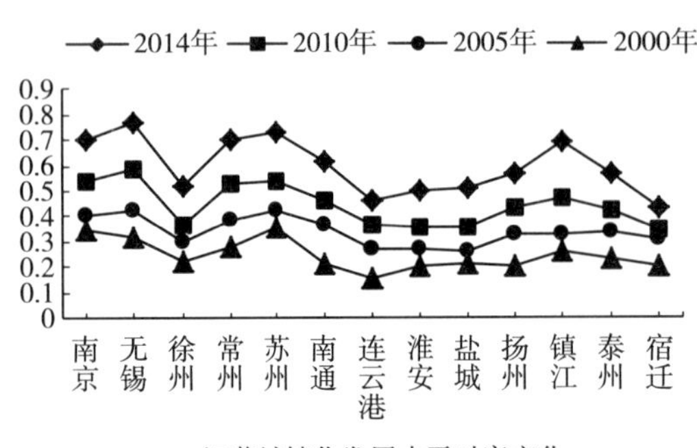

a_1江苏城镇化发展水平时序变化

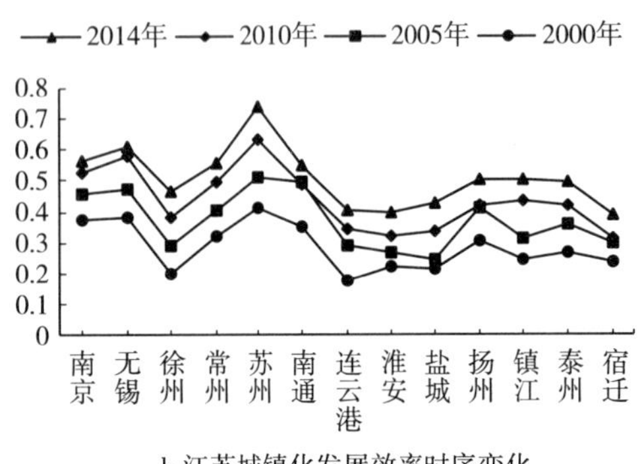

b_1江苏城镇化发展效率时序变化

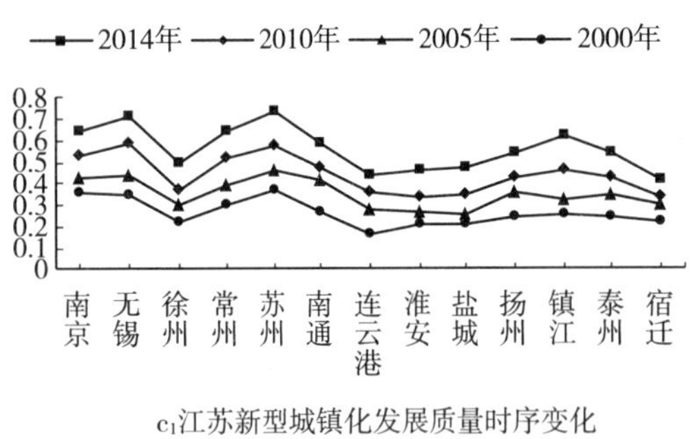

c_1江苏新型城镇化发展质量时序变化

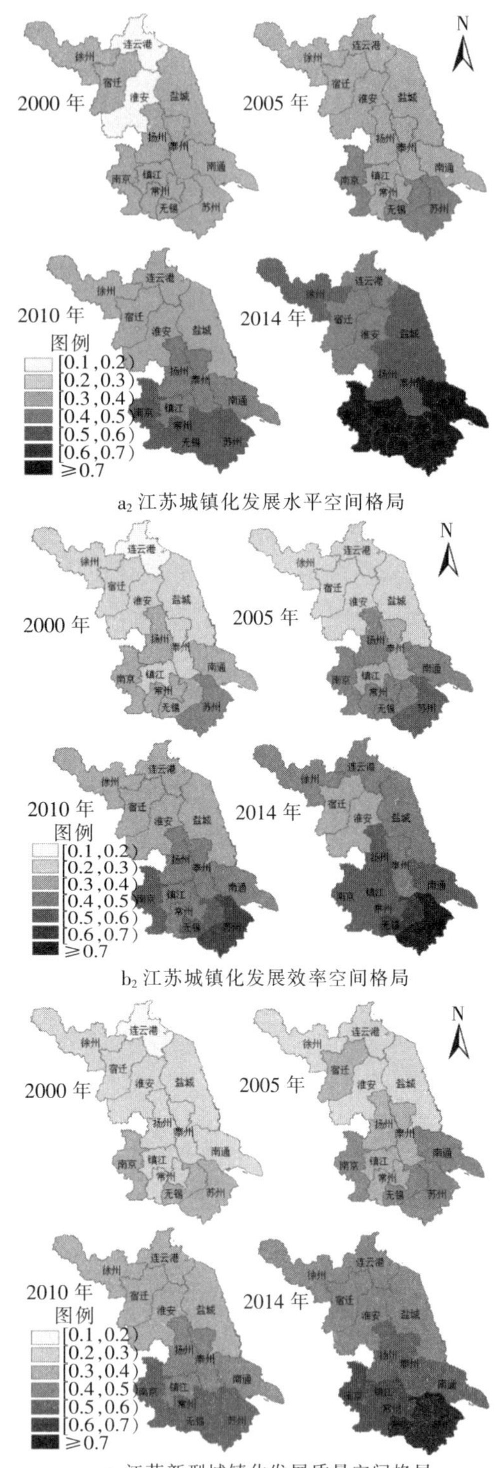

a_2 江苏城镇化发展水平空间格局

b_2 江苏城镇化发展效率空间格局

c_2 江苏新型城镇化发展质量空间格局

图 5-8　江苏城镇化发展水平、发展效率及发展质量时序及空间差异

从江苏城镇化发展水平评价结果看［表5－2，图5－8（a_1、a_2）］，随着时间的变化，近15年来江苏各地城镇化发展水平呈不断增长的趋势。2014年城镇化水平得分最高的为无锡（0.773 6），其次为苏州（0.729 7）、南京（0.703 8），镇江的得分也达到了0.693 9，而徐州、连云港、盐城的城镇化水平得分仅为0.520 9、0.458 7、0.507 0，不同地市之间的城镇化发展水平还存在较大差异。而从空间格局来看，2000年苏南和苏中地区的城镇化水平得分差距较小，但是整体上要比苏北地区高；到2005年，苏北和苏南地区发展相对较快，苏南地区略高于苏中和苏北地区；到2010年，全省明显呈现出苏南优于苏中优于苏北地区的态势；2014年，苏南地区整体已经处于较高水平，苏中次之，而苏北地区的徐州和沿海的盐城也得分也较高。

从江苏城镇化发展效率评价结果看［表5－2，图5－8（b_1、b_2）］，近15年来江苏各地城镇化发展效率也呈不断提高趋势。但是从各地市的差异看，与城镇化发展水平评价结果不同，2014年得分最高的为苏州（0.734 7），其次为无锡（0.610 3）、南京（0.564 2），得分最低的为淮安（0.396 8）、连云港（0.405 2）、徐州（0.461 3）。从空间分布看，苏中和苏南地区的整体发展效率一直高于苏北地区，同时，苏州的城镇化发展效率超过城镇化水平第一的无锡，苏北的镇江城镇化发展水平较高，发展效率却相对较低，从而说明各地市存在城镇化发展水平与发展效率的发展不同步、不协调问题。

从新型城镇化发展质量评价结果看［表5－2，图5－8（c_1、c_2）］，江苏省整体新型城镇化发展质量不断提高，2014年新型城镇化发展质量评价得分最高的为苏州（0.731 7），其次为无锡（0.708 4）、南京（0.648 0），最低为宿迁（0.416 5）、连云港（0.437 3）、徐州（0.497 1）。从变化幅度上看，各地区的新型城镇化发展质量变化幅度差距不大，虽然都不同程度的提高，但是处于领先状态的地市近15年来依然保持相对领先的排名，说明江苏省整体的城镇化建设比较协调。但是从空间格局看，整体上一直处于苏南高于苏中，苏中高于苏北的局面的状态，从而说明虽然近年来江苏省整体城镇化建设协调发展，但是受各地市的产业结构基础、基础设施建设、区位条件、发展战略等历史性问题和自然条件等方面的限制，各地区之间的新型城镇化发展质量还存在较大差异。

以上的研究结果验证江苏省整体社会发展水平上的差异性。江苏农村工业化发展无疑是推动城镇化进程的主要动力，改革开放以后苏南地区大力发展以地方政府为主导、集体所有制为基础的乡镇企业，努力走出了一条由农村工业化实现农村现代化的“苏南模式”发展道路，率先实现了农村社会经济快速城镇化发展。苏中地区得益于地理区位上紧挨上海和苏南地区，接受上海和苏南地区的经济辐射，加之江苏省大力扶持苏中地区的发展，农村工业和城镇化得到了相对较快的发展。苏北地区作为“老工业基地”，基础设施薄弱、经济结构单一等诸多历史因素导致经济发展相对落后。城镇化进程是一个产业结构改变、农村人口转移的过程，从评价指标看，苏南地区的第二、三产业的投入和产出水平、社会保障水平等明显高于苏中地区，更高于苏北地区。

（4）新型城镇化发展类型划分

从各影响因素的权重看，经济城镇化水平、社会城镇化水平和人口城镇化主导了江苏城镇化发展水平的提高，土地城镇化对发展水平的影响相对较小。究其原因，过度追求快速土地城镇化带来的直接后果就是耕地资源低效占用和浪费、生态用地的退化，已建成区则出现“鬼城”、人口密度低、经济产出效率低等问题，拉低了城镇化发展水平。人口城镇化归根结底是经济城镇化和社会城镇化问题，经济在城镇地区的快速发展，吸引大量的农民工进城务工，增加农民收入和提供就业岗位是促进农民进城的主要原因，而这同时又涉及社会保障、公共服务等方面的协同发展。

同样，城乡一体化发展水平的差异是造成新型城镇化发展效率存在差距的主要原因。以人为本的城镇化，不但要实现农村人口向城镇转移，更要求实现城乡人民生活水平普遍提高，缩小贫富差异。经济增长方式反映决定经济增长的各种要素的组合方式，经济增长方式的优化决定了社会经济可持续发展的能力，是一个地区实现绿色、环保、节能、高新技术产业发展和革新，提高单位劳动力产值的能力。城镇化发展与资源利用、环境保护是相互作用和制约的过程，努力推进绿色城镇化发展，能否实现资源有效利用减轻环境压力是检验新型城镇化发展质量的重要指标。经济增长方式、资源利用效率和生态环境保护的较低权重说明各评价单元在此三方面的成绩差异相对较小。

各因素对新型城镇化发展质量的影响程度有高低，但是并不能一味地发展其主导因素面忽略次要因素面，还需要注重整体的协调发展，为此开展新型城镇化发展模式分区研究。

以 C_{nm} 表示 2014 年 m 城市在第 n 项新型城镇化发展质量影响因素上的分值，取其平均值为 $\overline{C_{nm}}$，如果因素分值 C_{ij} （$i<m$，$j<n$）小于平均值（$\overline{C_{nm}}$），则表示该影响因素限制了评价单元城镇化质量的提高，也代表了在未来城镇化发展过程中该地市应该着力发展的一面。按照此原则，对江苏 13 地市城镇化发展的主要方向进行概括，并提出了若干具体措施如表 5－3 所示。

表 5－3　各省辖市主要发展类型及措施

影响要素	发展类型	省辖市名称	发展措施
人口城镇化	加强	徐州、连云港、淮安、盐城、扬州、宿迁	大力实施促进农村剩余劳动力转移政策，提高城镇人口比重，如：农村土地流转、农村宅基地流转、拓宽农民就业渠道等
土地城镇化	约束	南京、无锡、苏州、连云港、淮安、扬州	控制建设用地扩张、实施最严格的耕地保护制度。努力挖潜城镇老区建设用地利用潜力，提高新建城区土地利用集约度
经济城镇化	加强	徐州、连云港、淮安、盐城、泰州、宿迁	通过发展工业化带动城镇化的进程，同时增加第三产业投资，助推经济发展
社会城镇化	加强	徐州、南通、连云港、淮安、盐城、扬州、镇江、泰州、宿迁	提高医疗、教育、公共服务基础设施投资力度；完善社会社会保障体系和制度，提高全社会保障覆盖率
经济增长方式	加强	徐州、南通、连云港、淮安、盐城、扬州、泰州、宿迁	优化产业结构，增加第二、三产业，特别是第三产业的投资强度；招商引资，提高进出口贸易，促进和带动地区的经济发展
资源利用效率	加强	南京、徐州、连云港、淮安、宿迁	严格保护耕地资源；鼓励和引导产业技术革新，提高资源利用率；大力发展第三产业；倡导节约用水，提高居民节水意识
生态环境保护	加强	苏州、连云港、淮安、盐城、泰州	加强环境污染污染治理投资和力度，增强环境保护建设
城乡一体化	加强	南通、连云港、淮安、盐城、扬州、镇江、泰州、宿迁	加强城乡统筹发展提高城乡一体化程度。具体如：加强农村公共基础设施建设、加强农村环境保护、发展特色农业提高农民经济收入等

划分结果反映了各市在新型城镇化发展过程中在影响其发展质量的各项因素上存在发展不协调问题。如新型城镇化发展质量较好的苏州在土地城镇化、生态环境保护等方面有待提高；无锡的土地城镇化，南京的土地城镇化与资源利用效

率等方面还有待提高。同时，城镇化发展质量整体上落后的地市需要着力发展其主导方面，快速提升新型城镇化建设的综合质量，如新型城镇化发展质量较落后的宿迁、连云港、徐州在经济城镇化、社会城镇化、经济增长方式、资源利用效率、城乡一体化等方面均需要加强发展。

由于江苏省社会经济发展呈现比较明显的区域差异，使得江苏省的城镇化质量水平在空间上存在着明显的差异。2014 年苏南、苏北、苏中城镇化质量大致呈由高到低的阶梯状分布。苏州、无锡、常州城镇化进程起步于改革开放之初，20 世纪 80 至 90 年代初，在乡镇企业快速发展时期以小城镇建设为标志的城镇化阶段，乡镇企业的蓬勃兴起使苏南百万农民实现了非农转移。20 世纪 90 年代初，在经济国际化进程中以开发区建设载体的城镇化建设快速发展阶段，苏州、无锡、常州凭借紧邻上海的地理优势，吸引外资，先后建立起一大批各类各级开发区，在此基础上注重城镇民生建设，改善环境和城乡关系，顺利地成为城镇化质量较高的地区。南京作为江苏省的省会，在各方面都具有得天独厚的优势，在努力发展经济的同时注重城镇民生建设，改善环境和城乡关系，也成为城镇化质量较高的成员之一。镇江、扬州、南通和泰州凭借临江的地理位置和紧邻苏锡常的区位优势成功地接受了产业转移并注重改善城镇居民生活质量、环境和城乡差异，城镇化质量处于中等的位置。徐州、淮安、盐城、连云港和宿迁 5 市由于自身发展的基础较差且没有突出的优势条件，在城镇化发展过程中动力不足，城镇化质量处于较低的位置。

通过对江苏省城镇化质量空间差异的研究可以看出江苏省城镇化质量的空间差异与江苏省社会经济区域发展水平差异完全一致。因此，对于经济基础较差的苏北地区而言，加快经济发展是其提高城镇化质量水平的内在要求，同时需要注重改善基础设施条件，提高居民的生活质量，提高城乡统筹发展水平。苏中三市地处长江北岸，地域优势比较明显，有着良好的社会经济基础，但与长江南岸的苏南地区有着明显的差异，对于苏中地区要充分利用好优越的自然条件和苏南经济的辐射作用，积极参与到沿江区域的开发开放和承接苏南的产业转移之中，以增强城镇化的经济基础，同时要加强公共服务质量、城乡统筹发展和环境品质的建设，以促进城镇化质量的提高。苏南地区城镇化进程开始较早，城镇化质量水平较高，苏南地区应该继续强化特大、大城市的核心功能，积极地发展区域内的中小城镇，并与苏中地区共同构建沿江城镇带；积极发展创新型经济和低碳经济，提升公共服务质量，注重环境品质的文化内涵，走健康的城镇化道路。

第三节　江苏农村剩余劳动力转移与市民化分析

改革开放以后江苏省经济的持续快速发展，不仅带动了自身大量农村剩余劳动力向城镇的转移，而且还吸引了大批其他省份的农村剩余劳动力，为全国城镇化和农民收入的提高做出了很大的贡献。当前，随着国际和国内经济环境的变化，江苏省经济的发展面临着转型和转移的"双转"特征，这不仅会给农村剩余劳动力转移的规模和方向带来影响，也给农村剩余劳动力的素质提出了新的要求。针对这一问题，本章重点从当前江苏省农村剩余劳动力的历史、现状特征、数量规模以及政策等方面给予分析和说明。

一、江苏农村剩余劳动力转移与市民化的历史回顾

20世纪80年代中期，随着苏南乡镇企业的异军突起，在放活农村经济，推进农村工业化和农村城镇化迅猛发展，调整农村内部产业结构的同时，促使大量农村劳动力"离土不离乡、进厂不进城"，就近、就地转移到农村二、三产业就业。这个时期农村剩余劳动力转移还仅仅处于萌芽、自发阶段。进入20世纪90年代后，特别是1992年市场经济体制改革以来，全省特别是苏南地区调整生产力布局，大力发展外向型经济，推进农村城镇化、农业现代化，经济出现了快速发展，工业反哺农业、城市支持农村的力度加大，农村劳动力流动区域和转移规模迅速扩大。但是，在典型的二元社会结构框架下，农民选择外出务工经商、到城市寻找就业机会仅能增加收入，在就业机会、公共就业服务、就业权益保障、社会公共福利等方面还无法享受与城市居民平等的待遇，也无法改变农民身份，达到真正融入城市社会的目的。因此，这种转移实质上是一种自发的一次性转移，存在着盲目性和无序性。

进入21世纪，随着市场经济体制逐步完善，工业化、城镇化进程的加快，特别是中共十六大提出统筹城乡经济社会发展方略，江苏进一步加快了城乡统筹改革的步伐，着力点放在改变城乡二元经济结构，推进体制改革与创新，改善农

民的生产生活条件上。实行了全省城乡统一的户籍管理制度，把劳务输出摆到了社会经济发展和农村工作更为突出的位置。组织开展并推动了苏北劳动力向苏南有序转移，启动了劳动力市场信息网“镇镇通”工程，建设城乡一体的劳动力市场，拨出专款用于资助百万农民工技能培训，加大培训和维权力度，大力改善劳务输出人员的就业环境和条件。由此，在市场调节和政策引导下进行，伴随着就业的流动、身份的转换和居所的迁移，农村劳动力的思想观念、生活方式也在发生着质的变化，其身份逐步由“农民”向“市民”转变。这种转移是以城乡统筹就业为基础，就业岗位的转变为重点，职业技能和创业能力的提高为前提，在政府规划、引导、扶持下的统一的、有规范的转移，也就是我们所说的真正意义上的农村剩余劳动力转移。

二、江苏农村剩余劳动力的现状特征

1. 农村劳动力呈逐年稳定递减趋势，乡镇的城镇人口增加明显比城市慢

2015 年江苏省农村劳动力总量为 2 670.47 万人，比 2013 年下降了 6.28%。从近几年农村劳动力的总量来看（图 5－9），近五年总体呈逐步减少态势。农村劳动力的减少当然与农村总人口减少有很大关系。图 5－10 显示了近十几年江苏省农村劳动力减少趋势，2015 年江苏省农村人口 2 670.47 万人，比 2000 年减少了 1 615.96 万人，十五年间减少了 37.70%，占全省总人口的比重也由 2000 年的 58.5%减少到 33.5%，十五年间减少了 25 个百分点。

与农村人口减少相对应的就是城镇人口的增加。2015 年江苏省城镇人口总数为 5 305.83 万人，占总人口的比重为 66.5%，比 2014 年提高了 1.3 个百分点，其中城市 3 286.24 万人，占总人口的比重为 41.2%，比 2014 年提高了 0.3 个百分点，镇人口 2 019.59 万人，占总人口的比重为 25.3%，比 2014 年提高了 1 个百分点，小城镇人口的比重仍远低于城市人口。主要是因为小城镇在医疗、教育、文化等方面的软实力还无法与县城与大城市相比，对人口的吸纳作用还不足。因此，如何加快小城镇人口的集聚能力，促进农村人口向附近小城镇集中仍是未来农村城镇化的重点任务之一。

2. 农村人口老龄化明显比城镇人口突出

2015 年江苏省农村人口中占比重最大的年龄组是 45～49 岁，占农村人口的

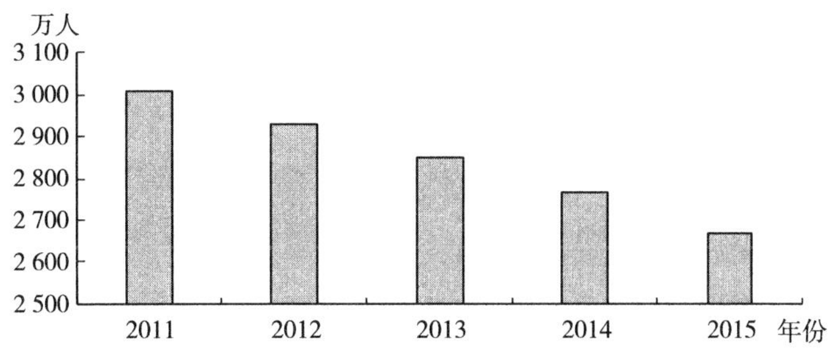

图 5-9　江苏省近几年农村劳动力总量

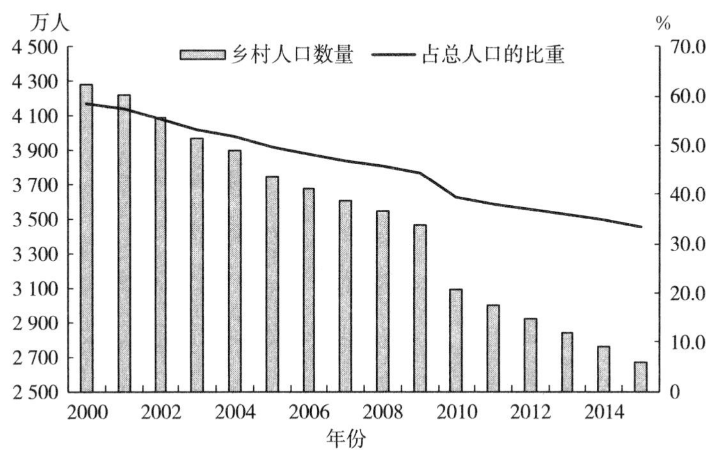

图 5-10　2010—2015 年江苏省农村人口历年总量及比重

9.79%，这一比重比 2014 年降低了 0.58 个百分点，而城镇人口中占比重最大的年龄组是 25～29 岁，占城镇人口的 11.59%。从图 5-11 和图 5-12 也可以看出，农村人口的年龄构成明显比城镇人口的年龄构成显老龄化，而且青壮年劳动力明显不足。2015 年农村人口中 60 岁以上的人口占农村人口的比重为 24.46%，比 2014 年增加了 0.7 个百分点，而城镇人口中 60 岁以上的人口占比只有 16.47%，比 2014 年降低了 1.66 个百分点，且比重远低于农村地区。从年轻劳动力占比来看，2015 年农村人口中 20～40 岁的年轻劳动力占比为 24.74%，比 2014 年增加了 1.27 个百分点，而城镇人口中的这一比重为 35.70%，远高于农村地区。因此，江苏省农村地区的人口比城镇人口老龄化严重，而且这种趋势有愈演愈烈的趋势。这与近几年农村向城镇转移的人口多以青年劳动力为主有很大关系。但这对于未来农村劳动力持续向城镇转移以及农村地区的养老等问题带来了很大的挑战，如何在实现农村劳动力顺利转移的同时解决好农村地区的养老问题是江苏省农村城镇化与工业化需要重点解决的问题之一。

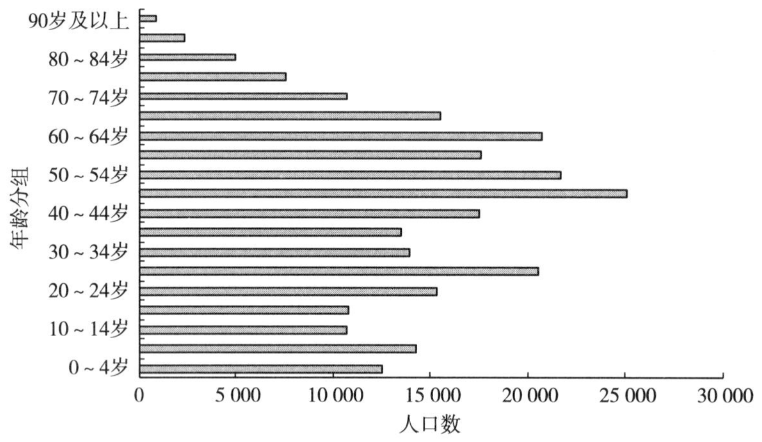

图 5－11　2015 年江苏省农村人口年龄构成

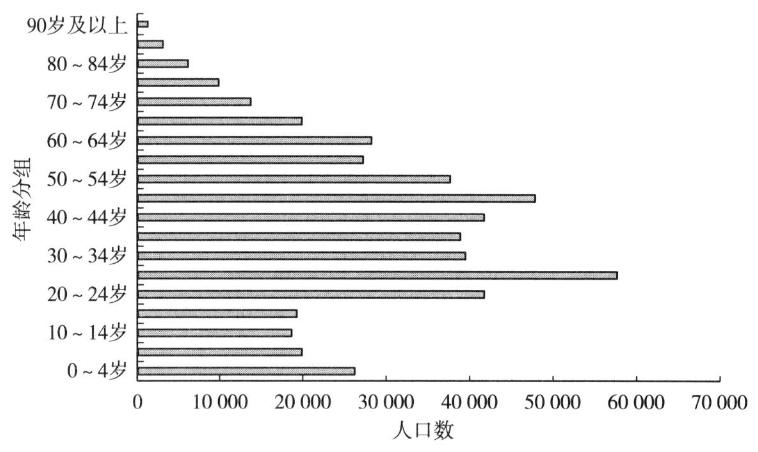

图 5－12　2015 年江苏省城镇人口年龄构成

3. 农村劳动力人口素质与城镇地区的差距仍在扩大，亟待提高

抽样调查结果显示，2015 年江苏省农村地区具有高中以上文化程度的人口比重为 18.28%，比 2014 年提高了 1.89 个百分点，其中高中文化程度和大学以上文化程度分别占 12.96%和 5.32%，分别比 2014 年提高 0.56 个百分点和 1.32 个百分点。而不识字或者识字很少的人口比重，农村地区约为 8.47%，比 2014 年增加了 0.15 个百分点。这说明 2015 年农村地区人口文化素质水平增加较快，受高等教育的人口增加很多。但是与城镇地区相比就相差很远了，2015 年江苏城镇地区高中以上文化程度人口占比达 42.84%，是农村人口这一比重的 2.34 倍，其中高中文化程度和大学以上文化程度占比分别为 20.74%和 22.10%，分别是农村地区相应比重的 1.60 倍和 4.15 倍。而对于不识字或者识字很少的人口比重，农村地区约为城镇地区的 2 倍。

4. 农村劳动力就业结构以非农业为主，转移潜力较大，但存在较大区域差异

2015 年，江苏省农村地区劳动力从事非农业活动的人口为 1 853.34 万人，比 2014 年增加了 10.48 万人，约占农村从业人员的 71.26%，比 2014 年提高了 0.51 个百分点。而且近几年农村地区从业人员中从事非农业活动的人口比重基本都在三分之二以上（表 5 - 4）。因此，农村地区大部分劳动力都是从事非农业活动。这也反映了江苏省农村地区存在着较高水平的工业化和城镇化现象。从行业分布来看，农村地区从事非农活动的人口一般集中在工业、建筑业、交通运输业以及批发零售业等行业。2015 年，江苏省农村从业人员中上述几个行业的比重分别为 31.90%、14.75%、4.40%和 6.10%，分别比 2014 年提高了 0.41、0.02、0.02、0.07 个百分点，其中工业就业比重增加最快。

表 5 - 4 近五年江苏省农村从业人员就业结构

单位：%

行业	2011 年	2012 年	2013 年	2014 年	2015 年
农林牧渔业	30.98	30.37	29.69	29.25	28.74
工业	29.81	30.47	30.89	31.49	31.90
建筑业	14.04	14.41	14.68	14.73	14.75
交通运输、仓储及邮政	4.27	4.37	4.38	4.39	4.40
批发和零售业	5.78	5.95	6.04	6.03	6.10
其他服务业	15.12	14.43	14.32	14.11	14.11

从整体上看，虽然江苏省农村地区大部分劳动力都从事着非农活动，但其内部也存在着很大的区域差异。从表 5 - 4 可以看出，2015 年，苏南的农村地区从业人员中非农化比重相对较高，如南京市农村非农化就业水平为 75.99%，无锡为 81.82%，苏州为 85.39%，常州为 79.01%，镇江为 75.52%，而且均比 2014 年有所增加。有的区县，如昆山、常熟，这一比重已达 90%左右，大部分的农村人口都在从事非农业活动，也就是说基本实现了农村工业化和城镇化。而苏中

的农村地区非农业就业水平也比较高，如南通市为 74.84%，扬州市为 77.79%，泰州为 74.76%，但有的区县，如兴化市，则相对较低。苏北的农村地区劳动力非农化水平最低。如徐州为 59.19%，连云港为 49.70%，淮安市为 50.94%，盐城市为 53.15%，宿迁市为 56.94%，均达不到全省的平均水平。有的区县，如泗洪县、灌云县、灌南县，这一比重只有 40%多。从各区县的分行业结构来看，有的区县以工业为主，如张家港、昆山、常熟、太仓、江阴、扬中等地，农村劳动力从事工业活动的比重均在 60%以上。有的区县建筑业比较突出，如高淳、溧阳、金坛、句容、海安、海门、宝应、仪征等县市，农村从事建筑业的人口比重均在 20%以上。而有的区县批发零售业则比较发达，如启动、海门，农村批发零售业从业人员比重都在 10%以上。

表 5-5　2015 年江苏省分地区农村从业人员就业结构

单位：%

地区	农林牧渔业	非农业				
		合计	工业	建筑业	交通运输、仓储及邮政业	批发和零售业
南京市	24.01	75.99	36.88	23.75	7.24	8.13
无锡市	18.18	81.82	65.27	6.99	3.54	6.02
江阴市	15.57	84.43	66.63	6.28	4.28	7.24
宜兴市	29.72	70.28	51.02	10.71	3.66	4.89
徐州市	40.81	59.19	31.77	15.88	4.71	6.83
丰　县	47.72	52.28	29.49	14.45	3.17	5.18
沛　县	36.91	63.09	32.13	21.65	4.00	5.32
睢宁县	43.45	56.55	32.42	16.10	2.67	5.37
新沂市	44.47	55.53	24.91	21.32	3.02	6.27
邳州市	36.09	63.91	35.85	11.38	7.09	9.58
常州市	20.99	79.01	53.10	15.35	4.67	5.90
溧阳市	27.08	72.92	29.84	30.93	6.09	6.06
苏州市	14.61	85.39	68.45	6.58	3.62	6.75
常熟市	10.94	89.06	72.11	6.23	3.63	7.10
张家港市	11.47	88.53	71.88	5.92	4.71	6.03
昆山市	9.72	90.28	72.19	6.78	3.39	7.91
太仓市	20.90	79.10	69.99	4.17	2.47	2.47
南通市	25.16	74.84	33.12	24.34	6.34	11.03

（续）

地区	农林牧渔业	非农业				
		合计	工业	建筑业	交通运输、仓储及邮政业	批发和零售业
海安县	21.15	78.85	33.48	25.42	9.58	10.36
如东县	20.70	79.30	41.38	24.96	6.24	6.71
启东市	28.99	71.01	29.37	23.31	5.68	12.65
如皋市	28.18	71.82	37.58	22.55	4.59	7.10
海门市	26.64	73.36	26.25	26.27	5.27	15.57
连云港市	50.30	49.70	19.81	19.43	5.06	5.41
东海县	48.19	51.81	19.53	21.61	5.67	4.99
灌云县	58.23	41.77	20.04	13.59	3.63	4.51
灌南县	55.76	44.24	15.83	15.65	7.05	5.71
淮安市	49.06	50.94	24.07	17.93	3.92	5.03
涟水县	59.23	40.77	16.84	16.06	3.41	4.46
洪泽县	40.05	59.95	32.07	17.63	5.19	5.06
盱眙县	49.52	50.48	26.41	15.05	4.26	4.76
金湖县	40.03	59.97	31.35	20.34	3.62	4.66
盐城市	46.85	53.15	25.64	15.75	5.82	5.94
响水县	51.38	48.62	31.82	7.80	4.19	4.82
滨海县	52.47	47.53	18.70	15.09	7.78	5.95
阜宁县	53.08	46.92	17.04	19.75	5.00	5.14
射阳县	49.63	50.37	21.10	14.97	6.68	7.62
建湖县	36.83	63.17	36.79	14.26	5.39	6.73
东台市	48.12	51.88	25.04	16.44	5.01	5.38
扬州市	22.21	77.79	42.57	22.68	4.88	7.66
宝应县	27.34	72.66	31.92	27.34	5.01	8.39
仪征市	18.05	81.95	42.04	28.08	4.96	6.87
高邮市	27.85	72.15	42.09	20.17	3.84	6.05
镇江市	24.48	75.52	54.50	12.90	4.04	4.08
丹阳市	21.80	78.20	62.14	9.22	3.30	3.54
扬中市	16.95	83.05	69.94	5.73	3.03	4.34
句容市	33.93	66.07	33.36	24.51	4.64	3.56
泰州市	25.24	74.76	36.03	21.21	7.63	9.89
兴化市	43.19	56.81	22.40	12.95	9.30	12.17
靖江市	22.30	77.70	54.03	9.88	7.12	6.67

（续）

地区	农林牧渔业	非农业				
		合计	工业	建筑业	交通运输、仓储及邮政业	批发和零售业
泰兴市	19.18	80.82	35.25	25.84	7.27	12.45
宿迁市	43.06	56.94	31.64	14.52	4.21	6.58
沭阳县	39.49	60.51	38.10	11.72	4.70	5.99
泗阳县	44.11	55.89	32.92	13.56	3.53	5.88
泗洪县	59.02	40.98	18.21	13.43	3.33	6.02

三、江苏农村剩余劳动力的定量评估

1. 估算方法

在目前的自然、社会、经济和技术条件下，农业资源尤其是耕地资源对农业劳动力资源需求具有决定性的作用。因此我们这里采用劳均耕地方法对农业剩余劳动力进行估算。公式如下：

$$SL_t = L_t - S_t/M_t \qquad (5-7)$$

SL_t 表示第 t 年农业剩余劳动力，L_t 表示第 t 年农业实际劳动力，S_t 表示第 t 年实有耕地面积，M_t 表示第 t 年劳均耕地面积。劳均耕地面积的计算一般假定 1957 年作为农业劳动力充分利用的固定期，然后根据以下公式进行估算：

$$M_t = 0.579\,2 \times (1+\beta)^{(t-1957)} \qquad (5-8)$$

式中：β 为经营耕地变动率（以描述农业生产技术进步对农业生产率的影响）。一般假设 1957 年我国不存在农业剩余劳动力，按照这一年的数据计算的劳均耕地面积为 0.579 2 公顷。据国家统计局测算，我国农业集约化经营水平可以达到劳均耕地 0.67～1.0 公顷。据此测算，β 的值为 0.002 8～0.011。江苏省作为全国经济发达省份，且随着近几年的发展，农业生产技术又得到了进一步提高，因此，我们这里取 β 的值为 0.01。

2. 历年农业剩余劳动力估算

鉴于江苏省农村存在大量非农业劳动力，如果用农村从业人员来计算农村剩余劳动力势必造成估计过高，因此，我们这里使用第一产业从业人员数量对农业剩余劳动力进行估算。通过查阅江苏省统计年鉴，我们可以得到江苏省历年耕地面积和第一产业从业人员数量，如表5-6所示。根据上述公式可以计算出历年劳均耕地面积和农业剩余劳动力数量。

表5-6　江苏省历年农村剩余劳动力估算

年份	耕地面积/千公顷	第一产业从业人员/万人	劳均耕地/公顷	农业剩余劳动力/万人	占从业人员比重/%
1990	4 557.86	2 389.25	0.804 3	1 822.58	76.28
1991	4 549.97	2 405.68	0.812 4	1 845.60	76.72
1992	4 521.77	2 337.93	0.820 5	1 786.83	76.43
1993	4 495.66	2 228.06	0.828 7	1 685.57	75.65
1994	4 464.00	2 131.65	0.837 0	1 598.31	74.98
1995	4 448.31	2 057.08	0.845 4	1 530.88	74.42
1996	5 061.70	2 014.06	0.853 8	1 421.22	70.57
1997	5 055.67	1 981.54	0.862 3	1 395.27	70.41
1998	5 036.54	1 946.49	0.871 0	1 368.22	70.29
1999	5 024.22	1 908.64	0.879 7	1 337.50	70.08
2000	5 008.39	1 890.96	0.888 5	1 327.26	70.19
2001	4 974.12	1 832.25	0.897 4	1 277.95	69.75
2002	4 905.02	1 744.41	0.906 3	1 203.22	68.98
2003	4 858.34	1 615.49	0.915 4	1 084.76	67.15
2004	4 795.19	1 506.31	0.924 6	987.66	65.57
2005	4 780.37	1 414.83	0.933 8	902.90	63.82
2006	4 743.00	1 323.88	0.943 1	820.99	62.01
2007	4 730.48	1 230.28	0.952 6	733.68	59.64
2008	4 718.66	1 179.94	0.962 1	689.48	58.43
2009	4 688.06	1 120.19	0.971 7	637.74	56.93
2010	4 726.16	1 060.29	0.981 4	578.73	54.58
2011	4 753.25	1 023.02	0.991 2	543.50	53.13
2012	4 746.01	989.98	1.001 2	515.93	52.12
2013	4 765.90	956.74	1.011 2	485.42	50.74
2014	4 762.79	918.84	1.021 3	452.49	49.25
2015	4 803.98	875.50	1.031 5	409.77	46.80

注：由于缺少统计数据，2010—2015年耕地面积是在2009年耕地面积的基础上根据各年农作物播种面积进行折算得出。

根据计算结果可以发现，从1990年到2015年，江苏省农村剩余劳动力呈现不断减少的趋势，从1990年的1 823万人减少到2015年的410万人。而且农村剩余劳动力占第一产业从业人员的比重也不断下降，从 1990 年的 76.28%下降到 2015 年的 46.80%。农村剩余劳动力减少的原因主要有以下几个方面，首先是江苏省城市化的发展，1990—2015 年，江苏省城镇化率从 21.6%提高到 2015 年的 66.5%，一年提高将近 2 个百分点，每年有 160 万人口新增为城镇人口，苏锡常等苏南城市的发展是吸纳江苏省农村人口的主要原因之一。其次，就是农村工业化和农村城镇化的发展。乡镇企业是江苏省一开始农村工业化的主力军，而且创立了全国著名的农村工业化的苏南模式，江阴市的华西村也成为全国农村城镇化的典范，当然农村工业化和农村城镇化是相辅相成的关系。2015 年乡村人口 2 670.47 万人，其中，非农就业人口 747.41 万人，占农村人口的 27.99%，也就是意味着江苏省农村地区 70%以上的人口都从事的是非农行业，可见农村工业化对农村剩余劳动力的吸纳能力之强。当然除了城镇化和农村工业化对农村剩余劳动力的吸纳之外，还有农村人口生育率的降低、农村劳动力省外务工等原因的影响，但主要原因是江苏省自身的城镇化和农村工业化。

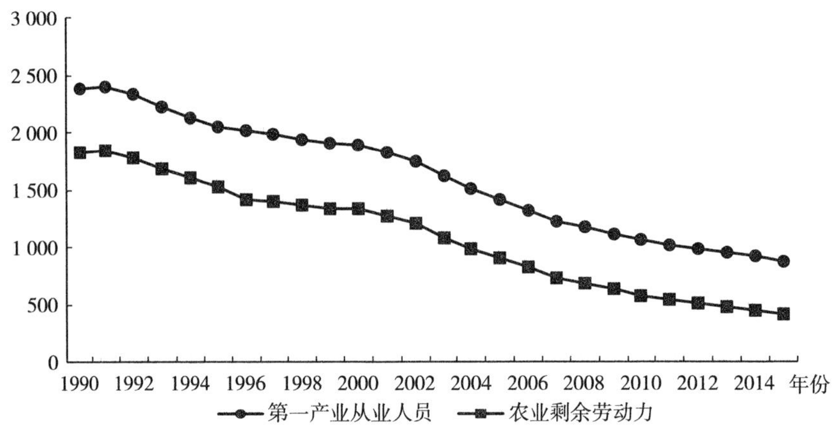

图 5-13　江苏省历年第一产业从业人员与农业剩余劳动力比较

但我们也应该看到，目前全省第一产业从业人员中仍有一半以上属于剩余劳动力（图 5-13），剩余劳动力的规模仍有五百多万，根据历史发展趋势，按照趋势外推的方法，我们可以拟合出全省农村剩余劳动力的变化曲线为：

$$SL = -63.771t + 128\,784.40 \tag{5-9}$$

其中，$R^2=0.998\,4$，拟合效果较好。按照上述拟合曲线，预计要到 2020 年农村剩余劳动力才能被完全吸纳。

四、江苏农村人口市民化的途径与障碍分析

1. 农村人口市民化的途径与模式

根据农村人口的主观愿望，农村人口市民化大体上可以通过两种途径实现，即主动市民化和被动市民化。主动市民化包括农民工市民化、农村学生升学市民化、农村老人养老投奔子女市民化；而被动市民化则包括小城镇发展下的农民被动市民化及城市扩张下的失地农民被动市民化。根据主体是否发生转移，农民可以通过两条路径转化为市民，即异地转型和就地转型。异地转型是指通过跨区域流动，进入城市务工，以产业工人的身份在城市安家落户，实现思想认识、生产与生活方式向城市居民的本质转化。而就地转型则是指在自然村落逐步向城镇聚合或转变的过程中，在区域内以各类企业职工的身份在家乡过上市民生活。

过去，农村人口市民化的现实途径主要有三种：进城农民工的市民化、乡镇企业职工的市民化（或叫做小城镇发展模式）和城郊失地农民的市民化（或叫做“城中村”发展模式）。在这些途径或者模式中，农村集体起到的作用十分有限，更多地都是农民和城市之间的相互作用。但也不排除有些村集体的积极作用，如江阴的华西村在村支书的带领下大力发展工业、服务业，并实现了华西村的就地城镇化，成为中国农村城镇化的重要典范。但这样的村子毕竟属于少数，大多数的农村集体以及村委会在农村人口市民化的过程中发挥的作用不大。

目前，随着农村生产要素流动性的增加，多地开始探索农村人口市民化的主动模式，当然这种模式只是处于探索阶段，但已经成为大势所趋。这种模式的主要特点包括：在农村村委会的组织带动下，通过承包地流转、置换、入股等多种方式实现农村承包地的规模化经营；通过农村居住区集中规划建设、宅基地置换商品房实现农村人口集中居住或进入城镇居住；通过农村工业集中规划、集体资产置换股权等实现农村工业化；通过增加村级财政收入、提高农村基础设施建设实现农村景观上的就地城镇化。在这种模式下，农村集体起到主导作用，其重要前提是农村资源的市场化流动。因此，加快农村生产要素的市场化流动有利于农村城镇化的发展。

2. 农村人口市民化的障碍分析

农村人口市民化的实现过程也会面对一些制约性因素和障碍。主要表现在以

下几个方面：

（1）农村人口自身素质和心理障碍

第一，农民自身在观念上比较陈旧。受传统小农经济思想、城乡文化差异的影响，特别是“不愿离土离乡”对乡土的眷恋心理和怕冒风险的心理，导致部分农民依然把土地作为自己的根本和保障，把游离于城乡之间既能挣钱、又能种田作为最理想的生活模式，进城农民很难完全融入城市生活。

第二，农民自身文化素质不高。在市场经济条件下，企业用人均采用聘任合同制，而且主要是按能力竞争上岗，劳动力的文化素质及技能显得十分重要。而大多数农民文化水平低，劳动技能差，缺乏竞争优势，要在非农领域就业，显然很难。在实际中，由于受文化水平和技术素质低的制约，有些农民即使暂时得到安置或自谋到出路，也随时有被企业淘汰或失去工作的可能，存在就业再失业的现象。

第三，农民进城后承担的心理压力大。相比长期在城市生活的居民，进城后的农民要承担更多的心理压力。一方面，外界城市居民的观念压力。城市居民长期对农民负面形象的印象，使农民进城后经常要受到城市居民的另眼相看，在行动上与心理上要承受更多的压力。另一方面，在农村，农民保持农事行为快节奏只有特定的几个时期，而城市居民全年工作快节奏，精神压力大。城市快节奏的行为方式对进城农民是个严峻挑战，进城农民短时间内很难适应。

第四，农民进城后收入预期减少。农民进城后的最基本要求就是所带来的效益必须大于进城以前。然而，部分农民进城后造成预期收入下降，进城后生活、就医、子女教育等方面的支出预期又在增加，而且进城后又面临着收益不确定和不平衡等许多新问题，以致出现“农民想进城而不敢进和能进不要进，还是当农民好”等现象。

（2）社会制度性制约因素与障碍

第一，城乡二元分割的户籍制度长期把农民拒之于城市之外。户籍上的区别导致了城市居民在教育、社会保障、政治等方方面面的权利享有上优于农民。虽然目前有些城市户籍制度有所松动，附属于户口上的城乡利益差别明显缩小，但农民进城的成本很高，还要受到各种歧视。即使进城多年改变了职业身份的“农民工”，也因户籍制度而享受不到市民的福利保障待遇。由于地位、待遇的不公，进城农民很难融入城市社会，只能漂移在农村和城市之间。

第二，现行土地流转制严重影响农民市民化进程。为了确保农村土地的稳定，实行土地几十年不变的承包政策，不准土地自由买卖、自由转让，这是完全必要的。但这种制度使承包的土地成了农民离不开的根，不能完全从土地上解放出来。在城市社会保障又覆盖不了进城农民的情况下，一些农民虽然人进了城，心却还留在农村，制约了农业劳动力的转移。

第三，被征地农民失利给农民市民化带来了极大消极影响。虽然城市土地产生出巨大利益，但在土地收益分配中，农民和村集体只得到了极少部分，政府及开发商得到了极大部分。而且大量的土地，历史上是以无偿划拨形式或几千元至一两万元一亩的低价被征用的。土地开发产生的巨额利润，通过二、三级渠道形成多管道分配，引发出农民强烈的不满。而且现行的征地补偿标准并没有考虑失地农民转化为市民的身份转变，没有考虑到就业的市场化以及生活基础已经城镇化，没有考虑到创业资本和社会保障，更没有考虑到失地农民如何分享城镇化的成果。

第四，社会保障是阻挠农民市民化的重要因素。农民进城所关注的重点不仅是户口，还有进城后能否保证有稳定的收入以及能否享受到城镇居民的社会保障。目前的状况是：一方面，政府的社会保障能力相对较弱；另一方面，进城农民大多数在私营企业，企业参保意识相对较差，进城农民的社会保障权益难以得到有效保证。

第五，进城农民的子女受教育的不平等是农民市民化的重要梗阻。由于进城农民原没有城市户口，孩子入学受教育就会遇到很多困难和障碍，即使解决了子女入学问题，所要支付的成本也大大高于有户籍的城市人口。如要解决进重点学校等问题，又将遇到城市教育机构布局还欠完善、投入相对不足等不平等问题。

（3）其他方面制约因素与障碍

第一，城市长期以来对农民的传统偏见。从城市方面看，人们思想观念上受城乡对立、体制上受城乡分治的影响，对农民有一种根深蒂固的偏见——担心农民进城会带来住房、交通、教育、卫生、社会治安等方面的问题，还担心农民进城务工经商，会加剧城市劳动力供求矛盾；对进城农民缺少包容之心和宽广胸怀。似乎城市中目前存在的较高失业率、犯罪率和工伤事故率以及城市环境的脏乱差等问题，都与进城农民相关。城市对农村的排斥，市民对农民的歧视、对农民市民化的冷淡，阻碍了农民市民化的进程。

第二，城市现行的政策对农民仍有失公平。尽管近年来有些地区出台了一系列政策，为农民市民化开绿灯，但有的部门在制定和出台某项政策时，往往出于维护城市居民利益的考虑，在对农民市民化和农民进城的问题上，实行排斥和抑制政策的多，实行鼓励和支持政策的少，存在着重堵轻疏、重管理轻服务、重义务轻权益、重城市就业轻农民工安排的政策现象，进城农民在城市中实际处于“边缘状态”和“二等公民”的地位。

第三，当前经济发展不太适应农村劳动力就业转移需要。一是由于江苏省正处于经济增长与经济体制转型的特殊时期，经济增长方式由粗放型向集约型转变，科技管理越来越成为经济增长的因素，这就产生了资本和技术替代劳动力现象，对劳动力的需求呈减少趋势。二是城市规模小，城市功能弱，小城镇数量多，但整体素质比较低，经济集聚效应和规模效应难以发挥，郊区和农村接受辐射能力偏弱，无法吸纳更多的劳动力，农民缺乏转化为城镇居民的有效载体。

五、江苏农村劳动力转移和市民化的对策建议

随着社会开放度的进一步提高，城市农村务工人员的数量将继续增加，融入城镇社会不仅是健康城镇化的要求，而且也是社会全面进步的要求。以政府为引导，以农村劳动力为主体，以市场为导向，以多元城镇化发展为依托，以户籍制度改革、土地制度改革和社会保障制度改革为实施保障，通过建立和完善统一开放、竞争有序、城乡一体化、平等竞争的劳动力市场，因地制宜，大力发展劳动密集型产业和第三产业等劳动力吸纳能力强的产业，积极、稳妥、有序地实现农村人口市民化。

1. 建立农民自愿退出农村的机制是推进农业转移人口市民化的前提

实施统筹城乡发展战略，推进城乡发展一体化，关键是要实现城乡要素平等交换和公共资源均衡配置，最终目的是要让广大农村人口尤其是农业转移人口充分享受到城镇化成果。随着大量农村人口转移到城镇就业，推进农业转移人口市民化，迫切需要建立农民自愿退出农村的机制。首先，要让进城务工农民能够在城里买得起房，进而真正落户城镇，享受到与城市居民相同的公共服务，就应该

采取货币补偿或用宅基地换城镇住房等方式，让农民自愿退出农村的土地，以此获得城镇的房屋使用权。从近年来江苏、成都温江等地探索“宅基地换房”的举措来看，农民是得到了实惠的。其次，农村大量宅基地的闲置和承包地的荒芜，也需要创造条件，让自愿退出农村的农业转移人口获得城市的保障。进城务工农民是愿意保留农村的土地权利还是自愿退出农村土地，选择用其置换城市的保障，应该由农民自己说了算，政府应着重在提供农业转移人口市民化后的保障上下功夫，只要后续保障能够跟上，就不会产生像一些专家学者所担心的诸如“城市贫民窟”等社会问题。其三，农业转移人口市民化以后，也不需要保留两种身份。从农村空心化的现实情况看，真正在城里找到稳定工作并具有稳定收入的农民是不愿意再回到农村去的，他们不仅自己一心想留在城市，而且还想逐步把家里的老人和孩子全部带到身边。总之，让农民自愿退出农村的土地，以此获得城镇的住房和城市的保障，不仅有助于扩大消费和投资需求，稳定城镇产业工人队伍，推动产业转型升级，而且将为推动农村土地流转，培育壮大股份合作社、专业合作社、家庭农场、专业大户等新型农业经营主体，发展多种形式的适度规模经营，提高农村土地集约高效利用，推进农业现代化创造更为有利的条件。

2. 加快制度创新是推进农村剩余劳动力市民化的核心

我国的就业制度由计划配置逐步转向了更多地依靠市场机制，最终过渡到完全由市场来配置资源。这对我国的农民市民化进程产生了重大的影响。农民市民化的重要前提是农民就业的市场化、非农化和充分化。顺利实现就业是解决农民生活来源、加快生产生活方式转变和市民化进程的重要保证。所以，应按照市场化原则，制定城乡统一的劳动力就业政策，建立城乡统一的劳动力就业市场，实现城乡统筹就业；建设以市、区劳动力市场为中心，以街道、乡镇劳动力管理服务站为网点的就业服务网络；打破城乡“藩篱”和所有制界限，取消在城市就业的种种不合理限制，变“户籍门槛”为“素质门槛”。政府要最大限度地为农民提供就业岗位，特别是在基础设施方面，要加大投入力度，根据农民的不同素质为其提供就业岗位，保证农民市民化的质量。此外，还要建立与城市居民同等的养老保险、医疗保险和失业保险等社会保障制度，解除农民市民化的后顾之忧，从而加快农民市民化的步伐。

3. 保障农村剩余劳动力的权益是加快其市民化的保障

农民市民化本质是让农民离开土地进入非农业领域就业。在非农业领域就业遇到的一个重要的问题就是权益保障问题。这就要求政府根据中国的实际情况制定出农民就业保障法，保障农民的合法权益，规范用人单位对农民权益的尊重。政府应设立欠薪保障基金。在市民化进程中，当农民的工资被拖欠时，政府可启动该项基金，保证农民能够及时、足额拿到自己的血汗钱。基金的形成主要是用人单位向政府缴纳按工资额一定比例的资金。在劳资关系上，政府的责任应当是保护弱势群体，制定有利于保护农民合法权益的各项政策，取消针对农民的歧视性规定和不合理收费，树立城乡统筹发展的观念，赋予农民平等的就业权利和社会权利，确立以人为本的管理理念，大力培育社会中介组织，大力加强工会组织建设等。

第四节　江苏城镇化进程中经济、资源、环境效应

城镇化是中国当前面临的最大的社会变革问题之一。伴随着城镇化进程的是资源利用的规模和强度不断扩大和环境问题的更加突出，由此城镇化过程中的资源环境问题也成为国内外学术界的焦点之一。1972 年罗马俱乐部的研究报告《增长的极限》（Donella Meadows）公开发表，研究采用系统动力学模型分析和模拟了世界人口、粮食、资源、能源、环境等方面所面临的问题及发展趋势。推动了可持续发展思想的形成，引发人们对资源环境的利用和保护的研究热潮。目前国内关于城镇化过程中资源环境效应问题的研究主要集中在城市土地扩张问题带来的资源环境问题研究、城镇化过程中能源消耗与环境污染研究、水土资源利用及制约机制研究、城镇化过程中资源环境价值成本及生态服务价值研究、资源环境综合承载力研究、资源环境效应制约下的城市化发展模式研究等方面。目前国内对城镇化所导致的资源环境效应及城市可持续发展评价已有大量研究，然而从系统角度分析不同城镇化模式下的资源环境效应则相对不足，并且多集中在缺水的西北干旱地区，对东部沿海发达地区未来城镇化发展的资源环境效应研究较少。本节通过模拟分析江苏省未来城镇化发展的资源环境效应，以期为江苏省城镇化发展和资源环境保护提供政策建议。

研究数据主要来源于各年度的《江苏统计年鉴（2001—2016）》、江苏省环境统计公报、江苏省水资源公报、《中国能源统计年鉴》《中国城市建设统计年鉴》《中国城市统计年鉴》、各地市统计年鉴、各地市国土资源局网站统计数据等。

一、江苏城镇化过程中经济、资源、环境效应的SD模型的构建

1. 子系统模型的介绍

江苏省新型城镇化进程中资源环境效应模型由人口子系统、经济子系统、资源子系统、环境子系统、资源环境成本子系统等5个子系统构成。

（1）人口子系统

新型城镇化进程最重要的是人口的城镇化，城镇人口占总人口的比重直接反映了人口城镇化率；同时人口数量的变化决定了劳动力的供给量，在道格拉斯生产函数中，劳动力作为投入要素是决定了国民经济的总产出。因此，在人口子系统中，将总人口作为水平变量，人口增长量（近15年的年均人口增长量是随时间变化的）作为速率变量，结合城镇人口占比和从业人口占比随时间的变化趋势，可以计算得出城镇人口数量及劳动力人口数量两个输出变量。

（2）经济子系统

经济子系统是整个模型中最复杂的子系统，模型的准确性决定了全社会经济总产出以及由经济发展水平所导致的资源环境效应的准确性。经济子系统严格按照道格拉斯生产函数模型原理进行构建，CD生产函数的原型为$Y=AK^{\partial}L^{\beta}$，其中Y为经济总产出，A为综合技术水平，K为劳动力投入，L为固定资产净值投入。经济子系统中，以第一产业固定资产、第二产业固定资产、第三产业固定资产等三个要素作为水平变量，第一产业固定资产增长量、第二产业固定资产增长量、第三产业增长量、第一产业资产减少量、第二产业资产减少量、第三产业资产减少量作为速率变量（增长量为每年固定资产投资增加额、减少量为固定资产存量的折旧损耗），辅助以社会固定资产投资额、固定资产投资比例、一产投资系数、二产投资系数、三产投资系数、固定资产折旧率等辅助变量，计算得到一产产值、二产产值、三产产值以及国民生产总值GDP。

（3）资源子系统

资源子系统包括土地资源、煤炭资源、水资源等三方面。构建本模型的目的在于模拟江苏省不同年份的资源利用量变化趋势，不考虑其累积消耗总量，所以在资源子系统中不设置水平变量。土地资源作为影响和制约城镇化发展最重要的自然资源，保护土地资源已经成为全社会的共识，但是从江苏省 2000—2015 年间耕地资源减少变化趋势看，年度耕地资源变化差距较大，社会发展的政策和规划对耕地的利用影响较大，并且城镇的扩张占用耕地的同时还会占用其他地类，单独地以耕地面积的变化趋势衡量土地资源的变化不确切，所以在本模型中以建设用地增量作为土地资源消耗总量衡量指标；煤炭资源消耗量具体到一、二、三产业煤炭消耗量，辅助以单位一产 GDP、单位二产 GDP、单位三产 GDP 煤炭消耗量和经济子系统中一、二、三产业的总产值，进行计算；水资源消耗量包括生活用水和产业用水两方面，其中，生活用水由人均用水量与总人口决定，产业用水进一步划分为一产用水、二产用水、三产用水，并分别由单位一产耗水、单位二产耗水、单位三产耗水与一、二、三产业产值决定。

（4）环境子系统

环境子系统主要由固体废弃物产生量、废气排放量、废水排放量三方面构成，其中固体废弃物包括工业固体废弃物和生活垃圾两方面，废水包括工业污水和生活污水两方面。随着技术水平的提高，虽然单位 GDP 产生废气、废水、固体废弃物量均呈一定的减少趋势，但工业总产值的不断提高，也会导致工业三废总量的不断变化。

（5）资源环境成本子系统

资源环境成本子系统作为一个中间过渡系统，连接资源子系统、环境子系统、经济子系统三个模块，使其整体形成一个反馈系统。资源的利用、环境治理产生的成本直接影响经济子系统。该子系统中引入单位土地成本、吨标准煤成本、单位水资源成本、单位固体废弃物治理投资、单位废气治理投资、单位废水治理投资等 6 个常量作为衡量资源环境成本的辅助变量。

2. 数据处理及参数确定

本书中所涉及的所有有关价格的数据均以 2000 年价格水平为基期进行换算；2000 年固定资产存量依照张军对中国省际物质资本存量估算中的结果，一、二、

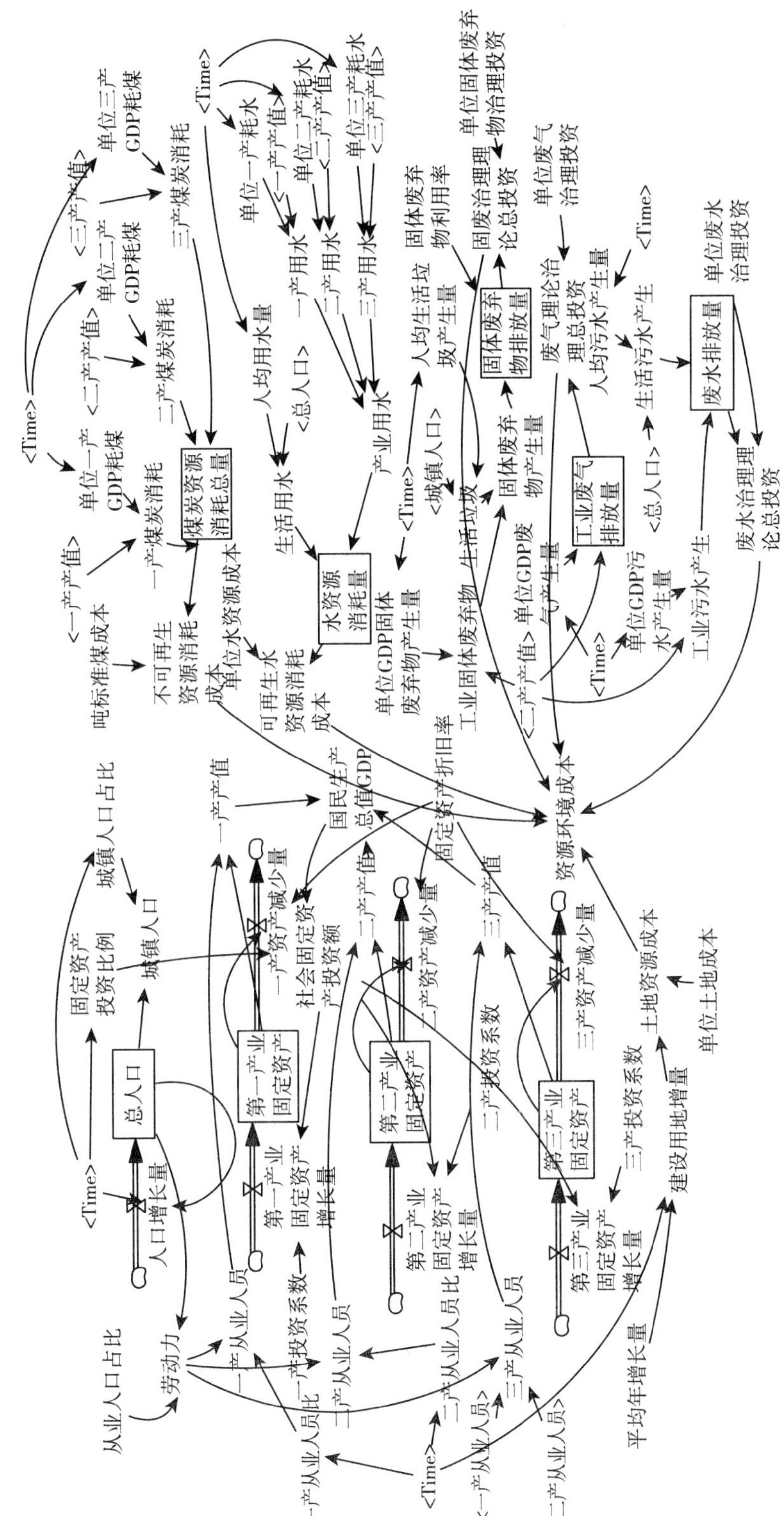

图5-14　江苏省经济资源环境效应模拟的SD模型流程

三产业的固定资产存量依据 2000 年固定资产投资额度比值估算。

系统参数的设定直接决定了模拟系统的精确度，根据系统的结构特点，系统各要素参数的设定依据方法主要有趋势法、均值法、回归分析法、简单算术法、CD 生产函数等。为了使得系统参数设定更加准确，模型精度更高，与以往相关研究之中对模型参数的设定方法不同的是，对本模拟系统模拟结果起决定作用的人口增长量、一产从业人员比例、二产从业人员比例、三产从业人员比例、固定资产投资比、单位一产 GDP 煤耗、单位二产 GDP 煤耗、单位三产 GDP 煤耗、单位一产耗水、单位二产耗水、单位三产耗水、单位 GDP 污水产生量、单位 GDP 废气产生量、单位 GDP 固体废弃物产生量、人均生活污水产生量、人均生活垃圾产生量等均引入了时间变量，即这些要素的值也是随着社会发展、技术的进步而不断变化的。具体情况如表 5-7 所示。

表 5-7　江苏省经济资源环境效应模拟的 SD 模型参数设置

子系统	因子	方法	计算依据	公式或者数值
人口	人口增长量	趋势法	年人口增长量随时间变化而降低	$(-0.0004x+0.0087)\times$总人口
	城镇人口占比	趋势法	城镇人口占比随时间变化而增长	$0.0175\times(x+1)+0.3957$
	从业人口占比	均值法	每年的从业人口占比变化幅度较小	0.602 7
经济	固定资产投资比例	趋势法	随时间变化不断提高	$0.0198\times(x+1)+0.3269$
	一产从业人员比	回归法	借助简单线性回归模型	$0.4458\times e^{-0.058\times(x+1)}$
	二产从业人员比	回归法	借助简单线性回归模型	$0.0556\times\ln(x+1)+0.2788$
	三产从业人员比	简单算术	一、二、三产业从业人员总数为总劳动力人口	1－（一产从业人员比）－（二产从业人员比）
	固定资产折旧率	常数		0.096
	一产产值	CD 生产函数	利用 CD 函数 $Y=AK^{\alpha}L^{\beta}$，结合最小二乘法计算	$y=e^{0.507741}\times k^{0.550185}\times L^{0.50476}$
	二产产值	CD 生产函数	利用 CD 函数 $Y=AK^{\alpha}L^{\beta}$，结合最小二乘法计算	$y=e^{-6.21594}\times k^{1.64619}\times L^{0.313429}$
	三产产值	CD 生产函数	利用 CD 函数 $Y=AK^{\alpha}L^{\beta}$，结合最小二乘法计算	$y=e^{-4.16479}\times k^{0.864813}\times L^{0.670969}$
	一、二、三产投资系数	均值	各年度平均值	分别为 0.006、0.515 1、0.478 9

（续）

子系统	因子	方法	计算依据	公式或者数值
资源	建设用地年均增长量	均值法	年建设用地增长量变化幅度较小	3.23
	单位一产 GDP 煤耗	回归法	借助简单线性回归模型	$-0.076\times\ln(x+1)+0.4018$
	单位二产 GDP 煤耗	回归法	借助简单线性回归模型	$1.5429\times e^{-0.015\times(x+1)}$
	单位三产 GDP 煤耗	回归法	借助简单线性回归模型	$0.5205\times e^{-0.025\times(x+1)}$
	人均用水量	回归法	借助简单线性回归模型	$(3.5482\times\ln(x+1)+0.2788)/10000$
	单位一产 GDP 耗水	回归法	借助简单线性回归模型	$0.2903\times e^{-0.036\times(x+1)}$
	单位二产 GDP 耗水	回归法	借助简单线性回归模型	$0.0404\times e^{-0.111\times(x+1)}$
	单位三产 GDP 耗水	回归法	借助简单线性回归模型	$0.002\times e^{-0.04\times(x+1)}$
环境	单位 GDP 固废产生量	回归法	借助简单线性回归模型	$0.7124\times e^{-0.0015\times(x+1)}$
	人均生活垃圾产生量	趋势法	人均生活污水随时间变化而增长	$0.0003\times(x+1)^2-0.0023\times(x+1)+0.2143$
	单位 GDP 废气产生量	回归法	借助简单线性回归模型	$0.744\times e^{-0.115\times(x+1)}$
	单位 GDP 污水产生量	回归法	借助简单线性回归模型	$62.926\times e^{-0.121\times(x+1)}$
	人均污水产生量	趋势法	人均生活污水随时间变化而增长	$2.1126\times(x+1)+15.925$
资源环境成本	单位固体废弃物治理投资	常数	马国霞，於方，齐霁，等，2014. 基于绿色投入产出表的环境污染治理成本及影响模拟．地理研究，33（12）：2335-2344.	41.47 万元/万吨
	单位废气治理投资	常数	马国霞，於方，齐霁，等，2014. 基于绿色投入产出表的环境污染治理成本及影响模拟．地理研究，33（12）：2335-2344.	877.06 万元/万吨
	单位废水治理投资	常数	马国霞，於方，齐霁，等，2014. 基于绿色投入产出表的环境污染治理成本及影响模拟．地理研究，33（12）：2335-2344.	2.63 万元/万吨
	吨标准煤成本	常数	市场平均价格	390.35 万元/万吨
	单位水资源成本	常数	甘泓，秦长海，卢琼，等，2011. 水资源耗减成本计算方法［J］. 水利学报，42（1）：40-46.	6.1 万元/万吨
	单位土地资源成本	常数	郑德凤，臧正，孙才志，2014. 改进的生态系统服务价值模型及其在生态经济评价中的应用［J］. 资源科学，36（3）：0584-0593.	1.39 万元

3. 模型检验

选取 2000—2015 年历史数据，借助 VENSIM PLE 软件完成 Reality Check 历史检验，结果显示仿真之和历史值误差不超过 10%，部分主要指标拟合相对误差为 0.1%～6.5%，模型拟合度较高，适用性较强，具有较好的复制模拟能力，能基本实现江苏省资源环境效应的模拟与预测。

二、江苏城镇化进程中经济、资源、环境效应的多情景模拟

为了模拟和预测江苏省未来经济、资源、环境效应变化情况，以 2000 年为基期，以 30 年为模拟时限，以 1 年为仿真步长，选择第一、二、三产业部门投资系数作为控制参数，对不同发展模式进行模拟。

（1）自然演变发展模式

自然演变发展模式即所有参数不变，按照现有的发展趋势进行模拟，结果如图 5－15 所示。

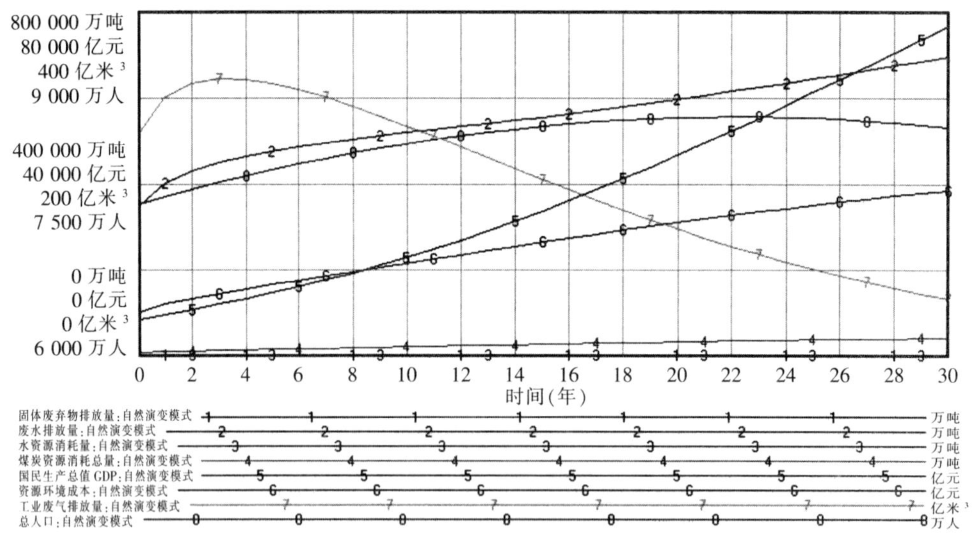

图 5－15　自然演变发展模式

由图 5－15 可以看出，依照目前的人口发展政策，江苏省总体人口变化呈现先增长后降低状态，预计到 2022 年人口总量达到最大值 8 087.39 万人，到 2030 年人口总量下降为 7 990.83 万人，但是人口城镇化率将持续上升，到 2030 年将高达 92.07%；经济发展持续快速增长，国民生产总值 GDP 也指数增长状态，

依照2000年价格水平，2030年末GDP总量达到73 606.1亿元；但是经济的快速发展同样也带来严重的资源环境问题，其中工业固体废弃物排放量增长速度趋于减缓，但是随着人民生活水平的不断提高，生活垃圾产生量呈指数型增长，到2030年末固体废弃物排放总量819.08万吨，工业废气排放量也随着生产技术水平的提高以及环保能力的改善不断减低，2030年降低到71.70亿米^3，工业废水产生量起初有个增长阶段，但是2003年之后也是不断下降，生活污水产生量是不断呈指数型增长，到2030年污水产生总量达到686 191万吨，废弃物的大量产生与排放带来的是巨大的资源环境成本，2008年以前，国内生产总值低于资源环境成本，意味着国内绿色GDP一直处负增长状态，2008年之后才逐渐出现正增长，到2030年资源环境成本将达到37 817.8亿元。从江苏省城镇化进程中的资源环境效应总体变化情况看，呈现“经济较快发展、GDP总量提高、工业污染水平降低、生活污染不断提高、资源环境成本增大”的趋势。

（2）工业发展推动模式

江苏省农村工业化是城镇化的主要推动力量，目前全省的城镇化平均水平已经领先全国。苏南地区工业化作为江苏省的排头兵现在已经开始步入工业化中后期，但是苏中、苏北地区受历史发展进程影响，目前尚处于工业化中期，经济、社会的发展仍然离不开工业化的大力推动。为此，将模拟系统中的第二产业投资系数由原来的0.515 1改为0.650 0，第一产业投资系数保持不变依然为0.006，相应的第三产业投资系数由原来的0.478 9改为0.344 0。模拟结果如图5－16所示。

由模拟结果可以看出，在工业发展推动模式下，经济增长速度反而低于自然演变模式，但是经济的发展所付出的代价就是严重的资源环境问题以及过高的资源环境成本，根据模拟结果到2030年全省国内生产总值GDP为资源环境成本38 513.4亿元，明显高于自然演变模式下的资源环境成本。煤炭资源消耗方面，一产的煤炭消耗量变化不大，三产的煤炭消耗降低，但是二产的煤炭消耗明显增强，由此导致的工业三废均呈较高水平，到2030年全省固体废弃物排放量将达到853.04万吨，废气排放量为67.37亿米^3，废水排放量为697 884万吨。模拟结果说明在目前的经济发展形势下大力推动工业化发展的结果不仅不能带来经济的高速发展，反而会对经济发展、资源利用、环境保护等多方面带来负面影响，单纯地追求工业化带动城镇化的途径就全省而言已经不适合。

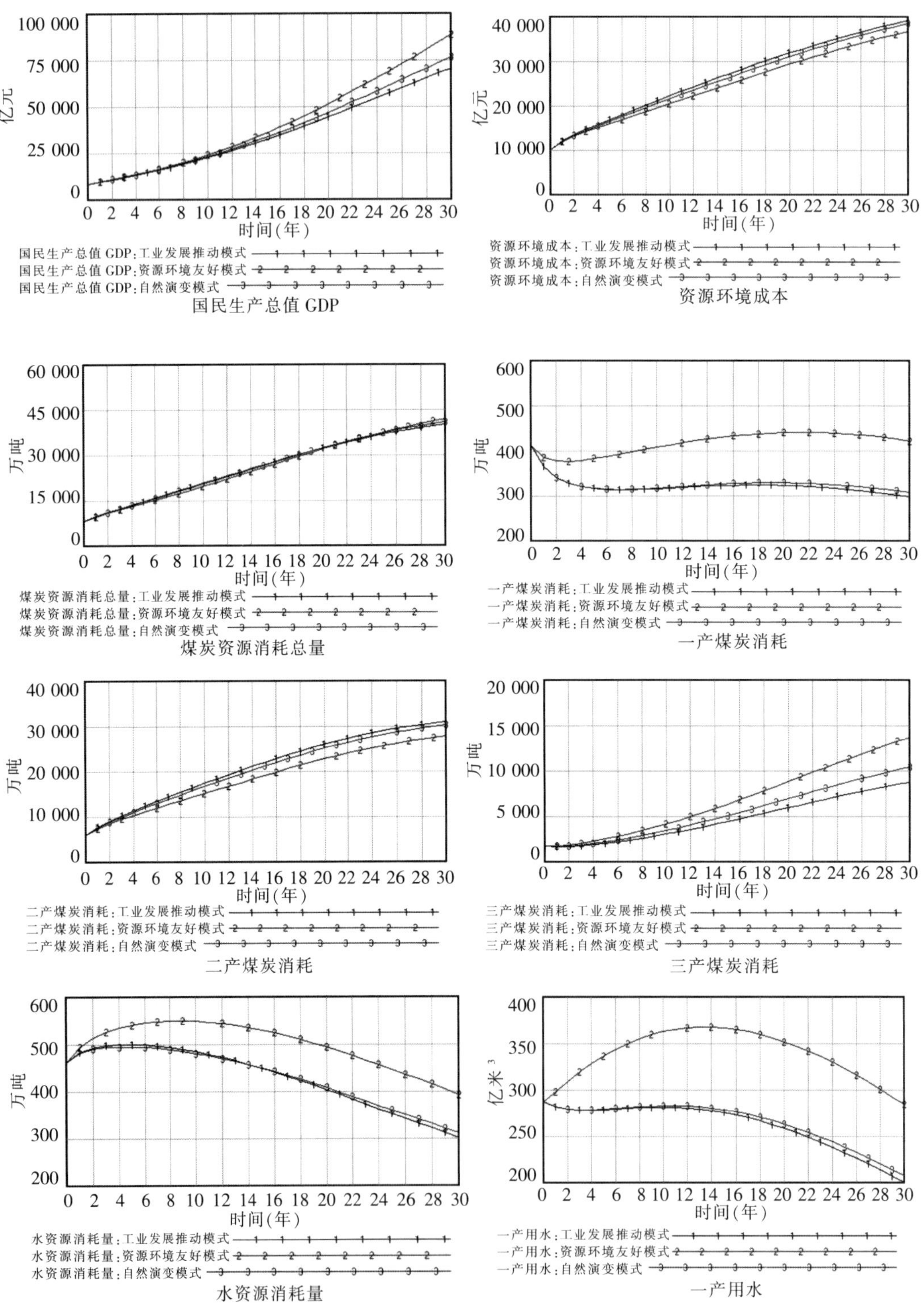
100 000
75 000
50 000
25 000
0
亿元
0 2 4 6 8 10 12 14 16 18 20 22 24 26 28 30
时间(年)
国民生产总值 GDP:工业发展推动模式
国民生产总值 GDP:资源环境友好模式
国民生产总值 GDP:自然演变模式
国民生产总值 GDP
40 000
30 000
20 000
10 000
0
亿元
时间(年)
资源环境成本:工业发展推动模式
资源环境成本:资源环境友好模式
资源环境成本:自然演变模式
资源环境成本
60 000
45 000
30 000
15 000
0
万吨
时间(年)
煤炭资源消耗总量:工业发展推动模式
煤炭资源消耗总量:资源环境友好模式
煤炭资源消耗总量:自然演变模式
煤炭资源消耗总量
600
500
400
300
200
万吨
时间(年)
一产煤炭消耗:工业发展推动模式
一产煤炭消耗:资源环境友好模式
一产煤炭消耗:自然演变模式
一产煤炭消耗
40 000
30 000
20 000
10 000
0
万吨
时间(年)
二产煤炭消耗:工业发展推动模式
二产煤炭消耗:资源环境友好模式
二产煤炭消耗:自然演变模式
二产煤炭消耗
20 000
15 000
10 000
5 000
0
万吨
时间(年)
三产煤炭消耗:工业发展推动模式
三产煤炭消耗:资源环境友好模式
三产煤炭消耗:自然演变模式
三产煤炭消耗
600
500
400
300
200
万吨
时间(年)
水资源消耗量:工业发展推动模式
水资源消耗量:资源环境友好模式
水资源消耗量:自然演变模式
水资源消耗量
400
350
300
250
200
亿米³
时间(年)
一产用水:工业发展推动模式
一产用水:资源环境友好模式
一产用水:自然演变模式
一产用水

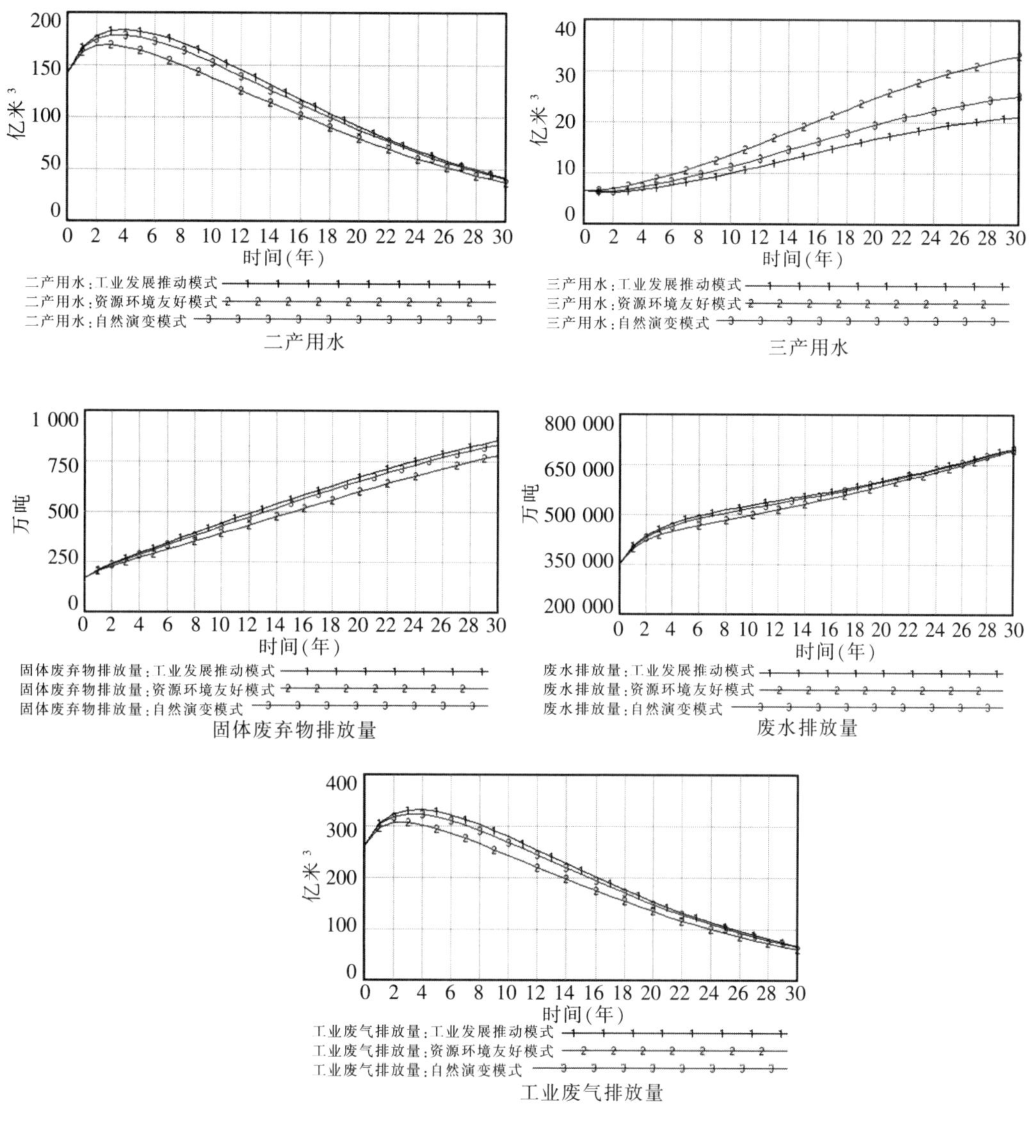

图 5-16　模拟结果

（3）资源环境友好模式

为探求资源环境友好发展模式下的经济、资源、环境效应，将一产投资系数改为 0.01，二产投资系数改为 0.35，三产投资系数改为 0.64，运行模型系统得到结果如图 5-16 所示。

结果显示，在增加一产投资，注重农业发展和土地资源保护，大力发展第三产业的发展模式下，经济发展速度超过以上两种方式，同时所付出的资源环境成本也是最低状态。到2030年全省国内生产总值达到88 543.20亿元，而资源环境成本仅为36 688.10亿元。从煤炭资源、水资源消耗的具体情况看，在这种发展模式下，一产的能源消耗和水资源消耗均有较大提高，原因可能是由于现农业现代化发展导致的机械化投入和水资源投入增加，二产的产业用煤和用水都较大程度的降低，三产的煤炭和水资源消耗有所提高。二产投入的减少，直接导致的是工业三废的排放量降低，由此很大程度上降低了资源环境成本。

三、江苏城镇化进程中经济、资源、环境效应变化的启示

本书通过构建包含人口、经济、资源、环境、资源环境成本等5个子系统的系统动力学模型，设定了自然演变发展模式、工业推动发展模式、资源环境友好发展模式3种情景，进行预测模拟，可以得出如下结论：在自然演化发展模式下，经济发展会保持在一个较高的发展水平上，但是随着经济社会的不断发展，将会出现资源利用及需求量大，环境风险大等问题；在工业化推动发展模式下，表现为经济增长速度不增反减，资源环境问题严重的现象；在资源环境友好发展模式下，经济增长势头较强，能源消耗稍减，但是对水资源的需求量提升较大，表现为较大的水资源压力。

通过对比分析，随着社会发展和技术进步，虽然单位产值下的资源消耗和环境污染物排放量不断降低，但是长远来看，在经济总量上行的情况下江苏的城镇化发展是仍然是一个资源利用量大，环境压力较大的发展过程。而从城市运行及经济发展的动力来看，资源利用规模及环境保护投资强度，均是由一、二、三产业投入及生产总值决定，所以，单纯的强调资源节约利用和加强环保投资是无益的，要解决此问题需要从源头上，也就是说从三次产业投资强度上进行改善。

以往以农村工业化发展作为推动城镇化发展主要动力的发展方式在现行经济发展态势下已经不合时宜，过度的生产性投资不仅不能推动社会经济的快速发展，反而会产生一系列的负面影响。第三产业的发展对目前经济发展情况的推动力已经成为主导动力。在未来城镇化发展进程中，江苏省在整体的水平应加强第三产业投资水平，以此推动经济发展、资源利用、环境保护的和谐可持

续发展。

参考文献

方创琳，王德利，2011. 中国城市化发展质量的综合测度与提升路径［J］. 地理研究，30（11）：1931－1947.

甘泓，秦长海，卢琼，等，2011. 水资源耗减成本计算方法［J］. 水利学报，42（1）：40－46.

郭轲，王立群，2015. 京津冀地区资源环境承载力动态变化及其驱动因子［J］. 应用生态学报，26（12）：3818－3826.

贺晟晨，王远，高倩，等，2009. 城市经济环境协调发展系统动力学模拟［J］. 长江流域资源与环境，18（8）：698－703.

李明秋，郎学彬，2010. 城市化质量的内涵及其评价指标体系的构建［J］. 中国软科学（12）：182－187.

刘承良，颜琪，罗静，2013. 武汉城市圈经济资源环境耦合的系统动力学模拟［J］. 地理研究，32（5）：857－869.

刘晓丽，方创琳，2008. 城市群资源环境承载力研究进展及展望［J］. 地理科学进展，27（5）：35－42.

刘耀彬，陈斐，2007. 中国城市化进程中的资源消耗“尾效”分析［J］. 中国工业经济（11）：48－55.

陆大道，2001. 论区域的最佳结构与最佳发展：提出“点—轴系统”和“T”型结构以来的回顾与分析［J］. 地理学报，56（2）：127－136.

陆大道，2002. 关于“点—轴”空间结构系统的形成机理分析［J］. 地理科学，22（1）：1－6.

吕园，李建伟，2014. 区域城镇化空间演化驱动要素及其机理探析［J］. 北京规划建设（6）：52－56.

马国霞，於方，齐霁，等，2014. 基于绿色投入产出表的环境污染治理成本及影响模拟［J］. 地理研究，33（12）：2335－2344.

潘宜，侣小伟，金苗，等，2010. 城市化进程中水土资源系统耦合配置研究［J］. 水土保持通报，30（5）：216－220.

任志远，马彩虹，2012. 西安市资源环境成本时空差异性分析［J］. 地理学报，67（4）：

444－454.

盛广耀，2009. 城市化模式与资源环境的关系［J］. 城市问题（1）：11－17.

宋艳春，余敦，2014. 鄱阳湖生态经济区资源环境综合承载力评价［J］. 应用生态学报，25（10）：2975－2984.

王家庭，2010. 中国区域经济增长中的土地资源尾效研究［J］. 经济地理，30（12）：2067－2072，2121.

谢高地，张彪，等，2015. 北京城市扩张的资源环境效应［J］. 资源科学，37（6）：1108－1114.

杨青生，黎夏，2007. 珠三角中心镇城市化对区域城市空间结构的影响：基于对 CA 模型的模拟和分析［J］. 人文地理（2）：87－93.

杨宇，刘毅，金凤君，等，2012. 天山北坡城镇化进程中的水土资源效益及其时空分异［J］. 地理研究，31（7）：1185－1198.

叶裕民，2001. 中国城市化质量研究［J］. 政策研究（7）：27－32.

袁晓玲，王霄，何维炜，2008. 对城市化质量的综合评价分析：以陕西省为例［J］. 城市发展研究（2）：38－42.

张军，吴桂英，张吉鹏，2004. 中国省际物质资本存量估算：1952—2000［J］. 经济研究（18）：35－44.

张腾飞，杨俊，盛鹏飞，等，2016. 城镇化对中国碳排放的影响及作用渠道［J］. 中国人口资源与环境，26（2）：47－57.

郑德凤，臧正，孙才志，2014. 改进的生态系统服务价值模型及其在生态经济评价中的应用［J］. 资源科学，36（3）：0584－0593.

郑德凤，臧正，赵良仕，等，2014. 中国省际资源环境成本及生态负荷强度的时空演变分析［J］. 地理科学，34（6）：672－680.

周健，2009. 中国农村剩余劳动力的界定与估算方法研究［J］. 社会科学实践（8）：113－119.

Montgomery M R，2008. The urban transformation of the developing world［J］. Science，319（5864）：761－764.

Nordhaus W D，1992. Lethal model 2：The limits to growth revised［J］. Brookings Papers on Economic Activity（2）.

Paul A S，2003. Bring on germen costing accounting［J］. Strategic Finance（6）：

23－36.

United Nations，2003. Integrated environmental and economic accounting 2003：final draft［R］. New York：UN.

第六章 <<<

2016 江苏农村土地市场发展状况

第一节 导 论

一、总体背景

土地要素的合理流转、有效配置是推进城乡一体化，促进土地资源配置效率改善和“三农”问题解决的必要途径，农村土地市场对推进中国城乡统筹发展具有重要意义。相对于发育较为健全的城市土地市场，农村土地市场发育滞后，市场机制不够健全。市场这只“无形的手”在资源配置中发挥着决定性作用，农村集体土地只有发挥市场机制的作用，才能体现土地价值，提高土地使用效率，也才能体现城乡土地产权的平等地位，才能促进城乡要素的合理有序流动，促进农村经济发展和保障粮食安全，增加农民土地财产性收入，确保广大农民分享城镇化、工业化的发展成果。建立健全农村土地市场具有十分重要的学术理论价值，能够促进社会主义市场体系的完善，也有助于我国土地市场体系的建设。

中共十八届三中全会对农村土地制度改革进行了全面、整体、系统的部署。为落实全会精神，2015 年中共中央办公厅、国务院办公厅印发了《关于农村土地征收、集体经营性建设用地入市、宅基地制度改革试点工作的意见》（中办发〔2014〕71 号），决定在全国选取部分县（市、区）行政区域进行试点。在全面深化改革的政策背景下，农村土地市场呈现出了一些新的发展特征，2016 年 10 月中办、国办出台了《关于完善农村土地所有权承包权经营权分置办法的意见》（中办发〔2016〕67 号），地方政府面临着如何在前期实践的基础上，提高权利主体的获得感的问题。在集体经营性建设用地市场方面，各地积极探索明确入市主体和入市途径、规范产权管理、建立健全市场交易规则和培育市场中介组织；在宅基地制度改革方面，试点地区稳步推进宅基地有偿使用、有偿退出和农房抵押贷款等改革工作；在征地制度改革方面，各地在缩小土地征收范围、规范土地征收程序、建立多元保障机制等方面进行了许多有益的尝试。

本章对江苏农村承包地流转市场、集体经营性建设用地市场、宅基地有偿使用与流转市场、农村土地征收补偿市场机制等方面开展专题分析，有助于准确把握江苏农村土地市场发展的特征和规律，及时发现农村土地市场运行过程中存在的问题，并为农村土地市场的进一步发育和完善提供科学合理的政策建议。由于江苏农村土地市场在经济发达地区中具有一定的代表性，对其发育、完善和制度改革中积累的经验进行深入分析和凝练，可以为中央改革决策提供可复制、可推广的实践样本，为科学立法和修改完善相关法律法规政策提供有力支撑。

江苏目前社会经济发展总体处于新型城镇化、工业化、信息化、农业现代化"四化"加速发展的关键时期，也是推进"聚力创新、聚焦富民、高水平全面建成小康社会"新江苏的关键时期，如何在农村地区"聚力创新，聚焦富民"是一个值得深入研究的现实课题。

二、主要内容

1. 江苏农村承包地流转市场

顺应农民保留土地承包权、流转土地经营权的意愿，将土地承包经营权分为承包权和经营权，实行"三权"分置，是继家庭联产承包责任制后农村改革的又一重大制度创新。最新数据显示，全国土地流转面积占承包地面积的比例为33%左右，江苏省作为东部发达省份之一，其流转速度较快，流转率已经达到67%，远高于全国水平，但是农村承包地流转市场发展水平在省内不同区域间却存在着较大差距，且存在流转方式单一、中介服务组织缺乏、流转租金形成机制不合理等问题，严重制约了承包地流转规模和水平的进一步提高。本研究重点对农村承包地流转的形式、规模、租金水平、年限、规模、主体等内容进行深入分析，对流转中农民权益保护、非粮化、非农化等问题开展专题研究，然后运用供给、需求、交易成本等理论对江苏省承包地流转现状及存在问题进行分析，最后在借鉴国内外经验的基础上，提出促进承包地流转市场完善和规范运行的对策建议。

2. 江苏集体经营性建设用地市场

农村集体经营性建设用地，是指具有生产经营性质的农村建设用地，包括农村集体经济组织使用乡（镇）土地利用总体规划确定的建设用地兴办企业或者与其他单位、个人以土地使用权入股、联营等形式共同举办企业、商业所使用的农村集体建设用地，如过去的乡镇企业和招商引资用地。中共中央十八届三中全会明确提出，在符合规划和用途管制前提下，允许农村集体经营性建设用地出让、租赁、入股，实行与国有土地同等入市、同权同价。2015 年，中共中央办公厅和国务院办公厅联合印发了《关于农村土地征收、集体经营性建设用地入市、宅基地制度改革试点工作的意见》，表明集体经营性建设用地入市改革进入了新的阶段。本研究着重对集体经营性土地资产的租赁、作价入股、出让、抵押等进行调查研究，围绕集体经营性建设用地确权登记、流转方式、流转价格、流转收益分配等内容，深入剖析集体土地资产经营性和财产性收入的主要特征和问题，并提出有针对性的制度安排建议。

3. 江苏农村宅基地有偿使用与流转市场

现行宅基地制度具有一定的福利性质，客观上起到了保障农民基本居住权利和维护社会稳定的作用，但这一制度所具有的身份性、无偿性、流转受限性等特征也引发了宅基地闲置、超标准占用、宅基地财产权利难以实现等一系列问题。宅基地市场机制的引入有助于相关问题的解决。本研究对宅基地有偿使用机制以及村民主导模式、政府主导模式下的宅基地流转进行深入分析，进而根据产权理论和法学理论等对农村宅基地制度运行现状及存在的问题进行探讨，并在借鉴国内外经验的基础上，提出促进农村宅基地有偿使用与流转的对策建议。

4. 江苏农村土地征收补偿市场

江苏省近年来虽不断提高征地补偿标准，但仍与市场价格存在很大的差距。如果再考虑到土地兼具社会保障的功能，当前的征地补偿标准与补偿方式无法保障农民的长期权益。如何提高征收补偿标准，完善征地程序，确定合理的土地征收补偿价格是我们必须考虑的问题。本部分重点围绕征地数量、规模、方式及征地补偿价格、失地农民安置、征地收益分配等展开调查，对征地补偿价格的市场化、土地增值收益的分配机制等进行专题分析。运用调查问卷与案例分析相结合的方法，发现江苏农村土地征收补偿市场的规律及存在的问题，并提出相应的对策建议。

三、研究区域选择与研究方法

（一）研究区域选择

依据研究内容，在江苏省范围内选择典型地区进行调查研究。农村承包地流转市场方面，按照分层抽样的方法，将江苏省分为苏北、苏中、苏南三个区域，每个区域选择2～4个典型代表城市进行研究，其中，苏北选择淮安、盐城、宿迁、连云港和徐州，苏中选择泰州、扬州、南通，苏南选择镇江、南京和常州、苏州和无锡；集体经营性建设用地方面，由于江苏省集体经营性建设用地流转主要发生在经济发达的苏南地区，所以选取了常州武进、苏州昆山以及无锡宜兴开展实证分析，其中，武进区是全省唯一的农村土地制度改革试点地区，集体经营性建设用地入市流转具有合法条件，而苏州昆山和无锡宜兴是集体经营性建设用地入市流转的两个典型地区；农村宅基地有偿使用与流转市场方面，选取常州市武进区和南京市作为调研地区，其中，常州市武进区被列入全国农村宅基地制度改革试点，该地区有利于宅基地区位竞价、有偿使用方面的调查研究，而南京市近年来在农村土地综合整治、增减挂钩工作中出现了较大规模的农村宅基地流转，可进行政府主导模式宅基地流转方面的调研；农村征地市场方面，依据《江苏省征地补偿和被征地农民社会保障办法》（省政府令第93号），江苏省根据经济发展水平和土地价值划分了四类地区，各地区执行相应的土地征收补偿标准，考虑到不同地区在土地征收补偿方面的具体差异，研究亦按照分层抽样原则，在四类地区分别选择典型区域开展调查研究。研究调查区域的选择及空间分布具体见图6-1。

（二）研究方法

1. 数据收集与分析方法

在江苏省农村土地市场发展情况调研中，运用了文献研究法以及实证研究中常用的问卷和访谈法，其中，问卷设计遵循由上到下层层包含的原则，这样既可

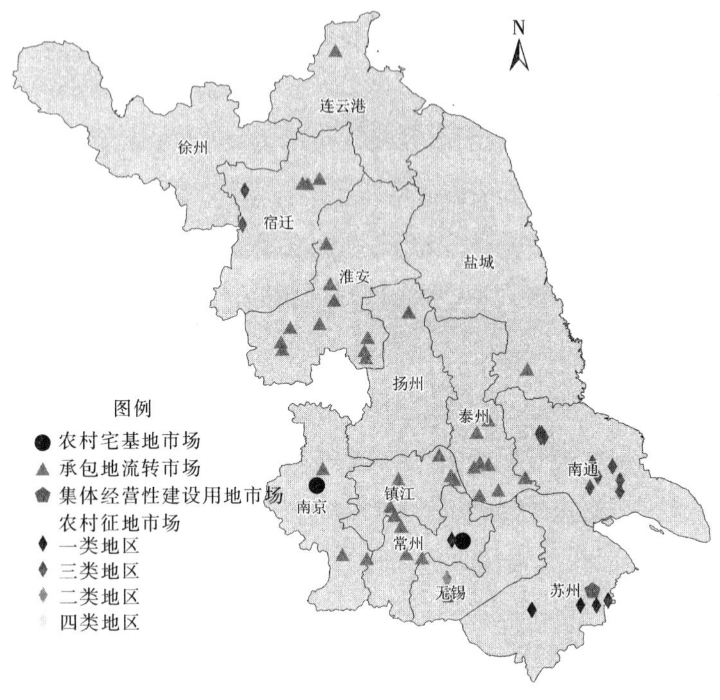

图 6－1　研究调查地点空间分布

以对区域整体层面进行宏观的把握，同时也保障了对基层各区域具体情况进行微观的掌握，操作性和科学性强。访谈法主要是采用结构式访谈，即与省、市、县（区）、乡镇、村、农户等不同层级的农村土地市场主体展开访谈交流。此外，研究过程还使用社会科学研究中的其他一些研究方法，如现场观察法、典型个案研究法、描述性统计分析法、经济计量分析法等。研究采用面上数据搜集和典型个案研究相结合，力求点面结合呈现江苏农村土地市场建设与发展情况。

2. 数据建库方法

研究中尝试利用大数据、移动终端（APP）等技术，设计江苏农村土地市场数据库及其管理系统“社科云集”平台，实现相关数据的统一生产、存放、管理和发布等功能，支持数据的可视化分析，提升发展报告研究成果的影响力。利用云端大数据中心，存放江苏农村土地市场观测点和野外研究基地的相关数据资料、研究成果，包含文本、图片、视频等，研究成果数据包含相关专题的政策文件、个人研究日志以及发展报告文本、决策要参建议、研究动态等；利用农村土地市场社会调查系统（APP），与百度地图平台融合实现可视化调查，通过自动定位问卷调查与案例访谈，完成江苏农村土地市场观测点和野外研究基地信息收集整理；利用农村土地市场可视化分析系统，基于观测点、研究基地，对样本调查等结构化数据进行图表等统计分析，对于农村土地市场相关的交易形式、交易价格、交易面积、交易主体、收益分配、地理区位等基本数据进行发布，对于农村承包地流转、集体经营性建设用地、农村宅基地有偿使用与流转、农村土地征收补偿市场等专题的研究果进行可视化展示分析。

第二节　江苏承包地市场调研与分析

一、数据来源

（一）问卷设计

本部分主要是在调研的基础上，利用样本数据，分析苏北、苏中、苏南不同经济发展水平地区承包地流转基本情况，以总结现阶段农村承包地流转的特点以及不同经济发展地区农地流转行为的差异性。问卷设计主要包含 5 个方面的内容：农地经营主体的基本情况、土地流转情况、土地经营情况、农地流转中介组织情况、农地产权认知情况。分别从农户、村、乡镇、县（区、市）和市级等层面收集数据，以期把农村承包地市场的研究置于更具体、更确切、更扎实的基础之上。

（二）样本选择与调研方式

样本选择在定点到市的基础上，根据经济发展水平以及农村承包地流转情况在市级层面上抽取 1～3 个数量不等的县，在县级层面上抽取 1～3 个数量不等的镇，然后每个县选择 1～3 个重点镇进行研究，对于农户的抽取按照每个村 5 个农户，同时遵循普通农户和其他类型的经营主体各占一半的原则进行随机选择。调研采取采访式入户调查和座谈的方式进行，样本区域和调研方式的选择有效保障了调研数据的真实性和有效性。本次调研地点覆盖到全省 13 个地级市；区县共抽取 15 个，苏北 5 个、苏中 4 个、苏南 6 个；乡镇共抽取 34 个，苏北 15 个、苏中 9 个、苏南 10 个。

二、问卷调查的统计分析

（一）承包地流转经营主体

表 6－1 是以县一级调研数据统计的参与农村承包地流转主体情况，可以看出参与流转主体总体呈现多样性的特点，除普通农户之外，越来越多的专业合作社、家庭农场、股份合作社以及农业企业都加入到了流转的行列中。一方面可能是因为国家出台的发展现代农业利好政策的促使和激励，另一方面可能是因为农业科学技术的提高，农业机械化的推广等内在因素使得承租者发展农业种植、开展规模化经营的预期收益高于预期成本。此外，我们也可以观察到：流转后经营主体中虽然普通农户仍然占一定比例，但是专业合作社、家庭农场等越来越成为参与流转主体的重要构成，并且农业企业在个别地区也占有一定的比例；从区域来看，苏南各种参与主体所占比例较苏北和苏中要均衡，说明经济越发达地区，农村承包地流转市场发展就越完善，相应的参与流转的主体类型就越丰富。

表 6－1　承包地流转经营主体

单位：%

地区		普通农户面积占比	专业合作社面积占比	家庭农场面积占比	股份合作社面积占比	农业企业面积占比
苏北	洪泽	7.90	52.37	37.01	2.72	0.00
	金湖	18.77	39.37	38.34	1.39	2.13
	盱眙	12.05	35.37	49.71	2.87	0.00
	淮阴	27.32	42.80	26.95	2.68	0.25
	沭阳	20.19	38.10	27.19	9.27	5.25
苏中	靖江	6.10	45.88	43.75	0.00	4.27
	泰兴	15.44	34.11	38.74	4.50	7.21
苏南	溧水	15.49	33.07	43.04	5.25	3.15
	丹徒	16.05	25.19	29.62	23.46	5.68
	扬中	26.72	40.71	22.39	6.36	3.82

（二）农村承包地流转方式

表 6－2 是以县一级调研数据统计的农村承包地流转方式选择情况，由该表

可知，首先，无论是从区域还是区县层面来看，出租和转包均是最常见、最普遍的流转方式，转让、入股、互换、继承四种方式所占比重均较低，不存在买卖的情况。出租和转包两种方式最为普遍的原因是，出租主要是农户和用地单位之间进行，农户通过自愿将全部或者部分土地使用权出租给承租方，承租方给出租方固定收益的流转方式，它在增加农民财产性收入的同时，有利于促进当地经济的发展、产业推进、规模经营，因为承租方多为企业、种养殖大户和单位公司（赵丙奇，2011）；转包通常是指土地承包方将全部或者部分承包地的使用权包给第三方，转包行为由承包方自主决定，不必经发包方同意，只需向发包方备案，原承包方与发包方的承包关系不变，转包期限届满后，原承包方仍享有该土地的承包经营权；转让则不同，转让应当经发包方同意，转让后，原承包方在该土地上的承包经营权终止，由受让方与发包方重新签订土地承包合同，从转让之日起，原承包方不再享有该转让土地的承包经营权。这两种流转方式限制条件的不同客观上也增加了人们对转包方式的偏好。此外，转包方多是已经转移到非农产业的人员，他们往往不以农为生，这种方式有利于转出方拥有更充足的时间和精力从事其他活动，增加财产性收入。这两种方式与工业化、城镇化的推进，非农就业机会增加，农村剩余劳动力的转移有很大的关系。其次，地区内部之间存在着明显的差异，主要表现在出租和转包的所占比例上，主要原因是同一市域不同县域之间由于经济发展水平存在着较大差距，因而流转方式也会产生差异。

表 6－2　承包地流转方式

单位：%

地区		出租	转包	转让	入股	买卖	互换	继承	其他
苏北	盱眙	33.57	38.18	0.72	3.29	0.00	1.91	0.00	22.33
	金湖	18.75	73.90	3.28	3.75	0.00	0.32	0.00	0.00
	洪泽	87.76	8.00	0.56	0.97	0.00	2.71	0.00	0.00
	沭阳	67.42	15.63	2.45	10.10	0.00	2.84	0.00	1.57
	赣榆	46.65	51.19	0.00	0.00	0.00	0.00	0.00	2.16
苏中	泰兴	80.79	13.99	0.00	0.00	0.00	0.00	0.00	5.22
	靖江	81.35	13.29	0.00	0.25	0.00	0.00	0.00	5.11
	姜堰	85.01	11.00	0.00	3.99	0.00	0.00	0.00	0.00

（续）

地区		出租	转包	转让	入股	买卖	互换	继承	其他
苏南	扬中	84.46	14.13	0.00	1.41	0.00	0.00	0.00	0.00
	丹徒	80.53	16.02	0.00	0.08	0.00	3.36	0.00	0.00
	溧水	37.51	43.33	2.07	14.79	0.00	2.29	0.00	0.00

（三）农村承包地流转租金

从调查来看，苏南、苏北和苏中的承包流转租金区域差异并不明显，因此，这里依据乡镇调研数据的统计情况，对全省的租金水平进行分析。由于租金区间分布在苏南、苏北、苏中地域之间差异不明显，所以这部分选择的是 34 个镇层面上的调研数据，主要分析以调研区域为代表的江苏地区的承包地流转租金水平（表 6－3）。可知租金区间在 800～900 元占比最高，为 38.24%，租金区间在 700～800 元，以及 900～1 000 元的次之，占比分别为 29.41%和 11.65%；其次为 600～700 元，占比为 8.82%，最后为租金低于 600 元和高于 1 000 元占比均为 5.89%。江苏省的承包地流转租金总体水平较高，原因可能是，一方面，江苏省位于温带季风气候、亚热带季风气候区，自然条件好，同时地势平坦，农业科技水平高，有利于规模化、机械化耕作，承包地流转的需求大，农户的预期流转价高；另一方面，由表 6－2 可知承包地参与流转的主体日益多元化，各主体之间相互竞争会在一定程度上抬高租金水平，同时新型经营主体在信息化、经营能力、农业科学技术等方面均有一定的优势，也会更愿意以较高的租金水平获得土地。此外，地区之间租金差异较大的特征也很明显，在调研中我们发现，有些地区农地流转租金低至每年 300～400 元/亩，而个别地区流转租金高达 1 000 元/亩以上，这一现象在各地均有发生。事实上，土地流转租金数额的大小，除受土地本身的肥沃程度、区位等因素影响外，还与转入农地的经营主体的土地经营能力和市场占有能力强弱有很大的关系（卞琦娟，2011）。

表 6－3　承包地流转租金

租金区间	样本数	比例/%
(0，600)	2	5.89
(600，700)	3	8.82

（续）

租金区间	样本数	比例/%
(700, 800)	10	29.41
(800, 900)	13	38.24
(900, 1 000)	4	11.75
(1 000, 1 100)	2	5.89
合计	34	100

表 6-4 是依据县一级调研数据统计，农户自发和政府参与两种情况下的流转租金的差异，由表可知，从苏北、苏中、苏南三大地域来看，租金水平没有明显的差别，但是整体租金水平普遍偏高，这也印证了表 6-3 得出的结论。但是通过比较农户和政府参与下流转租金水平，可以发现两者在数额上存在着较大差异，政府参与流转租金普遍比农户自发流转情况下要高，原因是，随着政府由管理型向服务型的转变，在农地流转中政府越来越多、越来越好地履行了自己的服务职能，积极开展土地流转确权登记、土地评估、信息发布、政策咨询、协调流转价格、调解流转矛盾纠纷等服务，使土地从零星流转扩大到规模流转，从自发性流转为规范性流转，从而使得农户对流转市场供求关系有了更好的把握，对自己的土地流转价格有更清晰、更准确和更高的预期。但是，注意到丹徒区农户自发流转租金较政府参与流转租金要高，这是因为原农户市场化水平较高，对承包地流转市场供求关系把握较为准确，谈价议价能力较强，同时省去了政府参与土地流转过程中所耗费的成本，因此租金较高。

表 6-4　农户自发和政府参与下承包地流转租金差异

单位：元/亩

地区		区县	农户自发	政府参与
苏北	淮安	盱眙	712.5	800
		洪泽	875	940
		金湖	833	877
	连云港	赣榆	750	750
苏中	泰州	泰兴	1 000	1 050
		姜堰	950	966
		靖江	750	800
	扬州	宝应	850	875

（续）

地区		区县	农户自发	政府参与
苏南	镇江	丹徒	450	420
		扬中	916	930
	南京	溧水	850	870
	常州	金坛	750	800

（四）承包地流转合同安排

农地流转合同既反映了农户流转农地行为的约束方式，又反映了农地使用权流转的契约化程度，是保障流转双方利益的重要凭证。调研发现，江苏省承包地流转过程中的签约率很高，占到 93.75%，未签订合同即通过口头协定进行承包地流转的占到 6.25%，说明江苏省农地流转过程中契约化和规范化程度高，农户的法律意识、规则意识以及对维护自身权益的积极性不断提高。可能有两方面原因：一是在江苏省的土地流转中，政府以及村委会参与流转占较大比重，继而使得农户在土地流转中的话语权更强，与承租人在流转过程中谈判能力更强，规范程度更高；二是因为口头协议具有很大的弊端和风险，双方的权益都无法受到法律的保护。此外，调查还发现在签订的合同中，合同是否进行公正存在着较大差别，仅有 43.75%的合同进行了公正，高达 56.25%的签订合同没有进行公正，这使得处于相对弱势地位的农户，可能面临着权益被侵害的风险。

（五）承包地流转期限

流转期限表面上反映的是流转时间的长短，实际上却能够反映出普通农户对土地依赖程度、承租人对土地进行长期投资的可能性等深层次的问题。调研发现，各区域内部城市市级层面承包地流转期限差异不大，但是从三大区域整体层面上来看，流转期限存在着较大差异，大致分布在 5～12 年，苏北地区平均为 5.75 年，苏中地区为 8.5 年，苏南地区为 10.67 年，即经济发展水平越高，流转期限倾向越长，反之越短，原因是地区经济发展水平越高，第二、三产业越发达，非农就业机会就越多，进而农户对土地的依赖度就越低；另一方面，经济发达地区农业种植结构较经济欠发达地区有较大的差异，发达地区流转土地中有一定比重用于种植果树、茶叶、蔬菜等，这些经营的共同点是前期投入比较大，生产周期较长，承租人在土地上投入的成本需要经过较长时间才能收回。

三、孝化村的案例分析

（一）案例村庄地理、经济概况

孝化村位于江苏省J市新桥镇的西南方向，沿江高等级公路穿村而过，水路交通便利，地理位置优越。村域面积4.5公里^2，其中耕地面积2 334亩，共有18个村民小组，748户，总人口2 768人。2008年初，孝化村坚持以基层党建的改革创新为龙头，在全市率先实施“村企合一”党建模式，并按照“合心、合力、合赢”的总体思路，统筹推进经济社会各项事业，走出了一条以工哺农、强村固企的新路，实现了农业提质增效，农民持续增收，农村快速发展的目标。

表6－5　孝化村2007—2014年经济发展相关指标

年度	完成经济总量	上缴国家利税	村集体收入	村民人均收入
2007	6亿	2 500万元	66万元	8 000元
2008	12亿	6 500万元	450万元	1.50万元
2009	20.3亿	1.12亿	802万元	1.68万元
2010	26.1亿	1.32亿	1 126万元	1.86万元
2011	30.2亿	1.3亿	1 166万元	2.08万元
2012	30.26亿	1.14亿	1 186万元	2.36万元
2013	30.284亿	1.15亿	1 068万元	2.60万元
2014	30.18亿	9 300万元	960万元	2.66万元

（二）研究方法与过程

根据调研内容需求本次研究方法主要是参与式观察和访谈，访谈方法使用半结构式访谈，采取循序渐进的方式，访谈对象选择为当地镇政府官员、村委会干部、村民、及承包大户，访谈内容从客观事实到主观认知，主要包括村庄农地规模流转的模式、过程、流转后农地承包经营情况、镇政府官员以及村干部对农地规模流转的意见和评价等，然后通过对访谈内容和相关资料（地方志、各地红头文件、统计数据等）分析，总结村委会参与农地规模流转的行为选择及特征表现。

（三）孝化村委会主导农地规模流转的行为表现

孝化村土地流转模式分为两个阶段：第一阶段，村委会自营阶段，第二阶段即返租倒包，总体来说就是由村委会主导整村流转，动员农民将土地流转到村集体，全部的农地短期内由村集体独自经营，随后倒包给他人，而孝化村土地流转中村委会的行为选择主要体现在前期流转和后期经营管理两个方面。

1. 前期流转行为表现：村委会以高额租金积极动员农户流转土地

通过村委会组织动员小组宣传土地流转工作，大部分农户参与土地集中流转的意愿较强。一方面，因为务工收入要高于务农收入，所以耕种意愿弱；另一方面参与土地流转可以分享到流转收益；而对于流转意愿不强的农户，村干部通过劝说、算经济账等方式鼓励农户流转土地。村委会与农户签订的流转合同期限从2010—2027 年，流转租金按承包面积计算，粮食作物用地租金 950 元/亩是依据物价水平和农户协商确定，租金调整按照合同规定：五年之内，若物价上涨超过5%，那么租金每年上涨 50 元/亩。土地流转后，考虑到区域发展规划，部分农地已改变原有用途，租金也做了如下调整：

表 6－6　土地流转面积和租金

单位：亩，元/亩

用途	农用地		建设用地	
	粮食作物用地	经济作物用地	建房用地	人工湖用地
面积	1 200	80	200	200
租金	950	1 200	1 350	1 350

除了以高额流转租金吸引农户流转土地外，村委会和镇政府还提供其他福利保障，村委会提供的福利主要包括四个方面：①村委会每年给户籍在本村的农民上缴意外保险 150 元；②若本村农户有红白喜事的，村委会支出 500 元作为慰问金或者份子钱；③对于村内老龄人，村委会给予老龄补贴；④每年的春节村委会给每户分发 10 斤米、5 斤油还有一些蔬菜，总价值约 200 元。镇政府提供福利主要是失地保险和种粮补贴，失地保险是在村民迁移至集中居住区后方可办理，

但由于目前居民尚未全部集中，所以失地保险暂时并未实行；种粮补贴仍归原农户，2015年是138元/亩。

2. 后期经营管理行为表现：村干部负责经营

2010年孝化村完成整村流转，土地全部集中到村集体，由于流转市场中介缺乏，短期内土地无法全部发包出去，于是村委会组织老村干、生产队长共12人成立了农业公司，承包所有农户土地进行自营。农民土地在村委会经营管理的两年间，孝化村土地经营基本呈亏损状态，但并非是土地种植方面的亏损，而是来自支付老村干、生产队长等“核心”管理者的高工资压力，每人每年按4万元发放，两年内村集体就支付约100万元，相当于每亩地亏损100元左右。2012年村委会决定改变土地的经营管理模式，将农民的土地带有强制性地流转给村干部王某，村委会与王某签订流转合同，承包期限为2012年至2019年，此后，王某申请注册了润鑫家庭农场，在其经营土地后的一两年间都是处于亏损状态，村委会每年承担约50万元的经济损失。

四、江苏农村承包地流转市场的主要特征

1. 农村承包地流转形式呈现多样化，转包和出租成为主要形式

通过对本次调研数据分析得出，江苏省在承包地流转的过程中转包、出租、入股、互换等多种流转方式均有出现，但是出租和转包在现行的农村承包地流转中位于主要地位，分别占到63.89%和27.15%，说明工业化、城镇化推进的过程中，承包地流转虽然方式越来越多元化，但是出租、转包作为主要的流转方式仍未有根本性的变化，流转方式还是相对单一，应该进一步完善政策措施，推进

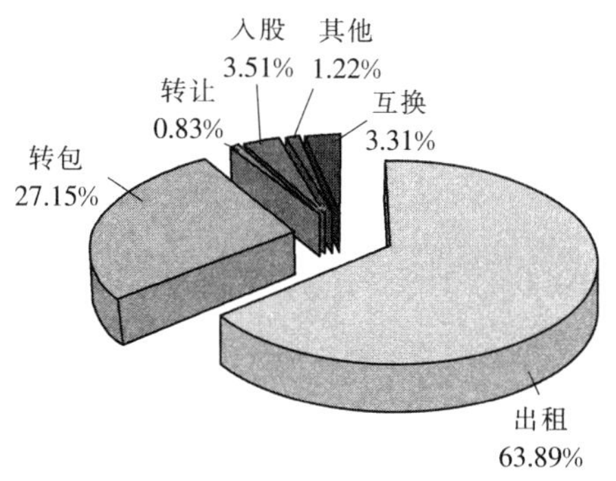

图6-2　江苏省承包地流转方式比例

多种承包地流转方式运行。

2. 流转速度加快，流转比例不断扩大

江苏省作为我国东部经济发达省份，第二、三产业发达，对于农业转移动力具有很强的吸纳能力，为农业富余劳动力非农就业提供了相对充裕的岗位，近年来流转速度不断加快；其次，江苏省光热条件好，地势平坦，土壤肥沃，农业机械化水平及科技对农业的贡献率较高，对解放农村剩余劳动力具有重要的推动作用，并可为承包地的大规模流转提供较为充足的供给；最后，江苏作为我国发展现代农业的重要示范省份，政府对于促进土地适度集中、适度规模经营，从而实现规模经济，提高农业国际竞争力提供了诸多优惠政策，这为承包地大规模流转、规模经营提供了坚实政策支持和保障。

3. 流转期限较长且地区之间差异性较明显

调研发现江苏省承包地流转的期限较长，江苏省三大地域间虽然流转期限有较大差别，但是流转时间都较长，这说明随着社会主义市场经济的快速发展，非农就业水平的提高，农村居民的非农收入在不断地增加，以及我国社会保障制度日益健全和完善，在经济发展水平较高的地区土地作为最基本生活保障的作用正在逐步弱化，农民对于土地的依赖程度也在不断减弱。此外地区间流转期限存在较大差别，说明了地区经济发展水平是决定流转期限的重要因素，经济发展水平越高，农民在经济发展中的获得感越强，在经济发展中分享的发展成果越多，农民就会对未来产生较好的预期，减少土地流转的后顾之忧，于是就会相对延长流转期限。

4. 流转多签订合同，规范化程度提高

与以往农地流转主要在村集体内部成员之间进行不同，调研发现江苏省流转土地转入方越来越呈现外部化的特点，外部而来的农业企业、家庭农场、专业合作社等经营主体所占比重逐步提高。转入方由内部向外部的转变就要求合同签订形式相应作出改变，口头协议的方式日益被正规合同所替代，流转日益走向正规化、规范化和契约化。根据调研数据分析，江苏省在土地流转中，合同签订率占到 90%以上，口头协议的方式占比不断降低，这不但有效保障了土地流转双方的权益，同时对于促进农村承包地流转日益走向契约化和规范化具有重要的意义。

5. 承包地流转租金总体高，且地区之间差别较大

江苏省整体租金水平较周边地区高，已是不争的事实，近几年随着中央层面以及地方政府层面促进农地流转、发展农业规模经营等措施的出台，工商资本、农业企业等竞相下乡，希望借国家政策的东风，在发展农业经营方面获得可观的经济收益，这在一定程度上推动了承包地流转市场需求量急剧增加，而江苏省人多地少，耕地自然供给有限，导致了供不应求矛盾的出现，进而在一定程度上抬高了流转租金水平；此外，流转经营主体的种植类型也是影响租金水平的重要原因，流转土地种植蔬菜、花卉、等的租金客观上要比种粮高。地区之间差别大，不仅是江苏的显著特点，在全国范围来看也同样如此，影响租金形成的因素是多重的，除了与供求关系、土壤肥力等因素关系密切，同时也受区位、交通、基础设施等因素的影响，而这些因素不同地区差别较大，这也客观上加大了地区租金差距。

6. 非粮化值得关注

土地流转后用途是上至中央、下至基层政府都高度关注的一个问题，中国人的饭碗必须牢牢端在自己的手里，保障我国的粮食安全，维护耕地数量是基础也是最基本的要求。通过调查发现，江苏省土地流转后经营结构呈现多元化的特征，虽然大部分流转土地仍以种植粮食作物为主，但是改变种粮用途进行养殖、种植果树、花卉、蔬菜等也占有一定的比重，且苏南地区，土地流转后改变土地用途，进行非粮食生产的现象较苏北和苏中明显。

五、江苏农村承包地流转市场的主要问题

1. 农村承包比流转市场发育不完善，中介组织缺乏

目前江苏省的承包地经营权流转已经逐步由本集体经济组织内部成员之间向农业企业、家庭农场等外部主体转变，参与流转主体多元化和外部化。而土地承包经营权在新型农业主体之间进行流转时往往比较复杂，涉及估价、谈判、签约、登记、纠纷处理等多个方面，需要中介组织提供这些方面的服务，以提高流转效率和效益。但从目前形势看，大部分农村地区都存在着规范统一的土地承包经营权流转市场尚未建立，土地流转的社会中介组织极为匮乏，土地流转交易平台缺失，土地供需信息网络平台尚未形成等问题，这造成了流转供给和需求之间

的错位，影响了农地的流转效率。

2. 基层政府职能定位不当，土地流转间接成本较高

理论上讲，农户是土地承包经营权的拥有者，土地流转应以农户为主。由于与分散农户打交道的交易成本较高，欲投资农业的工商资本一般委托基层政府或村组织代理，由此形成了政府主导农地流转的格局。在调研中我们发现基层政府介入土地流转，虽可提供诸多服务，保障农户收益，但若经办人员思想认识不到位，工作方法不得当，极易产生一些负面效果。例如，越俎代庖，直接充当土地流转的主体；以行政手段强行推动，违背部分农民的意愿，侵害农民利益；甚至有的地方将流转的土地用于非农项目建设等，政府行为的“越位”“错位”严重影响了流转的公平性和效率。

3. 承包地流转价格形成机制不合理，流转需求相对不足

调研发现，江苏目前大部分农村承包地流转价格是集体组织或农民个人根据周边地区价格与交易方协商，双方达成的协议价格，这种价格形成机制，缺乏地价评估与管理监督制度，致使江苏省土地流转价格普遍较高，流转主体要担负沉重的租金压力和经营亏损风险。同时，农业是弱质产业，生产周期长、环境影响大、面对的自然风险和市场风险较大，投资收益率低。在实地调研中我们发现，各级政府对流转后的土地用途均进行较为严格的限制，相当一部分承包地流转后仍然进行粮食作物的种植，但由于土地流转租金较高，以及近年粮食市场的不稳定，多数种粮大户的经营效益不佳，亏损现象多有发生，甚至出现个别种粮大户跑路的现象。这在相当大的程度上影响了农业企业和种粮大户经营土地的积极性，进而影响到承包地的有效需求。

4. 流转主体擅自改变农地用途，造成耕地资源流失

在农村土地流转过程中，擅自改变土地用途，破坏土地的现象时有发生。一些承包人打着公益性的名义擅自将农用耕地转为商业性用地。一些乡镇政府，急于招商引资，在与客商签订承包合同时，不规定商家的土地用途，一些商家在耕地上建起了厂房和永久性设施，破坏了耕地的固有属性。还有一些承包人打“擦边球”，将大片成熟耕地挖成鱼塘或开发成观赏性旅游公园。土地流转中诸如此类的“农转非”现象频发，耕地资源遭到破坏，即使到期收回流转地，复耕也非常困难。这使我国耕地保护的红线受到冲击，粮食安全受到威胁。

第三节　江苏集体经营性建设用地市场分析

一、研究区域与数据来源

在江苏省，集体经营性建设用地入市流转主要发生在经济发达的苏南地区。本研究选取了常州市武进区、苏州市昆山市以及无锡市宜兴市开展实证分析。分析数据来源于三个研究区域的实地调查、座谈以及地方政府部门提供的统计资料。

二、调查统计与分析

本研究对常州武进、苏州昆山以及无锡宜兴集体经营性建设用地流转市场开展了调查，对调查数据资料进行了整理和统计分析，结果主要包括以下几个方面。

1. 流转数量和用途

从集体经营性建设用地入市流转总量上来看，常州武进最大，达到了11万多亩；其次是苏州昆山，为5万多亩；无锡宜兴最少，为3万5千多亩。从整个调查情况看，集体经营性建设用地流转后的用途主要是工业用途，有少量的商业服务业用途。

2. 流转主体和方式

从集体经营性建设用地流转主体来看，三个地区主要是村集体和镇集体。从流转方式来看，昆山以两种方式进行流转，一种是租赁，由村里直接租给企业；另一种是转让，一次性转让给企业50年的土地使用权。武进按出让、租赁、作价出资三种有偿使用方式流转集体经营性建设用地。宜兴则形成了以租赁为主、出让为辅的流转模式。

3. 流转价格

昆山在2007年之前集体经营性建设用地流转价格是按照国有建设用地转让价格的80%进行交易，为8万元/亩。2007年，工业用地全部落实招拍挂，市场上基本都是国有建设用地进行流转交易。2007年以后，没有新增的建设用地，都是存量再流转，流转价格为22.4万元/亩。武进集体经营性建设用地年租金在每亩 3 300 元左右。宜兴集体建设用地年租金价格标准一步步地由行政确定向市场确定转变，目前均价为 3 800 元/亩。

4. 流转收益分配

在昆山，以租赁方式进行交易的，企业把租金交到村集体，由村集体再进行分配，主要是留在村里用作公益性支出以及支付日常开支；以转让方式进行交易的，企业把流转金交给镇财政，由于镇政府投入较多成本导致土地增值，因此收益大部分归镇政府，30%左右用于集体成员分红。武进是将流转收益先交给社区，由社区交给开发区，开发区再将收益的 80%返还给集体，用作公共支出，不再分红。宜兴则以 1∶2∶7 的比例在市政府、镇政府与农村集体经济组织三者之间进行分配，集体收益留在村里用作公益性支出以及支付日常开支。

三、典型案例调研与分析

根据集体经营性建设用入市流转交易情况、流转方式的代表性及数据的可获得性，本研究选择宜兴集体经营性建设用“长租短约”流转模式进行典型案例调研与分析。

（一）宜兴推行土地年租制的背景

宜兴是苏南乡镇企业发展起步较早的地区，20 世纪八九十年代，乡镇企业在发展过程中大量使用集体建设用地，但管理散乱，集体建设用地使用无偿无期限，企业除缴纳土地补偿费和用地报批相关规费外，土地使用成本基本为零。用地者依法规范和节约意识不强，存在乱占滥用的现象，土地利用效率低下，土地资产流失，国家、集体和农民的土地利益均受到损害。自 1993 年起，作为江苏省乡镇企业转轨改制的试点县（市），宜兴市逐步开展了改制工作。对乡镇企业实行改制的同时，由于村集体事业发展与建设的“路径依赖”，即需要有持续性的资产支撑，宜兴市对集体土地资产管理进行了积极的探索与改革，部分乡镇、村陆续推行了以使用土地上缴款代替企业经营上缴款的农村集体土地管理模式，走出了集体土地租赁流转的第一步，而这也正是集体建设用地使用权流转的一种形式。

1999 年，市委、市政府以新《中华人民共和国土地管理法》实施为契机，结合企业改制情况全面推行土地年租制。同年，宜兴市人民政府出台了《关于实行租赁供地收取土地年租金的意见》，规定对符合土地利用总体规划、城市规划或村庄集镇规划，权属合法，界址清楚，已经依法批准为建设用地的农民集体所有土地，参照国有建设用地管理，由土地使用者与农村集体经济组织签订租赁合同，统一实行租赁供地，土地使用者每年向村集体缴纳土地租金。这在当时来说是一项开创性的工作，宜兴成为全省乃至全国最早推行土地年租制促进集体经营性建设用地流转的县市之一。

（二）宜兴各类集体土地租赁现状

目前宜兴全市有各类租赁土地 36 432 亩，其中国有 1 147 亩，集体 35 285 亩，占到了 96.85%。集体土地租赁共 4 852 宗，其中工业用地 4 813 宗（35 075.35亩），商服用地 36 宗（147 亩），公共设施用地 3 宗（62.49 亩），流转宗数分别占总量的 99.20%、0.74%、0.06%。租赁的集体经营性建设用地中，在国土管理部门办理产权登记的有 720 宗，约占总量的 15%。

（三）宜兴推行年租制的具体做法

通过土地年租制推动集体经营性建设用地流转是一项开创性工作，为积极稳妥做好该项工作，宜兴市根据实践情况不断探索完善，确保规范有序实施到位。

1. 出台文件提供政策支持

1999 年出台了《关于实行租赁供地收取年租金的意见》，2002 年出台了《关于加强租赁供地收取土地年租金工作的意见》，2005 年出台了《宜兴市土地租赁暂行办法》，2011 年出台了《关于加强集体建设用地土地年租金收缴工作的通知》指导开展土地租赁工作。2013 年，参照国有建设用地出让合同对集体建设用地租赁合同的有关条款进行了修改细化，进一步规范了集体经营性建设用地流转行为。

2. 明确租赁范围和租金标准

集体建设用地除宅基地和公益性用地外，全部采用租赁方式有偿使用。早期的土地年租金标准由市政府以片区价方式在《宜兴日报》上公布。2005 年，调整为根据不同用途按评估确认的价格执行。对企业已支付征地补偿和用地报批规费等前期成本的，实行减半征收。

3. 全面丈量核查登记造册

宜兴国土管理部门和镇（园区、街道）密切配合，对符合集体经营性建设用地流转条件的土地进行全面丈量核查和登记造册，建立详细的台账，并将土地使用者及土地坐落、用途和年租金标准分批在报纸上公告，告知土地使用者主动办理租赁用地手续。

4. 签订合同收取土地租金

集体经营性建设用地由村集体经济组织与企业签订租赁合同。合同实行长租短约，租赁最长期限不超过相同用途国有建设用地法定最高出让年限。租金标准每 3～5 年调整一次，每次调整幅度在 20%以内，集体经营性建设用地年租金由集体经济组织直接向企业收缴，纳入村级财务统一管理。

（四）租金定价方式

土地租金是流转交易最重要内容之一，宜兴集体建设用地年租金价格标准一步步地由行政确定向市场确定转变。表 6－7 展示了 1999 年以来宜兴集体建设用地年租金定价方式变化情况。目前，集体经营性用地年租金均价 5.7 元/米^2。

表 6－7　宜兴集体建设用地年租金定价方式变化表

年份	法律文件	租金定价方式
1999	《宜兴市人民政府关于实行租赁供地收取年租金的意见》（宜政法〔1999〕第 148 号）	土地分等定级、政府制定土地租金最低保护价收取标准
2005	《宜兴市土地租赁暂行办法》（宜政法〔2005〕第 122 号）	政府根据市场价格评估确定基准价，镇村据此确定区域土地租金；租金变动幅度需控制在 20%以内
2008	《宜兴市地价管理暂行办法》（宜政法〔2008〕第 181 号）	土地租金由市国土部门下属地价评估机构确定，不设租金变动幅度限制
2011	《关于加强集体建设用地土地年租金收缴工作的通知》	土地租金经有资质的评估机构评估后确定，不设租金变动幅度限制
2016	《宜兴市集体经营性建设用地租赁暂行办法》（宜政法〔2016〕第 24 号）	应当采取竞价方式进行，国土资源部门制定年租金指导价

（五）集体经营性建设用地流转收益分配情况

集体经营性建设用地使用权流转收益，是指集体经营性建设用地使用权流转产生的收入和利益总和，包括出让金、租金、股利、转让金等。2015 年，全市集体经营性建设用地流转收益 1.6 亿元，宜兴 215 个行政村年租金平均年收入 60 多万元，土地年租金已成为每年镇村两级重要的收入来源。部分村集体的总收入中每年有 60%左右来自集体经营性建设用地流转租金收入。

宜兴市根据“谁投资，谁收益”的原则，政府投资于基础设施建设使得农村土地增值，故政府参与收益分配。流转的收益还兼顾政府和其他收益主体包括农民和农民集体经济组织。目前，宜兴市集体经营性建设用地流转处于试点阶段，为了充分考虑鼓励集体经济组织和农民参与的积极性，将农民和集体经济组织在收益分配中置于占主体位置，而将政府置于次要位置。同时考虑到市政府和镇政府在农村经济管理上的不同，市政府在流转增值中的收益会小于镇政府。

通过分析政府投入和集体组织自身对集体经营性建设用地的影响，商服用地政府投入与集体组织自身的影响权重比值为 42∶58，工业用地政府投入与集体组织自身的影响权重比值为 29∶71。因为目前宜兴市集体土地租赁的主要用途是工业，现综合确定政府投入与集体组织自身对集体经营性建设用地的影响比例为 3∶7。综上，结合宜兴市的具体情况，建议政府和农民集体的收益的比例按 3∶7 进行分配。

四、江苏农村集体经营性建设用地市场的主要特征和规律

（一）农村集体经营性建设用地入市流转主要发生在经济发达地区

调研发现，江苏省集体经营性建设用地流转主要发生在经济发达的苏南地区，苏北地区很少，如宿迁市自 2006 年以来，只有 4 宗集体经营性建设用地流转。由此可见，农村集体经营性建设用地市场的建设与发展应当考虑经济发达程度。经济落后地区由于土地经济区位条件没有经济发达地区优越，发展第二产业和第三产业所需要的产业环境难以建立，所以相对于经济发达的苏南地区，经济落后地区对集体经营性建设用地的有效市场需求较少。再加上现有法律政策的限

制，苏北地区和苏中地区的农村集体经营性建设用地供给量也非常有限。根据现行政策，只有在城市规划控制区以外，符合土地利用规划、城乡规划和用途管制的前提下，合法的农村集体的经营性建设用地才可以出让、租赁、入股，并不是说所有的农村建设用地都可以自由入市。据此，占农村建设用地 95%以上的农村公益性建设用地和宅基地都不可以进入市场流转。

（二）农村集体经营性建设用地入市流转方式以租赁为主

从调研区域的实际情况来看，农村集体经营性建设用地入市流转大部分是采取的租赁方式。如在无锡宜兴，于 1999 年《中华人民共和国土地管理法》颁布实施后，研究出台了《宜兴市人民政府关于实行租赁供地收取年租金的意见》，其第一款规定，今后除法律规定可以实行行政划拨的四类用地、以受让方式取得国有土地使用权和因土地使用权作价出资或入股而使用国有土地三种情况外，均采用租赁方式使用土地，各类乡（镇）、村企业（包括改制企业和新办企业）使用农村集体土地的，除作价出资或入股外实行租赁供地。2016 年，宜兴市又出台了《宜兴市集体经营性建设用地租赁暂行办法》，对集体经营性建设用地租赁方式进行了完善。

（三）农村集体经营性建设用地入市流转用途主要是工业

调研发现，江苏农村集体经营性建设用地流转的用途绝大部分是工业，如在宜兴，工业用途在农村集体经营性建设用地流转宗数中占总量的 99.20%。苏南是我国乡镇企业发展起步较早的地区，乡镇企业在发展过程中主要使用的是集体建设用地，有力带动了农村集体经济的发展，这些乡镇企业主要是工业。此外，受现有政策限制，农村集体经营性建设用地不得用于房地产开发，再加上农村地区的经济地理区位条件不如城镇，发展商业服务业等第三产业的环境也较差，所以集体经营性建设用地流转后的用途基本限定在工业。

（四）农村集体经营性建设用地入市流转收益大部分归农民集体所有

从调研结果来看，江苏农村集体经营性建设用地流转的收益大部分属于农民集体。如在无锡宜兴，《宜兴市集体经营性建设用地租赁暂行办法》明确了市、镇、集体经济组织收益按照1∶2∶7的比例进行分配，集体经营性建设用地流转收益已成为镇村两级重要的收入来源，2015年村级收入的70%来自集体建设用地流转租金收入。在昆山和武进，集体经营性建设用地流转收益也主要留在村集体，用于集体公共设施及公益事业投入以及集体经济组织成员社会保障支出。

五、江苏农村集体经营性建设用地市场发展存在的主要问题

（一）开发利用难以形成整合效益和规模效益

由于农村集体经营性建设用地权属比较分散，土地经营规模较小，开发利用难，导致其在市场化过程中经济效益难以形成比较整合的效益和较大规模的效益。表现在两个方面：

第一，用地企业无法扩大生产规模，缩小企业自身的发展空间和伸缩竞争力。由此，在实践中出现了一些农用地非法流转为企业生产用地的现象，这种非法的集体土地流转市场极不规范，集体组织或者个人基于浅层、眼前利益，发生纠纷的风险较高。

第二，分散利用农村集体经营性建设用地加大了利用成本，降低了市场化的集约效益和经济效益。

（二）流转收益分配普遍存在不公开、不公平和不统一现象

目前，江苏农村集体经营性建设用地收益的分配机制还不健全，流转所得收益的分配普遍存在不公开、不公平和不统一的现象，农民由于所获收益较少甚至没有获得，对其流转过程参与的积极性也不高。集体经营性建设用地的所有者是农村集体，根据地租理论，绝对地租这一部分应该全部归农村集体所有；而流转使土地产生的级差地租，不仅归所有者所有，同时其他土地关联人也同样享有，土地关联人包括：用地单位、地方政府等。而实际情况完全不一样，这种经营性用地因流转而获得的收益，其分配情况非常混乱。这种混乱情况表现如下：

第一，不一致的收益分配主体。农村集体经营性建设用地在流转过程中涉及多个关联方，他们的权利与义务的分工不清，也没有明晰的法规来进行界定，因而左右了最终受益的分配。

第二，各个权利主体所应得的利益都没有得到保障。一些地方为了少缴纳新增加的建设用地的使用税费，批量上报城市审批的用地，因而使政府权益受到损害。与此同时，土地用途管制、耕地保护、环境保护等方面的权利都将受到损害。某些地方政府以公共基础设施建设为名义，过多地分割或者强占农村土地流转所得的收益，农民的收益降低，遭到由行政力量带来的不公待遇。而农民应得收益比例被压得过低，失去土地的农民就业和社会保障都会出现安全隐患。

（三）农村集体作为市场主体难以适应市场要求

农村集体经营性建设用地的产权主体是农村集体，表现为农村集体经济组织，作为市场参与者即市场主体之一，农村集体经济组织的具体法人缺失，没有专业的经营管理团队。并且村集体经济组织缺少市场竞争所需的法律地位，如独立且明确的产权和具体的法人主体或者说法人代表。农村集体经营性建设用地的管理者通常由少数村干部取代，经营的好坏往往取决于这少数人的个人素质。没有明确的法人主体和科学的管理方法，农村集体经济组织内的农民市场参与的积极性不高，其流转难以达到所期望的经济效益和优化配置土地资源的目的。虽然最近出台的《关于引导农村产权流转交易市场健康发展意见》提出由政府相关部门组成监管机构，在一定程度上完善了市场监督管理。但毕竟这个《意见》才出台，还没有实施到位，且我国集体经济组织所需的明确其法律地位的制度不仅仅是政府监管。

农村集体经营性建设用地市场化实践中，经常遭到行政力量干涉，供求双方无法正常博弈于土地市场。在过度的行政干预下，市场机制无法完全起作用，相关利益者无法正常追求自己的利益，从而降低了市场化效率。江苏农村集体经营性建设用地市场化还处于初级阶段，流转制度不健全，市场化程度低，需要借助政府的行政力量进行协调和指导，但是随着市场经济的发展，农村集体经营性建设用地市场发育成熟并且供需双方直接进行交易是必然趋势。

（四）农村集体经营性建设用地市场缺乏市场监管

形成农村集体经营性建设用地市场，离不开市场监管。但是，从我国农村集体经营性建设用地出现流转开始，就一直缺乏市场监管。每年都会有农村土地纠纷，但法院对农村集体土地纠纷基本都不受理，因为我国法律在这块存在法律盲点。通常农村集体经营性建设用地进入市场，没有相应的监管措施，既缺乏政府监管，也缺乏社会监督。在遭受行政干预或者其他干预时，农民由于自身获取信息能力差，很难维护自己的权益，这就迫切需要相应的监督机构，监督农村集体经营性建设用地的流转过程，维护农民的基本利益。

（五）农村集体经营性建设用地市场建设受到现有体制的制约

受现有财政体制、土地管理体制等的影响，地方政府在土地整理、城乡建设用地增减挂钩（包括江苏省开展的“万顷良田”建设工程）中，更加倾向于减少农村建设用地、增加城镇建设用地指标，防止农村集体建设用地规模过大而对政府控制的城镇土地一级市场形成冲击，由此造成了“国有城镇建设用地增加、农村集体建设用地减少”的情况，这在很大程度上制约了农村集体经营性建设用地市场的发育和发展。

第四节　农村宅基地有偿使用与流转

一、研究区域选择与研究方法

江苏省宅基地有偿使用试点和宅基地流转主要发生在经济发达程度较高的苏南地区，因而本研究选取常州市武进区和南京市六合区作为研究区域。常州市武进区被列入全国农村宅基地制度改革试点，在该区行政区域内暂时调整实施《中华人民共和国土地管理法》《中华人民共和国物权法》等有关法律规定，研究中主要对该区建立的宅基地有偿使用机制进行分析；南京市近年来在农村土地综合整治、增减挂钩工作中出现了较大规模的农村宅基地流转，研究中主要对该地区政府主导模式的宅基地流转进行分析。本章主要采用访谈、案例调查、文献研究与比较分析相结合的研究方法。

二、农村宅基地有偿使用与流转典型案例调研与分析

（一）常州市武进区宅基地有偿使用

自农村宅基地制度改革试点工作启动以来，常州市武进区在宅基地有偿使用

和有偿退出机制、农房抵押贷款等方面进行了积极的探索和尝试。截止到 2016 年 11 月，武进区湟里镇实施了宅基地有偿使用 39 宗、面积 2 554 米^2，村集体一次性收取了 10 年的有偿使用费，金额 12.32 万元。按照“依法自愿、合理补偿”的原则，制定有偿退出的补偿标准和收回程序，建立政府回购机制，通过产权转让、权益转化、土地整治、转换入市等方式，进一步尝试推进有偿退出，显化宅基地财产权。截止到 2016 年 11 月，湟里镇集体经济组织成员内部转让 3 宗，面积 352 米^2，涉及金额 13.2 万元；嘉泽镇南庄村袁家组集中居住区已实施 3 宗，面积 612 米^2，涉及金额 37 万元。出台了农房抵押贷款试点暂行办法、风险共担机制等文件，建立了风险基金补偿机制，区财政投入 640 万元设立了“两权”抵押风险补偿基金。截止到 2016 年 11 月，已有江南银行、农业银行等 8 家商业银行参与试点工作，在全国率先推出了农房抵押业务，已累计办理农房抵押贷款 8 笔，金额 208 万元。本案例主要对武进区湟里镇西墅村针对超标准占用宅基地、一户多宅、非集体经济组织成员占用宅基地等所建立的有偿使用机制进行分析。

在武进区区、镇两级文件（包括《常州市武进区农村宅基地有偿使用指导意见（试行）》《常州市武进区湟里镇农村宅基地有偿使用制度和自愿有偿退出机制实施意见（试行）》等）指导意见的基础上，西墅村制定了《湟里镇西墅村农村宅基地有偿使用实施方案（试行）》，对有偿使用对象和范围、有偿使用标准和缴费办法等做出了明确的规定。根据该实施意见，本集体经济组织成员因历史原因形成超标准占用宅基地的，以建筑占地面积扣除可享受面积后列入有偿使用范围；非本集体经济组织成员通过继承房屋或者其他方式占用宅基地的，按建筑占地面积列入有偿使用范围。在有偿使用标准方面，该村首先根据本地宅基地使用的实际情况制定了每人 30 米^2 的宅基地保障标准，本集体经济组织成员在该保障标准范围内无需缴纳有偿使用费。本集体经济组织成员超标准占用宅基地的，每户不超过 140 米^2 面积标准上限的按每年 5 元/米^2 收费，超出 140 米^2 面积标准上限的按每年 10 元/米^2 收费；非本集体经济组织成员通过继承房屋和其他方式在农村占用宅基地的按每年 10 元/米^2 收费。在有偿使用费的征缴上，该实施办法充分体现了村民自治和民主的原则，规定由村民代表会议采取无记名投票和少数服从多数的方式表决本村民小组是否收取有偿使用费。村民代表会议决定收取有偿使用费的，本村民小组应开设有偿使用费专有账户，未开设专有账户的村民小组由村民委员会代为管理。

西墅村选择北野田自然村作为宅基地有偿使用试点组，截止到2016年11月底，经村民代表大会通过，应缴纳有偿使用费农户16户，共计123 210元，已缴纳有偿使用费88 197元，涉及农户9户。收缴的宅基地有偿使用费在村、组两级按3∶7的比例分成，主要用于村组集体经济组织内公益事业、公共设施建设。表6－8反映了北野田自然村部分村民缴纳宅基地有偿使用费的情况。以该表第2行户主为丁留招的农户为例，该农户家庭有2人被认定为集体经济组织成员，按照每人30米^{2}的保障标准，该农户应享有的宅基地保障面积为60米^2。该农户宅基地的实际占地面积为196.03米^2，超出保障面积136.03米^2。其中，未超出140米^{2}标准面积的部分按每年5元/米^{2}收费，超出140米^{2}标准面积的部分按每年10元/米^{2}收费，因而该农户应缴纳的宅基地有偿使用费为960.3元/年。该表第6行户主为刘军的家庭不具有集体经济组织成员资格，该家庭使用的宅基地的实际占地面积为31.6米^2，按每年5元/米^{2}的收费标准，应缴纳的宅基地有偿使用费为158元/年。

表6－8 西墅村北野田自然村宅基地有偿使用信息统计表

户主	保障对象人数	1998年发证面积/米^2	建筑面积/米^2	实际占地面积/米^2	有偿使用面积/米^2	超过140米^{2}标准面积/米^2	年有偿使用费/元
丁留招	2	76	304.27	196.03	136.03	56.03	960.3
陈建新	3	126	678.48	297.19	207.19	157.19	1 821.9
冯丽平	4	68	270.17	169.75	49.75	29.75	397.5
冯建春	4	80	273.79	134.72	14.72	—	53.6
刘　军	0	29	31.6	31.6	31.6	—	158
刘海方	4	96	236.4	137.52	17.52	—	87.6
施留红	3	166	283.31	177.6	87.6	37.60	626
施小洪	4	142	224.45	156.97	36.97	16.97	269.7

（二）南京市六合区政府主导模式的宅基地流转

农村宅基地流转主要有两种模式。其一是村民主导模式，即集体经济组织成员由于移居城市等原因主动自愿将宅基地使用权出租、转让给本集体经济组织其他成员或非本集体经济组织成员，或是集体经济组织成员主动退出宅基地使用权，由集体经济组织作价收回。其二是政府主导模式，即在以政府或农村集体经济组织为主导的土地整治、增减挂钩工作中，农民先将多余的宅基地退还给集体。集体经济组织按照相关规定及土地整理项目的预期收益确定合理的补偿标准并对农民进行补偿，再通过农村土地综合整治将宅基地复垦为农用地，除安置宅基地退出农户外可以结余一定的用地指标（包括农用地转用指标、耕地占补平衡指标等）。用地指标形成后，可以依托农村产权交易平台，在行政辖区范围内开展土地指标交易，促进土地资源的节约集约利用、保障集体经济组织的财产权益。本案例主要针对第二种模式，即政府主导模式的宅基地流转开展分析，具体研究区域为南京市六合区竹镇的乌石村、侯桥村和马鞍街道的泥桥社区、黄岗村。

乌石村近年来因耕地保护、农地布局优化等而进行的农地整理项目共计两项，合计规模 5 000 亩，新增耕地 400 亩，共复垦宅基地 81 亩，涉及宅基地流转农户数为 34 户。黄岗村近年来农地整理项目共计两项，主要是江苏省万顷良田建设工程，合计规模 3 993 亩，新增耕地 2 257 亩，共复垦宅基地 641 亩，涉及宅基地流转农户数为 822 户。侯桥村、泥桥社区因旧村改造、建设用地节约集约利用等而进行的村庄整治、复垦、增减挂钩等项目规模相对较小，分别为 60 亩和 80 亩，新增建设用地指标也是 60 亩和 80 亩，涉及宅基地流转农户数各为 33 户和 15 户。

宅基地退出程序和补偿标准是政府主导模式宅基地流转的核心问题。在宅基地流转和安置补偿实施程序上，南京市现行政策体现了“降低行政截留风险、以公开监督促进公平公正”的特点，对宅基地拆迁安置政策、补偿方案与流程、补偿安置结果（如每户补偿安置房面积、补偿款、安置人数等）都按规定方式和程序进行公开，接受公众监督，减少了徇私舞弊的空间。南京市宅基地退出补偿主要分为货币补偿和实物（安置房）补偿两种形式。实行货币补偿的，退出宅基地的农户可以申购安置房，不具备实行货币补偿条件的，实行实物补偿。实行货币补偿的，其宅基地退出补偿由原房补偿款、购房补偿款和区位补偿款三部分组成。宅基地退出过程中涉及土地所有权由集体所有转变为国有的，宅基地退出补偿标准主要参照有关集体土地征收的规定来确定，相关文件包括《南京市征地补偿安置办法》（宁政发〔2010〕264号)、《关于调整征地区片价补偿标准的通知》(宁国土资〔2012〕455号)、《南京市征收集体土地涉及房屋补偿安置办法》（宁政规字〔2015〕15号）和《市政府关于贯彻落实〈江苏省征地补偿和被征地农民社会保障办法〉的通知》（宁政发〔2015〕124号）等。根据六合区的具体实施办法——《南京市六合区征收集体土地涉及房屋补偿安置办法》（六政规〔2015〕1号)，宅基地退出安置房安置价格≤3 000元/米^{2}的，按其价格的65%确定，宅基地退出安置房安置价格>3 000元/米^{2}的，按其价格的75%确定。农户对宅基地退出补偿方案重要性的认知基本与政府所提供的安置补偿措施相对应，他们普遍认为现金补偿和中心村或新居民点的安置房是最重要的补偿方案，同时他们对提高社保标准也十分看重。

乌石村农地整理项目获得的新增耕地的去向是分到农户，村民获得资金补偿用于在规定地点自建住房，人均获得宅基地退出补偿的总价值约2.2万元，户均获得宅基地退出补偿总价值约6.6万元。黄岗村因是江苏省“万顷良田”工程实施村，农户获得的宅基地退出补偿相对较高，如果将补偿安置住房等实物折算成货币，最后村民人均获得补偿的总价值约45.5万元，户均获得补偿总价值约178.6万元。侯桥村宅基地退出补偿安置措施与乌石村相近，最后村民人均获得补偿的总价值约1.4万元，户均获得补偿总价值约5万元。泥桥社区增减挂钩等项目涉及的宅基地退出农户最后人均获得补偿的总价值约0.5万元，户均获3万元。

三、农村宅基地流转的主要特征和规律

（一）政府主导模式的宅基地流转是宅基地流转的主要形式

在现行宅基地制度下，宅基地使用权是在集体土地所有权上创设继受取得的用益物权。从物权法的规定来看，宅基地使用权人对集体所有的土地享有占有和使用的权能，但未明示其应否享有收益这一核心权能，从其他法律的规定中也未能寻找到关于其收益的规制。作为集体经济组织的成员，以农户为单位获取本属于集体共有的宅基地，不能完全等同于是对他人的不动产享有的用益物权。基于成员权获取的集体共有财产，因同身份权相联系的福利分配相对应。从这个意义上讲，成员权创设的宅基地使用权，福利色彩浓，收益功能弱。宅基地使用权权

能的不完整在客观上限制了村民主导模式的宅基地流转，而在本研究的调研区域，政府主导模式的宅基地流转规模更大，出现的频率更高。政府主导模式的宅基地流转又可细分为多种形式：一是因基础设施建设、土地收储等原因而进行的农村土地征收中涉及的宅基地流转；二是因农业项目建设而进行的农村土地租用、整理、置换等所涉及的宅基地流转；三是农村土地综合整治、增减挂钩项目中涉及的宅基地流转。

（二）村民主导模式的宅基地流转主要发生在城中村、城乡结合部等区位较优的地区

由于城中村、城郊村和城乡结合部地区的流动人口较多、住房需求较为旺盛，因而村民主导模式的宅基地流转主要发生在这些地区。在南京市的调研中发现，在区位较优的城中村，村民将住宅出租的情形较普遍。如江宁区麒麟街道泉水社区、雨花台区板桥新城街道古雄村、柿子树村农户将住宅出租的较多，但农户直接将住房流转给外村居民的相对较少。在距离城市较远的农村地区，如栖霞区龙潭街道孙庄村、营房村、陈店村，溧水区白马镇冯家村、南下庄村，六合区竹镇侯桥村、乌石村，六合区马鞍街道泥桥社区、黄岗村等，农户将住宅出租的情形较为少见。在其他地区的调研中也发现，城中村、城乡结合部的农民，在宅基地上建造多层住宅，用于出租，满足快速工业化下大量外地农民工的居住需求。

（三）农民自愿有偿退出宅基地的规模相对较小

在试点地区的调研中发现，虽然宅基地自愿有偿退出是宅基地改革的重点内容之一，政府着力推进，但实践中实际规模仍然相对较小。究其原因主要有四个方面：一是传统上的叶落归根思想。很多农民进城不落户，认为最终仍会回到农村生活；二是退出标准与农民期望值有差距。目前房价与农民收入相比处于较高水平，退出的收益对农民的吸引力不强。加之近年来农民对宅基地财产价值的认知程度不断加深，宅基地在一定程度上已被农民视为防范未来生存风险的重要资产；三是退出与征收难以区分。农民很难分清两者差异，农民期望得到的补偿要与拆迁标准一致；四是资金平衡难。宅基地退出需要大量的回购资金支持，无论是政府还是集体主导退出时，都存在资金筹集问题。

四、农村宅基地有偿使用与流转中存在的主要问题

（一）产权不清、集体经济组织成员资格认定不明确阻碍了宅基地流转

产权明晰是宅基地顺畅流转的基础。现实中，由于农村住房私下交易的发生，往往会出现房屋所有权人与宅基地使用权人不对应的情形。在房地分离的情况下，农村住房私下交易也会出现房屋所有权人不符合宅基地保障对象条件的情形。因而，农村地区房屋所有权、宅基地使用权的确权登记难以照搬复制城市不动产统一登记的经验。根据《中华人民共和国土地管理法》等法律的规定，宅基地申请主体必须具有农村集体经济组织成员资格，表明宅基地使用权的初始取得带有明显的身份性特征。然而，相关法律法规却未对如何认定集体经济组织成员资格做出明确、具体的规定。随着工业化、城镇化进程的快速推进，人员的流动性大大增强，许多农村人员已在城市中获得稳定的工作并购房置业，但户口却仍然留在农村，那么这些人是否具有集体经济组织成员权？是否属于农村宅基地保障对象？对这些问题做出清晰界定既是确定宅基地有偿使用费征收对象和征收范围的基础，也有利于减少宅基地流转过程中产生的争议和纠纷。

（二）宅基地有偿使用的推行面临较大的困难

在试点地区的调研中发现，宅基地有偿使用制度的推行、实施面临较多的困难，试点改革效果不尽理想。究其原因主要有三个方面：一是集体积极性不高。每年村集体用于环境卫生和基础设施的支出较大，通过征收有偿使用费获取的收入相对有限，对集体的吸引力不够。超占部分转为集体经营性建设用地，形成一户两种用地性质，一种是宅基地，另一种是集体经营性建设用地，可能会增加管理成本。部分基层干部对宅基地有偿使用存有疑虑，担心会加重农民负担，影响农民权益；二是针对历史遗留问题收费农民接受度相对较低。武进区大部分宅基地在 1998 年完成确权发证，对于溯及过往，农民容易产生抵触情绪；三是集体经济组织缺乏强制约束力。村集体经济组织通过村民自治主导农村宅基地制度改革，但由于村民自治达成的集体意见和村规民约并没有强制约束力，在试点地区有偿使用费的收缴上，出现了某些农户不遵守、不执行的现象，而集体经济组织

对此缺乏约束手段。

（三）农房抵押贷款抵押物处置困难、农民贷款意愿较低

试点地区宅基地改革的相关规定要求宅基地转让仅限于集体经济组织内部，在客观上造成了农房抵押贷款抵押物处置困难、抵押物价值难以实现的问题。此外，农房抵押贷款的相关规定要求农村居民在申请贷款时需提供有其他住所的证明，在一定程度上降低了农民的贷款意愿。根据农村宅基地“一户一宅”的法律规定，很多土生土长的农民都只有一处住所，因继承或其他原因有两处以上住所的农民毕竟是少数。同时在农村和城镇拥有住房的农民，一般也会选择利用价值量较大的城镇住房申请抵押贷款，而不会选择农房抵押贷款的融资方式。

第五节　江苏省农村征地市场调研与分析

一、研究区域选择与研究方法

江苏省根据经济发展水平和土地价值划分了四类地区，各地区执行相应的土地征收补偿标准（见省政府令第 93 号）。考虑到不同地区在土地征收补偿标准方面的具体差异，主要采用调查问卷与案例研究相结合的方法，研究区域兼顾到四类不同地区，又涉及苏南、苏中、苏北三个地域，力求准确地反映出不同地区在征地补偿价格制定、征地补偿方式、补偿程序、补偿安置方式、征地过程中存在的问题等多方面的差异，为江苏省进行征地市场化改革提供有益的借鉴。

针对各地区征地补偿价格制定，补偿执行标准的差异，本研究采用问卷调查方式，共发放问卷 300 多份，收回有效问卷 292 份。调研地区覆盖到宿迁市宿城区、泗阳县；苏州市吴中区、昆山市；南通市通州区、如皋市及其下属镇、街道、村。案例研究区域集中在宜兴市高塍镇的塍西村、梅家渎村；常州市武进区西湖街道聚新家园社区，重点针对征地补偿具体执行标准、补偿价格制定以及多元化补偿安置方式等进行重点分析，以案例的形式反映实际存在的问题及各地区在征地补偿方面的创新。

表 6－9　调研样本分布

调查分析方法	市级	县级	四类地区划分	镇（村）
问卷调查	宿迁市	宿城区	三类地区	双庄镇（靳塘社区、白堡村），龙河镇（陈林村、龙集村）
		泗阳县	四类地区	来安街道（东安社区、东和平村），众兴镇（周庄村和西康社区）
	苏州市	吴中区	一类地区	胥口镇（马舍村、箭泾社区），角直镇（长巨村、甫南村）
		昆山市	一类地区	花桥镇（天福社区），千灯镇（陶桥村、石北村）
	南通市	通州区	三类地区	兴仁镇（土山村、杨世桥村），十总镇（十总社区、骑北村），西亭镇（西亭居委会、西禅寺村），东社镇（新街村、滥港桥村），石港镇（渔湾村、石西居村），二甲镇（袁南社区、定心桥村）
		如皋市	三类地区	城南街道（育华村、建设社区），如城街道（城东村、新民村），如皋市开发区（太平村社区、城北社区）
案例研究	常州市	武进区	一类地区	西湖街道聚新园社区（赵墅、厚庄、夏萧、霍庄合并而成）
	宜兴市		二类地区	高塍镇（塍西村、梅家渎村）

二、问卷调研统计与分析

江苏省 2011 年进行了全省范围内的征地补偿标准上调。2013 年，以后，很多地市开始推行“土地换社保”。本研究采用问卷调查的方法，针对不同地区征地补偿标准及农民对当前补偿标准的满意度展开调查，共收回有效问卷 292 份。基于问卷调查结果的基础上，进行简单的统计分析。

表 6－10　不同地区被征地农民补偿满意度分布情况对比

		苏州市	南通市	宿迁市	总样本	不满意主要原因
失地农民征地补偿满意度	满意	71%	37.8%	24.4%	34.3%	补偿标准偏低
	不满意	21%	62.2%	70.9%	51.8%	补偿到位不及时
	无所谓	8%	0%	4.7%	13.9%	补偿分配不公平
	样本数量	163	169	170	502	补偿标准不一致

从表 6－10 可以看出，被征地农民对土地征收补偿的满意度水平总体较低，总体样本中，仅有 34.3%的农户对征地补偿相对满意。其中，苏州市样本农户中征地补偿满意者比例最高，为 71%；南通市次之，为 37.8%；宿迁市最低，为 24.4%。分析差异背后产生的原因，我们发现农户满意度差异主要是由三个地区不同的征地补偿方式造成的。其中，宿迁市采取一次性货币补偿，补偿标准

由 25 000/亩～29 000/亩不等，征地后农民失去了基本的生活保障，现有补偿标准又不足以维持长远生计，因此农户满意度较低。南通市只将青苗费发放给农户，将土地补偿费和安置补助费纳入被征地农民社保账户，农民到达一定年龄阶段后，可按月领取固定数额（2015 年标准为 330 元/月）的养老金。这种补偿方式存在两个问题：一是不到社保年龄的失地农民暂时只能拿到少量青苗费；二是参保农户每月领到的养老金较少，不足以弥补土地征收带来的农业收入的减少和生活成本的增加。因此，农民对征地补偿的满意度也较低。苏州市于 2013 年已实现城乡居民社会保障并轨，失地农民到退休年龄后，每月可领取 1 000 元以上的养老金，基本生活并未受太大影响，因此农民对征地补偿的满意度相对较高。可见，农民在补偿方式上更加愿意接受能给予其长久保障的社保。

三、典型案例调研与分析

（一）案例一：宜兴市高塍镇塍西村征地补偿与拆迁安置

1. 调查区域土地征收概况

根据江苏省征地补偿标准地区分类，调研地区宜兴市属于二类地区。补偿标准为土地补偿费 21 000 元/亩，其中将不少于 70%的部分分配给被征地农民；安置补助费 23 000 元/人。自 2011 年征地补偿标准上调之后，持续到 2016 年，该标准未做调整，但征地补偿方式在不断变化。2013 年宜兴市开始探索“土地换社保”征地补偿方式，即将青苗费和土地补偿费的 70%发放给被征地农民，安置补助费纳入个人社保账户，失地农民到达退休年龄后，可按月领取一定数额的养老金，2015 年养老金标准为 530 元/月/人。具体参保办法和被安置人员的确定详见宜政发〔2015〕234 号文件。

调研区域的高塍镇位于宜兴市区北郊，该镇区域面积 109 千米^2，人口 5.86 万人，下辖 14 个行政村和 1 个社区居委。全年实现国内生产总值 80 亿元，完成工业总产值 304.26 亿元，完成农业总产值 5.23 亿元，农民人均收入达到 18 100 元。全年完成工业应税 280 亿元，工业应税超千万元企业共有 160 家。2014—2016 年共征收土地 90 亩，其中 2014 年征收 66 亩，2016 年征收 24 亩，2015 年没有征收。塍西村为高塍镇下属村，征收后土地主要用作工业用地和安置房建设，其中2016年征收的24亩土地全部用于安置房建设。

2. 征地补偿执行标准及动态变化

2008年之前的补偿标准为：土地补偿费1.7万元，劳力安置费1.6万元，青苗补偿费1 000元；2008年到现在的标准为：土地补偿费2.1万元（村里提留30%），劳力安置费2.3万元，青苗补偿费1 500元。

劳力安置费2.3万元政府补偿2.7万元共5万元，全部纳入社保，到规定年龄（60岁）的可以领取社保，不到规定年龄的按2 500元/年的标准缴纳社保，5万元缴纳完后还不到规定年龄的需要自己交钱。进社保的标准是每1亩八分地可以有一个人进社保，并不是所有被征地农村都可以进社保。

高塍镇范围下属所有村实行统一的补偿标准，所以村与村之间不存在补偿标准不一样的情况，村集体的意见一般也不会得到重视。补偿安置方案会以公告的形式公布，并且会经过异议听证程序，但村集体就补偿价格没有讨价还价的机会。

3. 拆迁安置

拆迁时，有专门的评估机构对旧房子的价值进行评估，主要考虑到房子的面积和质量，评估价格在700～1 000元。拆迁补偿的方式为"货币＋安置房"，也可以选择只要货币或只要安置房。安置房使用的是国有建设用地，可以流转和抵押，开发商通过招拍挂方式拿到土地建设使用权后卖给政府，政府再卖给被拆迁农民，开发商不能直接卖给农民。安置房的价格在2 300～2 500元，因为开发商在拿地之前会与政府签订回购合同，事先确定好安置房的价格，所以土地的价格不会很高。购买安置房的被拆迁农民政府会给予每米^2 1 200～1 300元的补贴。货币补偿一般以安置房的价格作为标准。

此外，宜兴市在进行土地征收之前，一般先进行土地征收和社会稳定风险评估，由市公安局下属的"维稳办"委托单位进行，只有对不存在社会稳定风险或存在风险经调解可以化解的征地项目才会执行后续征地事宜。

（二）案例二：征地拆迁多元化保障体系建设——武进区西湖街道聚新家园社区案例

1. 调查区域概况

2007年配合西太湖科技产业园的建设启动征地拆迁，征地过程中涉及167

个村民自然小组，6 324 户民房拆迁工作，面积 207 万米^2。现已完成 135 个村民小组的安置工作，5 432 户家庭得到妥善安置，分配安置房共计 10 402 套。聚新家园社区就是其中规模最大的安置社区，由原赵墅、厚庄、夏萧、霍庄新农村建设拆迁安置合并而成，2010 年社区正式挂牌成立。目前，社区总面积达到 8.18 千米^2，建筑面积共计 68 万米^2，有房屋 147 幢，住宅用房达到 8 000 余套，涉及家庭 2 883 户之多，户籍人口 8 956 人，实际常住人口超过 1.5 万人。2006 年 3 月开始建设，2008 年 12 月分批交付入住。

2. 多元化保障办法

（1）住房保障

按照武进的拆迁安置补偿办法，对于拆迁人口按照 40 米^2/人的标准进行安置，同时考虑到独生子女、大龄青年等受照顾群体，在此基础上增加 40 米^2 的安置面积。参照这一标准，拆迁过程中大多数农民平均分得 2～3 套安置房（约 250 米^2）。为了解决安置房出租难、减少安置居民资产闲置浪费的问题，社区及时出台了货币化补偿安置方案。对于已经拥有一套 80 米^2 以上住宅的安置家庭，房屋产权证、商品房买卖合同或安置房买卖合同（产权证办理按相关规定执行）等原始证明材料齐全的居民，可以选择货币化安置。货币化安置具体标准如下：

第一，安置人口货币化标准：14 万元/人（安置人口的安置面积按 40 米^2 核定，每米^2 3 500 元）。

第二，照顾人口货币化标准：12.6 万元/人（照顾人口的安置面积按 40 米^2 核定，每米^2 3 150 元）。

第三，拆迁安置协议中明确的户型调节价、市场价安置房，加入富民合作社或已按照武西街办发〔2014〕18 号文件执行部分货币化安置且尚有未分配的安置房，拆迁补偿仍按原协议执行，按照 4 150 元/米^2（多层 4 000 元/米^2）扣除安置房款进行货币化补偿。被征地拆迁人选择货币化安置补偿后，可购买区域商品住宅房进行安置、有条件选择剩余安置房安置或购买街道辖区内回购安置房安置。以一户分得 240 米^2 的家庭为例，在选择了 180 米^2 的安置房后，剩余面积 60 米^2 亦可选择货币化安置，按照 3 500 元/米^2 折合成 210 000 元的一次性货币补偿。该户居民可以用这笔补偿费购买武进区的商品房或在未来需要的时候购买政府的安置房。这种补偿方案考虑到了安置居民的实际情况，在选择安置途径方面更加灵活、有弹性。

(2) 提供就业、创业保障

为了解决被征地农民的再就业问题，保证居民享有持续稳定的收入来源。社区坚持“民办、民管、民受益”原则，一方面建立了人力资源市场，开设人才集市，成立了全区第一家劳务合作社。人力资源市场，每年组织 2～3 次社区招聘会，每月 15 日为固定招聘日。至今已成功解决了 2 000 多名被征地农民的就业安置工作。而对于创业者，社区也从资金、政策等方面给予充分扶持，并加强创业指导。积极拓宽就业范围，广开就业渠道，社区与武进经济开发区各企业合作，并为创业者提供平台、机会与资金扶持。

(3) 成立合作社进行股份分红

社区注重盘活集体资产，壮大集体经济，使得农民更多地分享土地增值收益，并将经营收益返还到农民手中。首先，在集体建设用地上建立民营工业园区，建立标准化厂房，积极引进企业入驻，年租金收入高达 1 000 万余元。聚新园社区通过经营集体建设用地每年收取租金约 46 万元。经营集体资产所得收益通过村民自治，返还到村民小组，并分配给个人，平均每人可得 1 000 多元的分红。其次，坚持社区股份制改革。在征地拆迁后经过土地整理，将土地上交武进经济开发区，交了社保后的剩余资金成立股份合作社，自 2009 年起，每年以 0.4%的利率将分红按股发给居民。第三，成立富民合作社。征地拆迁中，有多套房屋的社区居民可以将多余房屋折现入股，统一由社区管理，每年分红。第四，采取安置区商业用房托管政策，将 10 栋共计 4 万余米^2 的临街商铺作为集体经济发展留用房。这部分留用房，除少部分用于社区日常办公用房外，剩余均已对外出租，每年租金达 400 余万元。对于各村组保障后的结余资金，由街道财政建立资金专户进行统一管理，按照有偿使用的原则，每年按 4%的利率对相关集体经济组织结算固定收益，2015 年对两个社区结算固定收益为 1 566 万元，该收益全部用于集体经济组织成员的分配及社区公益事业建设。

3. 创新多元化征地补偿安置方法

首先，将拆迁安置房与货币化补偿结合，促进征地补偿市场化，在保障了农民居住权益的同时，盘活了农民资产，增加了农民财产性收益。同时，与国家倡导的集约、节约用地的原则相匹配，提高了资源利用效率，从长远看不仅有利于农民增收，同时也减少了政府的财政压力及后期社区建设、维护的资金压力。

其次，将失地农民统一纳入被征地农民社会保障体系之内，充分兼顾受照顾群体的利益，保障了农民的基本生活水平。被征地农民统一参加城镇居民医疗保险，为农民“市民化”、实现户有所居、老有所养提供了条件。进一步扩大城镇的社保和公共服务的覆盖范围，逐步缩小城镇差距，改变城乡分治、瓦解城乡二元体制，真正使农民分享到改革的红利。

第三，通过强化村民自治，盘活集体资产，增加了村集体收益。实现了集体经济变强，农民增收，农村发展多头并进。通过确立、明晰集体产权，实行股份制改革，使得集体资产日益成为农民增收的新动力、新源泉。

最后，引入多元化、有弹性的补偿机制，将安置房、货币补偿、就业安置等多种安置方式相结合，保障了被征地农民的长期利益。尤其是，实施“以房权换股权”，成立富民合作社，有利于促使农民收入由单一结构逐步向福利性、经营性和财产性收入并存的多元优化结构发展，使农民真正分享改革发展的成果。

四、江苏农村征地市场的主要特征和规律

总结规律，我们发现：

1. 从征地范围和数量上趋势来看，2016 年相比之前，数量有所下降，2014—2016 年征地用途以工业用地、服务产业园建设以及公共利益、公共目的、交通运输进行土地征收为主；此外，商业用地征收也占较大比重。

2. 在补偿方式上各地区差异较大，在省政府出台的补偿政策和标准的基础上，各地区参照本地经济发展水平都有各自的具体执行标准，总体上各地都有额外的财政补贴，普遍高于省政府制定的参考标准。征地并没有影响到农民的原有生活水平，但是由于各地区在补偿方式上略有差异，相比一次性的货币安置，农民更信赖加入社保这种更稳定、更持久的补偿方式。

3. 从征地过程来看，仍然是以行政主导、自上而下地实行。农民及村集体在这一过程中的话语权相对较弱，缺少讨价还价的空间。

4. 从补偿价格的制定上来看，仍然遵循原用途补偿、以不降低农民原有生活水平为最低标准，市场机制发挥作用的空间很小，补偿价格与市场价格仍有较大差距。

五、江苏农村征地市场发展存在的主要问题

首先，逐步缩小征地范围的目标与地方利益存在冲突。在我国，土地征收是指国家为了公共利益的需要，依法将农民集体所有的土地转为国有土地并给予补偿的行为。征地必须遵循三个原则，一是公共利益需要；二是依照法定程序进行征收的原则；三是依法给予补偿的原则。而对公共利益范围的界定却并不明确，地方政府往往借助"公共利益"名义征地，侵害了农民的土地权益。我们在调研过程中发现，征地中非公共利益用地仍占较大比例。从趋势来看，征地面积在2016年虽有较大幅度下降，征地主要用途仍然是工业、交通运输、公共设施为主，但是商业开发用地亦占较大比例。

其次，征地补偿标准偏低和征地价格不合理。中国现行的土地补偿具有以下特点，一是按照被征收土地的原用途给予补偿。二是根据被征收土地的平均年产值的倍数给予补偿，而非按照市场价值补偿。三是补偿费用包括土地补偿费、安置补助费、地上附着物和青苗补偿费等多项。江苏省虽然近年多次提高征地补偿标准，改善征地补偿方式，但是补偿标准总体上仍然偏低，与市场价相比仍存在很大差距。尤其是调研区域中的宿迁市，被征地农民普遍对当前的补偿方式和补偿标准不满意。在宜兴市高塍镇调研过程中，也有村民反映被分配的安置房闲置率较高，出租有难度。在补偿方式上，被征地农民期待更灵活、更有弹性的补偿方式。

第三，在整个征地程序和环节中，始终是自上而下的一种方式，农民或者集体在这个过程中就补偿价格根本没有讨价还价的机会，村集体直接跟用地单位协商确定征地补偿价格就更加不可能实现了。整个补偿安置方案会有公告，并且会经过异议听证程序，但由于农民在心理上已经认定了标准一旦制定并公示就不再可能更改，所以大多会选择接受。

第四，绕过集体经济组织而直接对失地农民个体进行补偿的方法在执行过程中会遇到问题，既然土地属于集体所有，征收集体的土地，补偿款如何分配则是集体组织内部的事，政府在这一过程中干预过多反倒不利于补偿款的合理分配。

第五，各地区普遍反映，地方政府财政投入大，政府土地转让收入在13万～15万元/亩，在拆迁安置补偿涉及人数众多的情况下，再加上配套设施、后

期社区维护，短期内政府财政吃力。以调研区的常州市为例，按照每年建设 1 000 多万安置房的标准，每套财政支出 12.2 万元的情况下，一年超过 1 亿元的财政投入，对当地政府来说经济压力颇大。

此外，对于历史遗留问题的解决方面，各地采用的方案也不尽相同。有些地区针对严格按照征地程序进行征收的部分土地进行补偿，将失地农民纳入社保进行安置，而对历史上征地手续不完善的那部分不予补偿。也有诸如武进区不管何时征收、当时是否有完善的征地手续，只要是土地被征收、失去土地的农民都可以加入失地农民社会保障体系，统一进行补偿安置。

第六节 政策建议

市场是最具效率的配置方式，在市场机制不健全的情况下也很容易出现失灵，但政府的干预也可能出现政府失灵的状态。从前述分析可知，我国当前的农村土地市场既需要进行完善，也需要对政府的干预进行合理调整，为此，本章提出如下对策建议：

1. 培育新型主体，创新土地流转模式

要做实做细赋予更多土地经营权工作，保障新型主体具有充分的自主决策。注重提高新型主体经营能力、经营理念和守法守信意识。积极鼓励涉农企业的工商资本参与种养业环节，投资开展土地整治和高标准农田建设，开发农村“四荒”资源。积极为新型主体进行产品认证、产品推介、惠农项目申请与人员引进等方面提供服务。进一步完善税收减免、科技创新奖励和财政补贴等扶持政策体系。积极探索土地入股、土地托管和代耕代种等形式的适度规模经营，全维度提高权利主体获得感。

2. 改革政府投入，积极防范农村承包地流转风险

要在原“普惠”基础上，突出“精英”扶持，新增农业补贴向新型主体适度倾斜，主要用于建立适应规模经营主体需求的保险产品、转型升级农业机械化等方面；建立土地流转风险基金。在土地租金得不到及时支付时，实行垫资先期支付，保障土地承包权益，相关资金可来源城乡建设用地增减挂钩的土地增值收益；充分利用财政投入撬动社会金融和社会资金。积极探索采用 PPP、基建贷款贴息和政府购买服务等多种形式，开展农村土地整治和农业基础设施建设。同时，为了减少土地流转风险，政府也需要从资金、技术人员和信誉保证等方面，对从事规模经营的新型主体设置合理门槛。另外，对于进城就业农民退出承包地的探索要慎重进行，防止潜在社会风险增加。

3. 科学合理认定集体经济组织成员资格、明确农村宅基地产权

严格根据《中华人民共和国土地管理法》等法律的规定，严格宅基地申请主体必须具有农村集体经济组织成员资格的规定；通过相关法律法规，明确认定集体经济组织成员资格；对于农村人员已在城市中获得稳定的工作并购房置业，但户口却仍然留在农村，对于这部分人员是否具有农村集体经济组织成员资格做出清晰界定，明确宅基地有偿使用费征收对象和征收范围的基础，有效减少宅基地流转过程中争议和纠纷的产生。

4. 加强对集体主导模式宅基地流转的规划和资金支持

充分发挥集体经济组织主导流转对盘活闲置、低效利用宅基地，提高农村土地综合利用效率的积极作用，并注重将其与增减挂钩、用地指标交易结合，增强集体经济组织的经济实力；畅通农民安置房建设能够规划审批，加强村庄规划编制审批制度改革和宅基地制度改革协同推进力度，促进农村土地综合整治的开展和宅基地合理有序退出。采取多种措施拓宽相关项目的资金筹集渠道，有效解决集体主导模式的宅基地流转的投资需求。

5. 改革农村集体经营性建设用地流转管理制度，提高流转收益分配透明性

注重平衡农户、农村集体经济组织、地方政府及中央政府的利益，切实合理农村集体经营性建设用地流转收益分配。中央政府可以以税收方式对流转收益进行调整，完善流转制度；地方政府可以以农村集体经营性建设用地增值税或增值收益调节金的方式分享农村经营性建设用地的增值收益，将收益部分用于基础设施及相关环境建设。农村集体经济组织的收益应该与农户收益相一致，农村集体经济组织的收益应该公开化，部分流转收益应该分配给农户，其余收益主要用于农村的社会保障、集体公益事业和乡镇基础设施的建设。

6. 尽快完善农村集体经营性建设用地入市流转的定价系统

可以从三方面方面完善农村集体经营性建设用地市场定价系统：一是与城镇建设用地基准地价体系相衔接的农村集体经营性建设用地基准地价体系或指导价

体系；二是区域性的农村集体经营性建设用地估价制度；三是农村集体经营性建设用地流转价格申报制度。此外，农村集体经营性建设用地流转市场尚未成熟，土地价格容易受到非市场因素的影响，必须要建立最低保护价、评估价格确认制度，防止农民集体土地资产流失和恶性竞争现象的出现。

7. 区分“公益性”和“非公益性”征收，细化四类地区，实行差别化补偿标准

进一步明确“公共利益”的范围，缩减征地范围。区别化对待“公益性”和“非公益性”征收，支持对“公益性”土地征收进行合理补偿，对“非公益性”征收按照市场价值进行补偿的思路，差别化公益性与经营性征收的补偿标准。在现有的四类地区划分的基础上，综合考虑区位、农用地等级、土地供求关系、居民生活水平等因素，细化地区分类，确定差别化补偿标准。

8. 完善征地程序，实行多元化补偿安置方式，提升被征地农民话语权

充分考虑到被征地农民的合理诉求，采用多元化的补偿方式，将货币补偿、安置房、就业培训、商品房优惠补贴等多种方式相结合，紧密贴合农民的实际需求，实行更加灵活、更加多样化、更加有弹性的补偿方式。设立专门环节，征求村集体、被征地农民对于补偿价格、方式的意见，改变自上而下的征收模式，增强村集体及被征地农民的话语权。

参考文献

北京天则经济研究所《中国土地问题》课题组，张曙光，2010. 土地流转与农业现代化［J］. 管理世界（7）：66－85.

陈文胜，2014. 发挥市场机制对农村土地资源配置的决定性作用［J］. 中国乡村发现（1）.

陈锡文，2010. 当前农业和农村经济形势与“三农”面临的挑战［J］. 中国农村经济（1）：4－9.

陈锡文，2012. 把握农村经济结构、农业经营形式和农村社会形态变迁的脉搏［J］. 开放时代（3）：112－115.

陈锡文，2012. 中国特色农业现代化的几个主要问题［J］. 改革（10）：26－28.

陈锡文，2013. 加快发展现代农业［J］. 理论参考（5）：28－30.

陈莹，谭术魁，张安录，2009. 公益性、非公益性土地征收补偿的差异性研究：基于湖北省 4 市 54 村 543 户农户问卷和 83 个征收案例的实证 [J]. 管理世界 (10): 72-79.

陈志刚，黄贤金，赵成胜，2012. 集体建设用地使用权流转的制度创新经验：宜兴的个案研究 [J]. 城市发展研究，19 (10): 21-25.

高圣平，刘守英，2007. 集体建设用地进入市场：现实与法律困境 [J]. 管理世界 (3): 62-72.

高新才，李笑含，2016. 浅析新型城镇化下失地农民补偿安置问题 [J]. 西北师范大学学报：自然科学版 (3): 118-122，134.

国务院发展研究中心课题组，韩俊，2010. “十二五”时期我国农村改革发展的政策框架与基本思路 [J]. 改革 (5): 5-20.

黄庆杰，王新，2007. 农村集体建设用地流转的现状、问题与对策：以北京市为例 [J]. 中国农村经济 (1): 58-64

黄晓丹，林沫岑，陈忠宏，2008. 征地补偿及安置方式多元化的措施与解决途径 [J]. 国土资源 (S1): 50-52.

李栓，王红梅，刘媛媛，等，2011. 农村集体建设用地流转问题分析 [J]. 中国人口·资源与环境，21 (3): 397-400.

刘洪彬，曲福田，2006. 关于农村集体建设用地流转中存在的问题及原因分析 [J]. 农业经济 (2): 39-41.

刘守英，2008. 集体土地资本化与农村城市化：北京市郑各庄村调查 [J]. 北京大学学报：哲学社会科学版，45 (6): 123-132.

刘守英，2014. 中国城乡二元土地制度的特征、问题与改革 [J]. 国际经济评论 (3): 9-25.

王燕，王秀芝，刘邦凡，2009. 改进我国农村土地征收补偿制度的若干建议 [J]. 调研世界 (12): 30-32.

杨贵庆，黄璜，2011. 大城市旧住区更新居民住房安置多元化模式与社会融合的实践评析：以上海市杨浦区为例 [J]. 上海城市规划 (1): 64-69.

第七章 <<<

2016 江苏农业机械化发展状况

农业机械化是实现农业现代化的必然要求，是提高劳动生产率和农业综合生产能力的必要手段。江苏农业正在按照“优质、高产、高效、生态、安全”的要求，积极推进农业规模化、产业化、标准化、信息化。近年来，由于农村劳动力的大量转移，农业出现了各种形式的土地流转，形成了大面积的土地规模化经营。2014 年 11 月中共中央办公厅、国务院办公厅印发了《关于引导农村土地经营权有序流转发展农业适度规模经营的意见》（以下简称《意见》），《意见》明确提出了推动土地有序流转，实现适度规模经营的目标。这一土地规模经营的趋势以及农业劳动力转移的现实加速了农业机械对人工的替代，为农业机械化进一步发展创造了条件。经过“十二五”期间的快速发展，江苏农业机械化综合水平、农机服务体系取得了长足进步，“十三五”是江苏现代农业发展的关键时期，为农业生产服务的农业机械化将直接影响到现代农业发展目标的实现，对江苏省农机化发展进行总结研究具有很强的现实意义。

第一节　江苏省农机化发展现状

一、江苏省农业机械化综合水平评价

农业机械化是指农业生产各个环节和整个过程中，运用农用动力机械、耕整机械、收获机械等现代机械取代人力、畜力及手工工具，改善农业生产经营条件，实现农业生产和农业组织管理等的现代化，不断提高农业的生产技术水平、经济效益、生态效益的过程。农业机械化能够释放农村劳动力，促进农村劳动力的转移，带动其他产业的发展，拓宽农民的收入途径，增加农民的收入水平；能

够代替农村劳动力，带动农业技术的发展，促进工业发展的进步，创造出更高的农作物价值；能够实现规模效益，降低农业生产成本，改善农业生产条件，提高土地的利用率、农作物的生产率，减轻环境污染，实现农业的可持续发展。

为对江苏省的农机化水平进行综合评价，课题组以苏农机法〔2010〕2 号文件发布的江苏省农业机械化水平评价指标体系为基础，结合农业部 2005 年发布的《农作物耕种收综合机械化水平评价指标体系》、2011 年试行的《畜牧业机械化水平评价指标体系》，以及 2013 年实行的林果业（果茶桑）、渔业、设施农业、农产品初加工机械化水平评价指标体系，借鉴相关研究成果，在征求江苏省农机行业专家和科研技术人员建议的基础上，建立了以农业机械装备水平、农业机械作业水平、农业机械化服务保障水平以及农业机械化效益水平 4 个一级指标，共 26 个二级指标的农业机械化综合水平评价指标体系，邀请了 32 位常年从事农业机械化研究工作的专家和领导对指标进行了比较选择，对一级指标的权重进行了确定，经过对相应数据的处理，得到一级指标和二级指标的权重，如表 7－1 和表 7－2 所示。

表 7－1　农机化综合水平评价指标及权重

	一级指标		二级指标	
	指标名称	权重	指标名称	权重
农业机械化综合水平（A）	农业机械装备水平（A_1）	0.3	亩均拖拉机动力（A_{11}）	0.14
			亩均耕整机械台套数（A_{12}）	0.11
			亩均栽播机械台套数（A_{13}）	0.10
			亩均排灌机械动力（A_{14}）	0.01
			亩均植保机械台套数（A_{15}）	0.07
			亩均收获机械动力（A_{16}）	0.14
			亩均秸秆还田及综合利用机械台套数（A_{17}）	0.10
			亩均粮食烘干机械动力（A_{18}）	0.12
			中大型养殖单位平均养殖机械总动力（A_{19}）	0.06
			单位面积林果业（果桑茶）机械动力（A_{110}）	0.04
			单位面积渔业机械动力数（A_{111}）	0.05
			单位面积设施机械台套数（A_{112}）	0.06
	农业机械化作业水平（A_2）	0.4	粮油生产综合机械化水平（A_{21}）	—
			农产品初加工综合机械化水平（A_{22}）	—
			林果业（果茶桑）机械化水平（A_{23}）	—
			设施农业机械化水平（A_{24}）	—

（续）

	一级指标		二级指标	
	指标名称	权重	指标名称	权重
农业机械化综合水平（A）	农业机械作业水平（A_2）	0.4	畜牧业机械化水平（A_{25}）	—
			渔业（水产养殖）综合机械化水平（A_{26}）	—
	农业机械化服务保障水平（A_3）	0.2	农业劳动力平均农机原值（A_{31}）	0.06
			农机人员从业水平（A_{32}）	0.25
			农机服务体系建设程度（A_{33}）	0.31
			每公顷平均农机人员人数（A_{34}）	0.19
			每公顷平均年投入（A_{35}）	0.19
	农业机械化效益水平（A_4）	0.1	农业劳均产值（A_{41}）	0.43
			百元农机原值纯收入（A_{42}）	0.43
			千瓦动力农机作业收入（A_{43}）	0.14

注：计算保留两位小数。

表 7-2　各市农业机械化作业水平权重

地区	粮油生产全程机械化水平（A_{21}）	农产品初加工综合机械化水平（A_{22}）	林果业（果茶桑）机械化水平（A_{23}）	设施农业机械化水平（A_{24}）	畜牧业机械化水平（A_{25}）	渔业（水产养殖）综合机械化水平（A_{26}）
南京市	0.44	0.15	0.06	0.12	0.10	0.13
无锡市	0.43	0.15	0.16	0.03	0.10	0.13
徐州市	0.53	0.15	0.11	0.07	0.10	0.04
常州市	0.46	0.15	0.09	0.02	0.10	0.18
苏州市	0.36	0.15	0.06	0.03	0.10	0.30
南通市	0.50	0.15	0.04	0.03	0.10	0.18
连云港市	0.52	0.15	0.05	0.05	0.10	0.13
淮安市	0.61	0.15	0.02	0.04	0.10	0.08
盐城市	0.54	0.15	0.04	0.06	0.10	0.11
扬州市	0.57	0.15	0.01	0.02	0.10	0.15
镇江市	0.57	0.15	0.07	0.02	0.10	0.09
泰州市	0.58	0.15	0.01	0.06	0.10	0.10
宿迁市	0.62	0.15	0.03	0.02	0.10	0.08
江苏省	0.53	0.15	0.05	0.05	0.10	0.12

注：考虑到各市种植结构不同，各类农业结构与规模不同，为科学评价各地区农业机械化作业水平，以各地区各类农业、林业、牧业、渔业等的产值比重作为权重参与计算。

依据《2015 年江苏省农业机械化统计年报》《2016 年江苏省农村统计年鉴》，结合江苏省农机局网站公布的相关资料，以及课题组现场调研获得的数据，计算结果如表 7-3 所示。

表 7-3　江苏省农机化综合水平以及指标计算结果

单位：%

一级指标	计算结果
农业机械装备水平 A_1	85.20
农业机械化作业水平 A_2	70.11
农业机械化服务保障水平 A_3	82.00
农业机械化效益水平 A_4	78.13
农业机械化综合水平 A	77.82

由表 7-3 可以看出，江苏省 2015 年农业机械化发展呈现以下特征：

1. 江苏省农业机械化综合水平处于高级起步阶段，但分项指标水平存在一定差异

2015 年江苏省农业机械化综合水平为 77.82%，超过 70%，已达到高级阶段，但处于高级阶段的起步阶段。在相关扶持政策的推动下，江苏省农业机械装备水平、作业水平、服务保障水平和效益水平均有了一定程度的提升，但各分项指标存在差异。其中，受近年来的农机购机补贴政策推动，农机装备水平提高；由于经济作物、特色农业的农业机械化作业水平、大宗农作物的植保机械化水平、烘干机械化水平偏低，导致农机化作业水平相对偏低。

2. 各地区农机装备总量持续增加，但机械装备结构仍需进一步优化

2015 年，江苏省进一步发挥了农机补贴的政策效应，农业机械拥有量持续增加，新增插秧机 8 361 台（手扶式 3 559 台、乘坐式 4 802 台），联合收割机 1.94 万台，拖拉机 2.13 万台，秸秆还田机和旋耕机 3.56 万台，烘干机 2 971 台，植保机械 3 985 台，农机装备水平达到了 85.20%。但农业机械装备的结构性调整和合理配置问题还需进一步思考研究，主要有以下几个问题：一是粮油等农作物对植保和烘干设备需求量不断提高，多地出现烘干动力供不应求的局面；二是设施农业的装备水平偏低，全面机械化发展受限；三是受土地规模大小不同的影响，大中小型拖拉机动力装备需求不同，需要结合本地农业发展水平、地域特色、种植结构和经营规模等进行分类配置。

3. 农业机械化作业水平偏低，但后发优势明显

2015 年，江苏省农业机械化作业水平为 70.11%，相较于机械化装备水平来说偏低。原因主要是特色农作物的作业水平偏低，其中，渔业生产、设施园艺、畜牧业生产方面的机械化作业水平为 40%～60%。虽然江苏省内林业、畜牧业、水产养殖等农业生产总量不高，但随着农产品需求的多样化，这类农业生产存在较为可观的拓展空间。目前，江苏省正大力推进以设施蔬菜为重点的园艺机械化，鼓励各地区建立特色农业的机械化生产示范基地，带动整体农机作业水平的提高。

4. 农业机械化服务保障水平处于较高水平，制度规范有序推进

得益于近年来的农机服务支持政策，江苏省农业机械化服务保障水平一直维持在较高水平，2015 年达到了 82%。从省市到镇县，各级政府都已清楚地认识到农机服务组织对提高机械化作业效率的重要作用，逐年增设农机维修站点，并保障和提高农机服务人员待遇。2015 年全省共安排 700 万元项目资金，扶持 70 个维修站点建设，与 2014 年的 480 万元 48 个农机维修点相比，提高了 30%。此外，通过建立合作社、扶持种植大户来提高当地农业机械化服务保障水平，效果比较明显。与此同时，对农机、农机作业人员、农机合作社等物、人、组织的规范化管理制定了指导性规范和规章，包括农机具的维修服务规范、农机人员的安全操作规范以及农机合作社的管理规范等。

5. 农业机械化效益水平有一定提高，但区域差异明显

2015 年，江苏省农机效益水平为 78.13%，处于较高水平。其中，百元农机原值纯收入 22 元/百元，千瓦动力农机作业收入达 600.5 元/千瓦，全省农机经营服务总收入超过 290 亿元，比 2014 年多 40 亿元，提高了 16%。由此可以看出，江苏省农业机械化在提高农业生产效率的同时，农机化的经济效益也获得了保障，增强了农业的竞争力。但从各省辖市的效益水平来看，效益水平最高的盐城市和最低的徐州市相差近 45%，差异明显，这可能与农机使用效率和组织化程度以及当地经济发展水平有关。

二、江苏省各地区农机化发展水平分析

（一）各地区农机化综合水平区域差异分析

由于江苏省 13 个省辖市的地域条件、气候环境、经济发展水平等互不相同，

各市的农业经济发展也各具特色，所以农业机械化综合发展水平必然存在差异。运用农业机械化综合水平测算指标体系对江苏省各省辖市的农业机械综合水平进行测算，得到各市的农业机械化综合水平，如表7-4和图7-1所示。盐城市农机化综合水平最高，为79.29%，淮安、扬州次之，分别为77.95%和77.22%；连云港、淮安、盐城、扬州的农业机械化综合水平接近江苏省整体水平的77.82%。

表7-4　不同地区分类农机化水平计算结果

单位：%

地区	A_1	排名	A_2	排名	A_3	排名	A_4	排名	A	排名
南京	72.36	8	61.82	13	68.27	13	73.41	7	67.43	12
无锡	69.90	9	65.39	10	74.44	9	69.96	8	69.01	10
徐州	75.38	4	69.70	5	68.88	12	57.42	11	70.01	9
常州	74.02	7	65.91	9	80.48	5	90.86	3	73.75	6
苏州	68.08	11	62.92	12	69.52	11	68.08	9	66.30	13
南通	65.64	12	64.02	11	70.63	10	81.55	5	67.58	11
连云港	86.79	2	68.25	8	91.76	1	54.22	13	77.11	4
淮安	89.26	1	70.16	4	82.97	3	65.15	10	77.95	2
盐城	83.76	3	70.81	2	79.17	7	100.00	1	79.29	1
扬州	75.01	5	68.93	6	88.15	2	95.12	2	77.22	3
镇江	69.13	10	68.68	7	80.01	6	77.93	6	72.01	7
泰州	63.42	13	70.19	3	78.84	8	83.09	4	71.18	8
宿迁	74.92	6	73.97	1	81.72	4	55.91	12	74.00	5
江苏省	85.20	—	70.11	—	82.00	—	78.13	—	77.82	—

注：表中计算出的江苏省整体水平不是各地区的简单相加与平均。课题组在计算各地区指标时，发现有几个地区的部分指标统计值超过了标准值，为保证一级指标不受个别二级指标超额值的影响，课题组对所有超出指标的统计值均取1，即达到了标准值，但在计算江苏省整体水平时多出的部分是没有去除的。因此，江苏省的指标值会高于各地区最终计算结果的平均值。主要原因有两点：一是没有报废数据，部分地区的统计数据要高于实际装备数据；二是存在跨区作业，高出标准值的地区，其装备可能是用于跨区作业的，包括江苏省内部区域之间作业和到外省的跨区作业，虽然总量不多，但影响了相关数据的计算结果。

各地级市2015年农机化综合水平组成如图7-2所示，可以看出各区域农机作业水平的变化主要存在于农机装备、农机服务、农机效益三个水平，尤其是农机装备水平，最大差异约7个百分点。并且除了不同城市农机化发展的区别外，

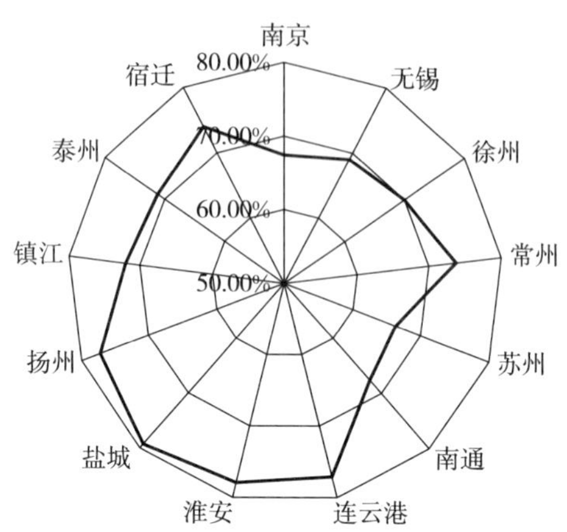

图 7-1　2015 年江苏省各市农业机械化综合水平雷达图

各市内部农业机械化四个方面发展也不均衡，各有长短。

从图 7-2 及表 7-4 可以看出，盐城市农机化综合水平最高。近年来，盐城市农机化投入一直保持高位运行，2015 年实施中央和省农机购置补贴资金 2.9 亿元，全市农机总投入达 8.9 亿元。工作上，一方面通过扶持“托管式”“订单式”“承包式”等不同形式的农机合作社，加快农业规模化生产，来刺激大型高效农机装备的购置需求，全市 2015 年新增大中型拖拉机、联合收割机、水稻插秧机、烘干机等农机装备 3.5 万多台套。另一方面，通过推进高效农业示范园区和优势产业发展以及新机具引进、试验、示范和推广，盐城市农机装备水平得到进一步提高。在“三点工作法”的指导下，建设示范性农机业务团队，2015 年全市农机安全监理系统先后赴指点、挂点、蹲点单位服务 64 批次、521 人次，创建平安农机示范合作社、家庭农场 32 个；联系银行提供贷款，为农户解决“融资难”的困难；创新模式，增强合作社与村镇、其他合作社的协作，充分发挥农机合作社规模化、机械化和组织化的优势。同时，为加快农机服务产业化进程，鼓励农机跨区作业，全年农机跨区作业收入达 8.2 亿元，农机经营总收入达 45.82 亿元。为了促进农业机械化全面发展，盐城市不断改革农机技术、组织、机制，提高农机组织化程度，借助信息化的支撑，推动农业机械化发展。

从图 7-2 可以看出，扬州市农机装备、作业、服务保障、效益水平排名靠前，虽然作业水平排名中等，但江苏省各地级市的农机作业水平区域差异不大，所以对扬州市整体综合水平排名影响不明显。扬州的综合水平较高，得益于扬州

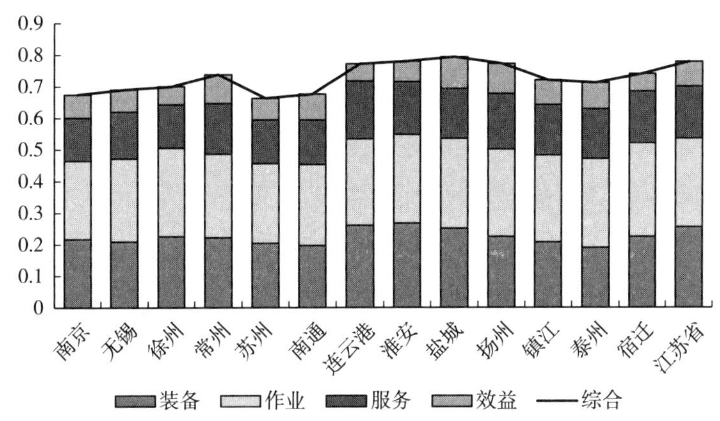

图 7-2　2015 年江苏省各市农机综合水平组成（按权重折算）

的发展思路和支持。在农机装备方面，扬州市各级财政用于农机化发展的资金总投入超过 2.19 亿元，创历史新高，促进了农机更新换代，增加了农业机械保有量，农机装备结构也不断优化。在服务组织方面，扬州市提出了“转方式、调结构、增效益”的发展思路，着力打造多元化的农机社会化服务模式，通过农机大户、农机合作社的示范效应，新增农机专业合作社 15 个；拥有农机原值 50 万元以上的农机大户达到 303 个，农机社会化服务面积占粮食种植总面积的 55%以上。在基础设施保障方面，2015 年新增 200 米^2 以上的市级农机机库 20 座，扶持拥有三级以上维修资质的农机合作社维修点 6 个。在服务效益方面，跨区作业总收入 6.92 亿元，比 2014 年增加 4 200 万元，增幅 6.5%，带动整体作业水平提升。

（二）农业机械装备水平区域差异分析

2015 年江苏省各地区农业机械装备水平如图 7-3 所示，农业机械化装备水平超过 80% 的有淮安市（89.26%）、连云港市（86.79%）以及盐城市（83.76%），其中淮安市和连云港市超过江苏省平均水平（85.20%）。其他省辖市中，除了泰州市装备水平低于 65%，其他市均在 65%～75%。最大值和最小值相差约 26%，说明各地区间的农业机械装备水平存在一定差距。

淮安市农机装备水平各项指标值普遍高于其他大部分地区，拖拉机与收获机械亩均水平位列全省第二。一方面是近年来，淮安市坚持上下联动，广泛宣传，

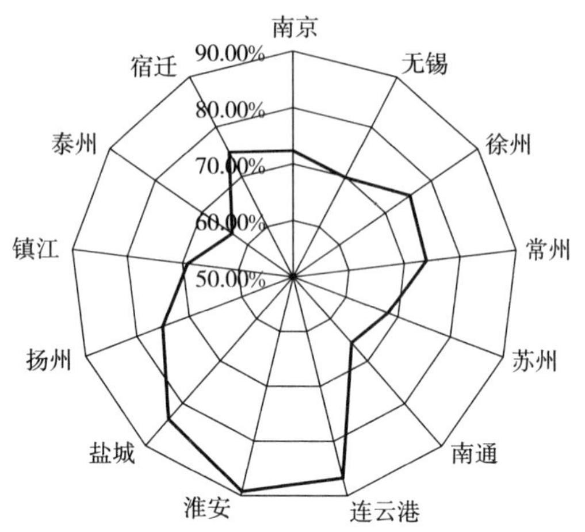

图 7－3　2015 年江苏省各市农业机械装备水平雷达图

规范操作，强化监管，加大农机购置补贴力度，补贴政策效应明显。尤其是对于经济基础较差、机械装备严重不足的部分乡镇，通过农机扶贫的活动给予农机手扶贫资金，极大调动了农民购置农机积极性，确保农机保有量的持续增加。此外，淮安市积极推进农机金融租赁试点，联合金融机构开展金融租赁、抵押贷款等农机金融业务，建设农机金融租赁平台，弥补农机经营主体农机装备建设中的资金缺口。另一方面，注重优化农机装备结构，增加机具数量的同时，用高性能的大型机具替代低性能的小型机械，截至 2015 年底，大中型拖拉机和联合收割机增加量占农机总保有量的 50%。随着土地流转的加速，对农机服务产业的需求增加，相应的农机装备更加趋于高效。2015 年全市大力推进农业生产模式化，积极开展规模化、社会化育秧，累计建成集中育秧基地 234 个，水稻商品化供秧比例达到 37%。大力推广区域性粮食烘干中心建设，全市新建粮食烘干中心 26 个，新增粮食烘干机 239 台套。从图 7－3 中可以看出，常州市农机化装备水平位列江苏省中游，但其设施农业机械台套数明显高于其他地区。常州近年来建立了新农机购置补贴机制，由单一装备机械向插秧机、植保机、烘干机等粮食生产全程装备延伸。同时，在常州市出台的《关于深化农村改革加快推进城乡发展一体化三年行动计划（2014—2016）》中明确提出，要支持粮食烘干、机库等设施建设；大力推广新机具，实现作物品种、栽培技术和机械设备集成配套。2015 年，市级农机化资金在年初预算的基础上，年末追加至 2 100 万元，比 2014 翻了一番。截至 2015 年上半年，全市新增烘干机 457 台、联合收割机 149 台、高地隙自走式喷杆植保机 32 台；拥有 70 马力以上大中型拖拉机近千台，乘坐式插秧机 1 500 台，自增式联合收割机 1 700 台，烘干机动 999 台，烘干能力达到 1 3000吨/天，烘干自给率达到 40%。此外，常州市农机工业投资热度不减，本地农机生产单位与国内外知名企业建立了合作关系，为辅助当地农机设备发展、提高农机从业人员积极性提供了有利环境。常州市 60%以上的农田作业任务由农机合作社承担，2015 年全市农机合作社作业服务面积 354.3 万亩，年经营服务收入 4.24 亿元，在农业适度规模经营和推广新机具、新技术中发挥了主力军作用。

（三）农业机械作业水平区域差异分析

江苏省各省辖市的农业机械化作业水平如图 7－4 所示，图中折线显示数据集中在 60%～75%。其中，宿迁水平最高，为 73.97%；南京水平最低，为 61.82%，最大值与最小值之间相差约 12%。高于江苏省整体水平 70.11%的地区有淮安、盐城、泰州、宿迁。2015 年江苏省农机局和各市在粮油生产、农产品初加工、设施农业等方面的农业机械投入不断加大，并取得了明显的成果，但各市机械作业水平之间的差异仍然存在。由于综合考虑了农林牧渔等方面的农业机械化，得出的各市农机作业水平结果不仅与当地农业机械化水平有关，还与当地种植结构有关。虽然苏州主要农作物的耕种收的机械作业水平近年来已达到或将近 100%，但受设施农业机械化发展较低的限制，总体作业水平偏低。

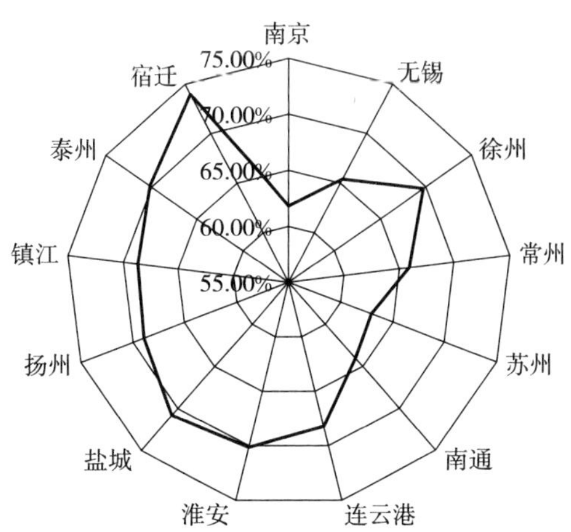

图 7－4　2015 年江苏省各市农业机械作业水平雷达图

宿迁市的农业机械作业水平这两年在江苏省一直位居全省前列，这与当地主动发掘短板、强化短板有很大关系。除了注重农作物耕整、种植、植保、收获等生产过程机械化的推广和结构优化外，宿迁市在农产品初加工、设施农业以及林果等关键环节上也极力寻求突破。针对当地设施农业产业规模分散、品种布局混杂、农产品商业化品牌化程度偏低等问题，宿迁市提出了“1＋4”农业产业体系、创新农业经营体系、创新互联网思维、打造“一村一品一店”品牌等创新性做法，优化农业组织结构，提升农产品品质和品牌价值，增加农产品附加值，力求形成具有地方特色的设施农业农机化发展之路。这些创新性举措不仅带动了宿迁市农机作业水平的发展，还增强了本地农户从事农业生产的积极性，为农业产业的可持续发展提供了劳动力保障。

徐州市作为江苏省的农业生产大市，2015 年农业机械作业水平位列全省第五。设施农业方面，全市种植总面积已超过 300 万亩，占耕地比重超过 20%。2015 年全市引进试验与示范推广了一大批高效设施农业机械和畜牧渔业生产设备，全市高效植保设备、大棚卷帘机、微灌设备、水产养殖机械等保有量分别达到 5.2 万台、1.6 万台、3.8 万台、4.3 万台，农机装备数量的增加为农机作业效率的提高提高了保障，促进了特色农业机械的发展。粮油生产方面，继续大力扶持和推广耕种机、联合收割机、秸秆还田机等农用动力设备，尤其是水稻插秧、玉米种植以及相应的收获机械化水平较 2014 年都有了明显提升。为避免因晾晒不及时导致的粮食损失，2015 年徐州市新增烘干机 143 台，保有量达到 658 台，日烘干能力超过 1 万吨，同时通过开展现场观摩会和烘干技术培训等宣传活动，大力推进粮食烘干设备，保障全市粮食安全。

（四）农业机械化服务保障水平区域差异分析

从图 7－5 可以看出，13 个省辖市的服务保障水平存在明显差异，连云港和扬州达到 85%以上，而南京、苏州、徐州三市的农机化服务保障水平都在 70%以下。靠近江苏省整体水平（82%）的有常州、淮安、盐城、镇江、宿迁五市，在 79%至 83%之间。服务保障水平最低的南京市与最高的连云港市相差约 23%。

连云港市农业机械化服务保障水平这两年一直维持在较高水平。连云港市正逐步加强农机合作社之间的合作建设，积极推进农机合作社耕地资源整合，对具

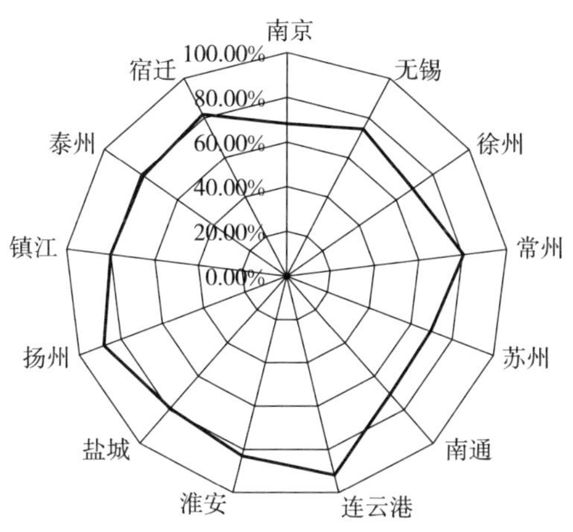

图 7－5　2015 年江苏省各市农业机械服务保障水平雷达图

有良好示范作用的合作社给予重点扶持，提高基层农机服务组织服务水平。此外，连云港市拓展农机作业范围，农机合作社作业范围从单一的种植业向养殖业、加工业、服务业等行业全面发展，农机合作社已经成为连云港农机化服务保障体系的主体力量。为提升为农服务水平，连云港市着力加强农机服务型窗口建设。具体做法有：一是规范服务制度化，大力推行政务公开，规范服务行为，坚决依法行政，提高服务水平；二是服务基层主动化，市农机执法人员主动上门为基层和农机手开展“零距离”服务，包括农机年检年审、跨区作业证发放、新机具新技术培训等，保障农机正常运作及农机人员的实践；三是农机服务效率化，市县农机监理部门全面推行“一厅式”窗口办公和“一站式”便民服务，专门为农民和机手提供办证、发证等业务，大大提高了办事效率；四是监督服务社会化，设置意见箱、公开监督电话，对农机购置补贴资金落实、跨区作业证发放等涉及农民和机手利益的事情，做到有诉必查、有求必应，全方位接受社会监督。

2015 年扬州市农业机械化服务保障水平有所提高，位居全省第二，社会服务水平不断加强。一方面，扬州市重点扶持拥有三级以上维修资质的农机合作社维修点建设，逐步形成了以农机户为基础、农机大户为骨干、农机合作社为龙头、其他服务组织为补充的农机社会化服务体系。现有的农机服务模式有村集体模式、村站社合一模式、大户模式、跨区作业模式，其中，村站社合一模式在内部管理上实行按章办事，执行监事合理分工，建立各项管理制度，按质按量合理收取服务费等制度。注重农机服务人员的培训，为有序推进农机职业技能培训，提高农机人员素质，扬州市积极举办基层农机人员培训、农机修理工高级培训、烘干机培训等培训班，市、县累计培训各类农机人员 2.1 万人次，比 2014 年增加 0.3 万人次，增幅 16.6%。当然，扬州市农机具的高速增长和农机装备结构优化对农机服务保障体系建设也有着重要意义。

（五）农业机械化效益水平区域差异分析

2015 年江苏省各省辖市的农业机械化效益水平如图 7－6 所示，区域差异显著是江苏省农机化效益水平的一大特征。效益水平最好的是盐城市，达到了 100%，紧随其后的扬州和常州也都达到了 90%以上；差距较大的为徐州、连云港、无锡、宿迁、南京和苏州，效益水平在 75%以下，其中徐州和连云港两市低于 60%；南通、镇江、泰州三市大致与江苏省整体水平持平。

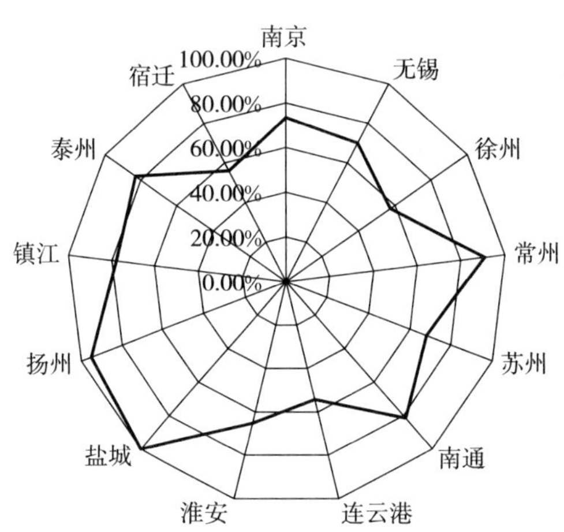

图 7－6　2015 年江苏省各市农业机械化效益水平雷达图

“十二五”期间，盐城市为全面提升农业机械化发展水平，积极推进农机农艺、农机化信息化融合，突破薄弱环节机械化，促进先进适用农机化新技术新装备相结合。围绕“先行先化、全程全面、安全保障、效益效率”的主线，坚持以市场为导向，重点培育壮大农机合作社、家庭农场等经营主体，筹建盐城沿海农机信息网，大力发展农机零部件网上电子商务，实行农机具网络维修远程诊断，提高农机维修服务能力，提升农机服务效率与效益。2015 年盐城市在全市范围内全面启动农机公共技术服务平台建设，力图建成集农机公共服务、试验示范鉴定、检测维修展示功能为一体，为盐城现代农业装备产业园和农业机械化发展提供公共、信息、创牌三大服务功能的农机服务平台。此外，盐城市自2014年推行“联耕联种”、规模经营、整村整镇推进模式以来，有效解决了作业规模小、农机作业效率低的问题。在农机合作社的培养上，强调财务管理和盈余分配，举办合作社理事长培训班，保证合作社的规范发展，从侧面保护了农户利益，为提高农业产值、实现增收增效提供了保障。

扬州市作为农业大市，农业机械化效益水平一直保持在非常高的水平，位于江苏省前列。近年来，扬州各地区采取多种方式发展现代农业，安排高效设施农业机械化项目支持技术规范及装备配置研究。江都的省级农业综合标准化示范区成功创立，将标准化原理引入到种植及养殖的研究、应用和推广等方面，整合和优化区域优势，为种植业和养殖业扩张，形成规模效益，提供有力的技术保障。此外，扬州市农机专业合作社也在不断改进服务模式以提高农机效益，具体表现为：一是以曹甸为代表的机插秧专业合作社实行供种、育苗、机插、管理、植保全部统一管理模式，提高农机具利用率、减少农机运转费用，最终使得作业收入提高。二是部分合作社由原有的机插秧向机耕、机植、机收等领域跨越，使得年经营服务时间由十几天延长至几十天，尤其是宝应县泛水庆丰合作社，2015年全年跨区作业收入高达2.1亿，这不仅扩展了年经营服务时间，提高了农业从业人员的收益水平，也提高了农业机械的利用率。同时，合作社内部结构也发生了分化，设立了不同工作部，实现统筹安排、协调作业，实现农机效益规模化。

苏州市2015年农业机械化效益水平涨幅明显，是江苏省13个省辖市中效益水平增长最快的城市。苏州市采取了一系列措施来提高整体农机效益水平：一是市委与苏州市农发集团融资租赁有限公司进一步深化合作，推出“农机租赁易”业务，以较低的利率、简便的手续，较好地解决了农机户购买农机贷款难的问题。农机融资租赁服务为广大农户提供了便利，同时在没有增加农业机械原值的条件下，增加了农机经营收入，提高了农机化效益水平。二是苏州市为提高农机具使用效益，在各市县中开展农机作业服务，广泛调动全市农业机械，形成以点带面的农机服务网络。以张家港市为例，市农机局以镇为根据点，保证每个镇拥有一个主要农机服务站点，对周边地区进行重点扶持和培养，以服务当地农业作业。三是加快推进农机人才队伍建设，苏州市把农机人才建设纳入市政府人才队伍建设，并于今年首次将农机修理工列入苏州市技能状元大赛10大工种之一，为鼓励广大农机手，苏州也推出了丰厚的奖金荣誉制度。这些有力的举措促进了苏州市今年的农业机械化效益水平的大幅度提高。

三、江苏省农业机械化服务体系分析

“十二五”期间，江苏省农机管理部门认真贯彻落实国家和省有关支持农机专业合作社发展的政策文件精神，不断创新发展思路，通过强化制度规范，加大项目扶持，注重示范引领，加强人才培养，推进共建发展等“五措并举”，推动全省农机合作社持续健康发展，切实提升农机社会化服务水平。先后出台了《江苏省农机专业合作社建设指南》《江苏农机合作社制度文化示范文本》《关于加快推进农机合作社发展的意见》等制度文件。设立农机合作社机库、维修点建设项目，通过先建后补、以奖代补等形式引导合作社加强基础设施建设。举办农机合作社负责人和管理骨干培训班，提高农机专业合作社管理者和技术人员的管理水平和技术水平。通过“企社共建”“银社对接”以及与中移动江苏分公司、中石化江苏分公司合作，为农机专业合作社提供服务，已逐步形成了以农机专业合作社为主体，农机大户、农机作业队、家庭农场等为补充的具有江苏特色的农机社会化服务体系。

（一）江苏省农机化服务特征分析

随着工业化和城镇化的蓬勃发展，农村劳动力大规模转移，土地适度规模经营应运而生，江苏省农机社会化服务也发生了深刻变化，主要表现在以下几个方面：

1. 农机服务创办主体多元化，农机保有量增加

从起初乡镇农机人员、村组干部带头干，逐步演变到农机大户、种粮大户主动办，再到社会能人、工商企业投资兴办，创办农机服务主体多种多样。同时，购机补贴等扶持政策，调动了农民购机积极性，农机保有量特别是大中型农业机械保有量迅速增加。

2. 农机服务组织数量增长迅速，服务能力大大提升

据统计，到 2015 年底全省农机合作社总数达到 5 408 个，入社成员 46.7 万人，资产总值 116 亿元，其中农业机械原值 93 亿元，机具总数 53.8 万台套，服务农户460万户，作业服务面积接近3 000万亩，占整个农机作业面积近50%。其中机插秧和秸秆机械化还田约有60%的作业量由农机合作社完成。

3. 促进了“自给自足”型农机服务的发展，出现了一些新型服务组织形式

一些专业大户为降低生产成本和使用方便，在已经拥有一定数量农机具的基础上，又利用现有的农机购置补贴政策，添置了新型农机具，创办家庭农场，实行自我服务，并从单一型向综合型的“一条龙”延伸，规模逐渐扩大。根据市场需要，产生了诸如全托管、合作联社等新的组织形式。

（二）江苏省农机服务组织形式分析

近年来，江苏省的农机服务组织化程度不断提高，农机服务组织形式多种多样，有政府主导建立，也有市场驱动形成，都在农机服务领域发挥着作用。目前，江苏的农机服务组织形式主要表现为以下几种：

1. 全程托管服务形式

南通市从2012年起探索“全托管”经营服务模式，成为江苏省新型农业经营体系建设的创新点。全程托管形式是指不改变农户土地承包经营权的情况下，通过签订合同契约，农户将自己承包的耕地委托给农机合作社或其他农机服务组织，农机合作社或其他农机服务组织提供从机耕、机种、施肥、灌溉、植保至收割装袋等全过程“保姆式”服务，双方收益分配或服务交易核算以实物和货币进行。实物型交易契约就是指服务主体承诺水稻或小麦每亩不低于600千克，小麦亩产不低于400千克，并将实物交付给农户，农户支付水稻和小麦生产的托管费用（水稻每亩720元；小麦每亩440元）。货币型契约，类似于再次承包，农机服务组织承诺支付1 200元不等的费用给农户，土地产出的水稻和小麦等实物归农机服务组织所有和支配。这一形式虽然总量不多，但全省各地都存在，目前呈现较好的发展势头，特别是在农村经济发展欠发达地区，以及规模经营还存在市场驱动较慢的地区。这一模式可以在不产生强制性规模化的情况下，实现机械化作业及其一定程度的规模经济效益。优势主要体现在三个方面，一是农民利益得到了最大保护，平均每亩增收100元以上；二是也为合作组织带来了效益，促进了服务组织的发展；三是专业的统防统治可以有效地防治病虫害，同时降低防治成本。近年来合作社防治面积不断扩大，但全程接受土地的委托管理，需要农业生产技能，一般应该是具有一定农业技术的人员组织合作社进行管理，是一种技术与技能共享的模式。

2. 自我服务+社会服务形式

自我服务是指家庭农场、种田大户等规模生产主体，根据自身生产需要购置相应的农业机械，进行自我农机服务。由于机械配置与自身土地经营规模并不是最优配置，使得部分规模经营主体农业机械自我服务能力有余，进而进一步拓展农机总量，进行社会服务的形式。社会服务的交易形式主要是收取一定的服务费用，并形成长期的合作关系，既可以进行合同契约，也可以通过口头约定订单服务。部分规模经营大户还吸引农机散户加入自身的农机社会化服务主体，进行相应的农机资源优化配置，是一种以规模经营主体牵头的复杂形式。这一形式有利于农机资源的合理配置，是一种市场驱动的复合型服务形式，既可以降低规模经营主体的农机自我服务成本，也可以利用自身和周边散户资源，实现农机的规模化服务效益。这一形式全省普遍存在，也是数量比较多的一种形式，溧阳、兴化、洪泽三县典型调查表明，约 60%以上家庭农场、农民专业合作组织采取自我服务和社会化服务相结合服务模式。如兴化市昌稼农机服务专业合作社，合作社流转 870 亩土地，同时为其他种植大户和散户提供耕、种、植保、机收和烘干一条龙作业，每年作业规模 3 000～4 000 亩，机具的效率得到充分发挥，服务效益也得到了提升。这一形式的优势是充分利用已有机械，提高农机装备使用效率，同时，通过社会服务获取部分收益，提高农机作业收益水平。

3. 农机服务合作联社形式

农机服务合作联社是把小型规模的农机合作社进行联合的一种集团组织形式。由于资金有限，部分农机合作社的规模较小，机具有限和不足，服务范围有限，存在资源空闲和服务需求空间，为在更大范围进行资源的优化配置，由市场主导、政府支持推动形成的集团式组织形式。合作联社往往由一个较大规模的合作社牵头成立，每个小型合作社的农机具都将由合作联社统一调配，并可能在更大范围内服务，实现统一服务价格，合作联社以机具服务量为核算依据，并在一定时间内进行核算和利益分配，联社会收取一定的费用作为管理和发展基金。这一模式有利于小型农机合作社农机具的充分利用，实现合作效益，拓展服务内容。目前这一组织形式不多，只是部分地区的尝试。如南京六合的强伟农丰农机合作联社，就是由同一乡镇的小型农机合作社联合组成农机合作联社，根据农机服务内容和作业量，进行统一调度和配置使用农机装备资源。

4. 企业和合作社合作形式

农业机械生产企业运用自己生产的农业机械参与到农机服务合作社中，是一种利用企业资金的模式。目前主要体现在农业机械生产企业提供部分农机的价格优惠，提供农机人员的培训和设备维修服务，仅仅是一般性的合作，不是股份和资本的合资或参股。企业的参与有利于合作社解决设备使用的指导与培训问题，合作企业也可以参与合作社，了解设备的使用情况，对产品进行改进和完善，同时获取一定的收益，形成特有的盈利模式。企业还可以先期租赁，还尽货款后，使用权转交给合作社，这一形式宿迁推进较好。

5. 农机具租赁形式

农机具租赁形式是指由农机合作社进行农机具的购置，并享受农机具的购置补贴，通过租赁合同契约，收取一定的租赁费用，将设备租给农机用户的形式。主要是由于资金限制，农机具种类较多，使用效率不高，资产专用性突出，所以小型规模经营户购买农机具不经济，租赁是相对合理的选择。租赁的农机主要用于自身种植农作物的耕种或收获，并能按照出租方要求管理和维护设备。出租方保证出租的机器必须具备良好的安全技术状态，各项作业指标符合国家或行业标准，有培训租赁方新机手和作业技术指导的责任，并保证常用配件的供应，提供及时的售后服务。农忙结束后承租方进行机器的维护保养，保持农机装备良好的技术状态，延长机器的使用寿命，出租方按照合同收取租金，并在三年租金收完后将农机装备的产权移交给承租方，并协助办理合法手续。租赁期间，车辆所发生的交通、机械、人身安全（包括车、乘人员的人身安全、丢失及一切安全事故）责任均由承租方承担，租赁农机设备在租赁期间除正常的三包维修由生产企业承担费用外，使用中发生的损坏由承租方承担维修费用（如碰撞、缺机油、缺水、早磨等日常基本维护）；承诺按照租赁合同按时缴纳租金。这一形式在兴化的常发农机合作社运作较好。

（三）江苏省出台了一系列推动农机服务组织化发展的政策举措

近年来，江苏省出台了不少的政策举措，推动农业机械化服务发展，主要体现在以下几个方面：

1. 推进合作社规范运作的政策举措

为规范农机专业合作社、家庭农场等新型农机化服务主体建设，江苏省农机局先后下发了《关于引导和鼓励农机合作社规范发展的意见》和《江苏省家庭农场合理配置农机具指导意见（试行）》。前者提出了农机合作社规范发展的主要目标，即依法运行规范、民主管理有效、基础设施配套、机具管理到位、生产要素互补、服务能力较强、社会形象良好。后者根据作业规模提出了家庭农场合理配置农机具的参考标准和家庭农场合理配置农机具的保障措施。在2015年7月召开的全省农机化工作座谈会提出了全省全年确保达到规范化建设的农机合作社350家，合理配置农机具的家庭农场200家的发展目标。

2. 提高合作社管理和服务水平的政策举措

为提升全省农机合作社维修服务能力和机务管理水平，江苏省农机局先后于2015年4月下旬、9月中下旬，分别在苏州和无锡、徐州和镇江举办全省农机合作社维修和机务管理春季、秋季培训班，全省近300名农机合作社维修、操作人员参加了培训。培训选择市场销量大、农机专业合作社认可度高的拖拉机、收割机、插秧机、烘干机、植保机作为教学培训机型，以购买上述机具较多的农机合作社维修、操作人员作为主要培训对象，培训教材详细阐述了拖拉机、收割机、插秧机、烘干机、植保机的常见故障及产生原因、判断及排除方法，做到培训时是课本，回家后是实用维修操作手册。

3. 加强农机合作社安全生产管理的政策举措

为了加强农机专业合作社安全生产管理，预防农机事故发生，江苏省农机安全监理所采用“送培训到市县”的方式，先后到无锡、苏州、盐城、泰州四市举办5期农机专业合作社安全员培训班，近500名来自有一定规模的实体型农机专业合作社的安全员或农机安全生产工作负责人参加了培训。培训坚持理论联系实际，注重实际操作技能的培养，全面讲解农机专业合作社农机安全生产注意事项、消防知识、机务管理等。通过培训，让他们了解了合作社农机安全管理工作的职责和任务，熟悉及掌握了合作社农机安全管理的业务知识，增强了大家的安全意识、法制意识和开展农机安全生产管理服务工作的能力，同时也促进了部分农机专业合作社安全生产主体责任的落实，为农机专业合作社农机作业安全、农机生产经营安全提供了有力保障。

4. 完善基础设施建设的政策举措

为帮助农机专业合作社克服机库建设和维修农机具遇到的困难，2015 年年初，江苏省农机局、江苏省财政厅联合印发了《江苏省农机合作社机库和农机维修点建设项目管理办法》（以下简称《办法》），从 2015 年 3 月 1 日起开始实施，江苏省因此也成了全国第一个出台专门办法的省份，标志着江苏省农机合作社机库和农机维修点项目管理的规范化水平进入一个新阶段，对于推进农机合作社规范建设、提升农机维修服务保障能力、促进江苏农机化持续健康发展具有十分重要的意义。《办法》明确建设资金由省农机局按因素法分配至县农机管理部门，县级农机管理部门公开组织申报、评审与实施。针对农机合作社机库用地和其他经营性用地等基础设施建设中遇到的实际困难，江苏省农机局争取省财政设立农机合作社机库、维修点建设项目，通过先建后补、以奖代补等形式引导合作社加强基础设施建设。

5. 开展省级农机合作社示范创建的政策举措

江苏省农业机械管理局印发了《关于开展省级农机合作社示范创建活动的通知》（苏农机管〔2016〕9 号），要求各级农机主管部门围绕推进粮食生产全程机械化和构建新型农业经营体系的迫切需要，按照农机合作社多元化创建、多样化扶持、规范化运行、市场化经营、品牌化服务的目标，提高农机合作社示范创建标准，拓展创建内容，采取有力措施，支持引导农机合作社向“五有”型（有完善的装备设施、有良好的运行机制、有健全的管理制度、有较大的服务规模、有显著的综合效益）农机合作社发展。并明确提出“十三五”期间，江苏省拟组织创建 1 000 个省级农机合作社示范社。

（四）江苏省各地区提出一系列农机服务组织化发展的政策举措

江苏省各地区在执行省里相关政策的同时，还出台了许多区域性的政策，推动地区农机服务的组织化程度与农机服务发展。

1. 无锡市

无锡市农机局会同市财政局联合发布了《关于下达 2015 年度农机服务体系建设项目以奖代补资金的通知》，出台农机服务体系建设以奖代补政策。文件明确 2015 年农机服务体系建设项目以奖代补政策，主要对机插秧作业面积及农机维修网点农机抢修服务等进行资金奖补，以进一步提升合作社水稻机插秧服务和维修网点抢修服务的能力与水平。文件规定在无锡市市辖区内经工商部门注册登记的农机专业合作社、农机大户及家庭农场，年度机插秧面积达到一定规模以上的，可享受机插秧作业面积以奖代补 10 元/亩。市辖区内经工商部门注册登记的农机维修服务网点，其维修场地、技术人员、设备条件达到相应维修等级规定要求，且农忙抢修农机具台（次）满足相关条件的，每家可享受 1 万～2 万元的资金补贴。文件同时明确省星级农机维修网点、省（或市）星级农机专业合作社内修理网点将优先享受补贴。无锡市农机局还印发了《无锡市市级农机合作社示范社创建活动实施方案》（以下简称“方案”），统筹部署“十三五”期间全市农机合作社示范社创建工作，促进农机合作社规模化、规范化、市场化发展，提升合作社发展质量和服务水平。《方案》明确，到“十三五”末，力争创建市级农机合作社示范社 40 个以上、省级农机合作社示范社 30 个以上、全国农机合作社示范社 5 个以上。

2. 连云港市

连云港市农机局积极打造一批示范引领能力强、运行规范、分配机制明晰、机具配套合理的农机合作组织。2015 年，按照“做优机制、做强实力、适度规模”的要求，坚持“五有标准”，通过规范建设、适度规模、合理配备机具、示范引领等举措，加大基础投入，规范经营机制，扩大经营规模，努力增强合作社的实力、能力和活力，推进农机专业合作社建设。以全面提升粮食生产全程机械化水平为核心，以水稻、小麦、玉米三大作物为主要对象，以耕整地、种植、植保、收获、烘干、秸秆处理为重点环节，培育壮大农机服务市场主体，重点突破水稻集中育供秧机械化种植、秸秆处理、高效植保、粮食产地烘干等薄弱环节，全面提升粮食生产全程机械化水平。市委农村工作办公室、市财政局、市农机局三家联合印发了《连云港市农机示范合作社考评管理办法》（连农机〔2016〕52 号），从规范化管理、规模化经营、全程机械化生产、有良好的社会效益等方面健全了考核内容；对农机合作社评分前 30 名进行资金奖补。对有弄虚作假、作业服务质量差、挤占或挪用财政专项资金、出现农机安全责任事故、在合作社流转承包地里出现秸秆焚烧的一律取消参评资格。

3. 宿迁市

2015年，宿迁市农机局按照3 000～5 000亩布局1个农机合作社的规模，在每个县区选取2个乡镇进行试点，重点加大扶持10个左右新型农机经营主体，逐步健全完善农机社会化服务体系建设。宿迁市农机局采取“四项举措”着力推进农机社会化服务体系建设。一是推进“企社共建”。先后协调福田雷沃、东风农机等农机知名企业与该市10个农机合作社签订“企社共建”协议，从购机优惠、试验示范、维修服务和人才技术等四个方面加强合作，不断提升合作社的服务能力和维修能力。二是开展“银社对接”。在配合民生银行做好“惠农贷”工作的基础上，又与邮储银行宿迁分行率先在该市联合推出农机购置补贴贷款政策，为农机合作社、农机大户等办理机具总价30%～50%的贷款额度，解决广大购机户“贷款难”等问题。三是创新扶持方式。积极参与家庭农场集群综合服务体建设，组织粮食烘干设备农机经销商、企业等召开供需见面会，帮助引进粮食烘干设备15台套。加大政策扶持力度，优先向家庭农场集群范围内的农机合作社倾斜省级机库和维修点建设项目。四是做好跨区作业。邀请宿迁市电视台做专题报道，宣传跨区作业证的管理政策、发放程序等政策。提前联系跨区作业地点，引导、帮助机手签订作业合同实施订单作业，组织赴东北插秧，赴四川、安徽等地开展夏收作业。宿迁市重点围绕推进粮食生产全程机械化，积极发挥典型示范效应，培育壮大一批管理规范、规模适度、服务能力强的新型农机经营服务主体。提出在“十三五”期间，力争建设规范化农机合作社200家，合作社农机作业面积占农机作业总面积的70%以上，引导家庭农场合理配置农机具，提高服务保障水平，实现自我服务与社会化服务有机结合。

4. 南通市

南通市通州全力打造“全托管”新型经营主体。通州区农机局按照“两年打基础，三年大提升，五年见成效”的总体要求，鼓励农民采取出租、入股等形式，按照“依法、自愿、有偿”原则，流转土地承包经营权，引导土地向农机合作社和家庭农场流转，通过实施全托管，把劳动力从土地耕作中解放出来，农民不仅享受原有的土地利益，并实现劳动力向二、三产业转移，增加了农民劳务收入。政府对新增“全托管”经营面积200～500亩、500～800亩、800亩以上的经营者，财政分别奖补 3 万元、5 万元、8 万元。2015 年通州区培育“全托管”新型经营主体 98 个，土地流转 1.472 万亩，由于实现了规模种植，平均每亩可获得纯利 420 元，取得农户和服务组织双赢的效果。

5. 泰州市

在《2016 年全市农业农村工作目标管理意见》（泰发〔2016〕4 号）中，提出了水稻种植机械化、粮食烘干服务中心建设、农作物秸秆综合利用率、社会化服务水平等涉及农机化相关领域工作占考核总分的 10.5%，水稻种植机械化作为一级指标，占考核总分的 3.5%。《意见》要求各市（区）合理布局粮食烘干中心，提升农业经营社会化服务水平，绩效评估农机专业社会化服务水平，并重点考核农机专业合作社规范化建设和农机维修能力建设两个指标，各占 50%权重。为解决农民贷款购买农机资金不足的问题，兴化市农机局会同财政局联合印发了《关于 2016 年度农机信贷扶持实施办法》，规定对农民贷款主要用于购买大中型农业机械，贷款额度为购买机具总价的 70%，贷款分 2 年还清，政府给予银行利息全额贴息，但年利率不得高于 7%。贷款及贴息申请非常简单，农民向农机部门提出申请，经审核后到农机经销商购机，凭贷款购机申请表和销售确认表到银行办理贷款，银行 3 个工作日内把贷款直接打到农民账户。贷款还完后，农民凭银行结息单据到市农机局申请利息补贴，经审核确认后由市财政统一支付到农民“一卡通”内。在此程序中，没有限定银行和农机经销商，无论到哪家银行均可获得贷款，无论到哪家经销商均可购机，农民自主权没有受到限制。

四、江苏省农机购置补贴政策效应分析

2004 年中央 1 号文件的发布及《农业机械化促进法》的颁布实施，为农业机械化事业的全面、协调、可持续发展提供了强有力的政策支持和法律保障。农机购置补贴作为“两减免三补贴”政策中的一项重要措施，在全国范围实施后，江苏省在兴化、金坛和常熟 3 个试点县率先推行“中央财政农机具购置补贴项目”，并相应制定出台了具体的实施办法。经过 10 余年的实践探索，目前江苏省在农机购置补贴政策落实方面已经形成较为完善的工作机制，并取得了显著的成效，主要体现在以下几个方面。

(一) 江苏省农机购置补贴增长速度快

2004 年中央财政投入“农机具购置补贴项目”资金 7 000 万元，江苏省财政相应也投入 2 000 万元，用于提高农业机械装备总动力。2005 年中央财政投入农机购置补贴资金 3 亿元，同年江苏省财政投入也增加至 3 500 万元，其支持力度在全国省份中名列前茅。到 2015 年，省财政补贴农机具购置补贴金额高达 14.8 亿，其补贴金额是 2004 年的 68.8 倍，如图 7－7 所示。

2008 年是农机购置补贴增长的“分水岭”，2008 年之前，农机购置补贴在 0.2 亿的低基数水平上快速增长，2004—2008 年，江苏省财政投入的农机购置补贴金额分别为 0.22 亿、0.65 亿、0.87 亿、1.77 亿、2.8 亿，5 年间投入总金额为 6.3 亿，年均投入额为 1.26 亿元，年均增速为 240.47%。2008 年之后，农机购置补贴金额在高水平基础上增长，受国家宏观调控和“四万亿大投放”的影响，2009 年我国农机购置补贴首次突破 100 亿大关，达到 130 亿元，补贴金额比 2008 年增长 225%。与此同时，江苏省财政投入的农机购置补贴金额，较 2008 年也有显著提高，达到 6.9 亿，比 2008 年增长 146.43%。此后 2010—2015 年，江苏省财政投入的农机购置补贴金额分别为 8 亿、9.2 亿、10.9 亿、12.88 亿、13.6 亿、14.8 亿，年均投资额为 11.56 亿，是 2008 年前平均投入的 9.18 倍，年均增速为 14.17%。

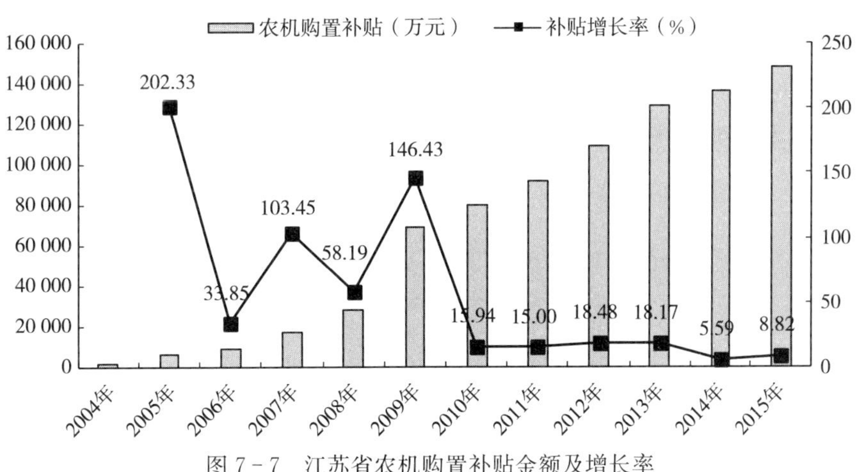

图 7－7 江苏省农机购置补贴金额及增长率

（二）江苏省农机购置补贴产品目录

江苏省对农机购置补贴目录中产品品种选择经历过两个时期：加法阶段和减法阶段。2004—2011 年为补贴产品目录加法阶段，2004 年有 9 个品目，2006 年为 10 个品目，2008 年是 19 个品目，2010 年是 53 个品目，到 2011 年享受补贴的产品目录充实到 57 个品目。8 年间，补贴大类从没有明确的分类数上升到 12 个大类，补贴品目从 9 个上升到 57 个，如图 7－8 所示。随着补贴种类和品目不断丰富，极大地满足了农民的购机需求，但同时也造成资源的浪费。2012 年以后，江苏省农机部门联合财政部门，开始为享受农机购置补贴的产品目录做“瘦身运动”，将以前年度中享受补贴但销售量较少、技术不稳定、市场需求不旺的机具调出补贴范围，将一些生产急需、技术成熟的机具列入补贴范围。产品补贴目录中享受补贴的产品大类从 2011 年的 12 大类降到 2015 年的 10 个大类，产品品目也下调到 49 个品目。

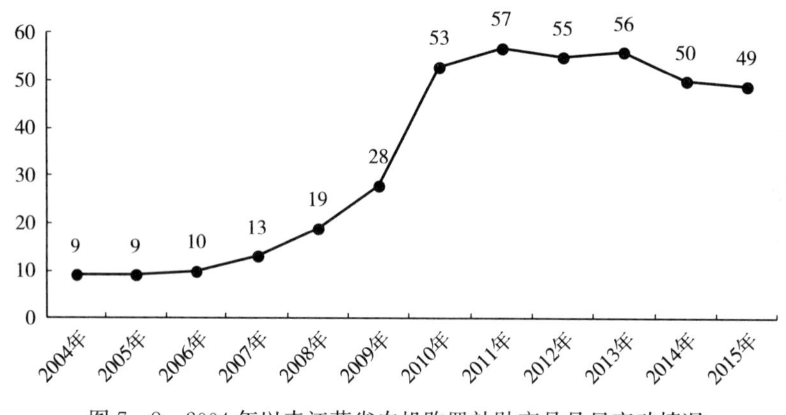

图 7－8　2004 年以来江苏省农机购置补贴产品品目变动情况

江苏省农机购置补贴产品能够满足当地农民的购机需求，最令农民满意。实地调研发现，农民对农机购置补贴中的产品品类构成最为满意，如图 7－9 所示，在被调查的 226 份有效问卷中，有 38.24％的人认为农机购置补贴目录中所列产品品类最令人满意。调查样本中有 64.3％的人认为补贴目录中的产品丰富或者合适，在种植大户、家庭农场和专业合作社样本中该比例达到 73.4％。

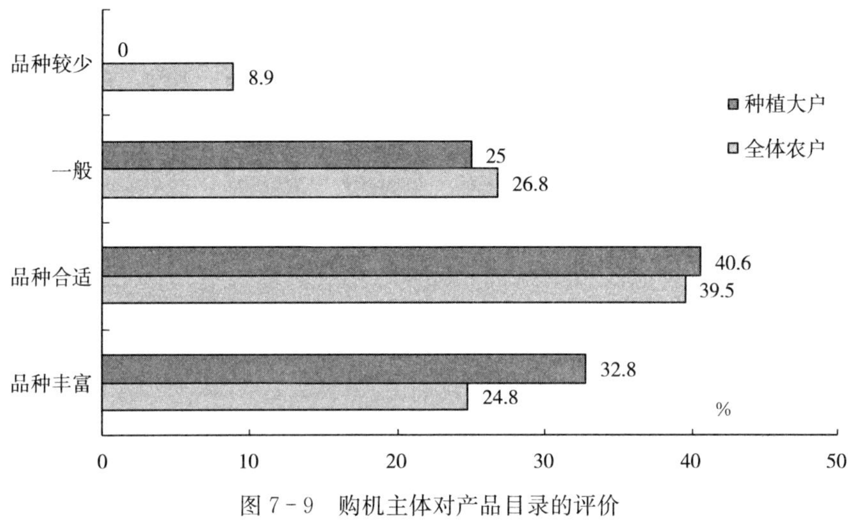

图 7－9　购机主体对产品目录的评价

（三）江苏省农机购置补贴投资拉动效果显著

从 1998 年开始，中央财政开始设立专项资金，用于农业机械购置补贴。2000 年以前专项名称为“大中型拖拉机及配套农具更新补贴”，2001 年调整为“农业机械装备结构调整补助费”，2003 年名称改为“新型农机具购置补贴”，每年 2 000 万元，2004 年正式定名为“农机具购置补贴”，当年安排资金 7 000 万元，财政部每年对农业部的预算批复均包括对农民和农业生产经营组织购买和更新农机具的补贴项目。

表 7－5　中央财政投入的农机购置补贴在江苏省的投资拉动情况

年度	中央财政资金/万元	农民自筹投入/万元	购机者/户	补贴机具/台
2004	150	35 000	7 800	8 212
2005	1 000	46 500	28 651	31 081
2006	2 200	64 000	30 689	33 101
2007	7 700	100 000	56 463	69 293
2008	15 000	150 000	77 219	104 598
2009	54 000	180 000	91 574	138 124
2010	65 000	200 000	84 429	205 645
2011	77 000	210 000	122 170	291 220
2012	94 000	285 800	84 224	166 792

（续）

年度	中央财政资金/万元	农民自筹投入/万元	购机者/户	补贴机具/台
2013	99 000	383 000	77 964	210 086
2014	121 000	351 700	67 700	184 900
2015	128 000	422 726	66 540	136 067

江苏省不仅是中国经济最发达的省份之一，而且也是中国粮食主产区之一。省市县各级政府都非常重视农机装备水平的提高和农业机械化程度的提升，且从2004年开始不断加大农业机械购置补贴支持力度，当年江苏省承担了农业部“农机购置补贴试点项目”，分别在兴化、金坛和常熟三（县）市实施，中央财政资金投入150万元，江苏省各级财政配套170万元，带动农民购置农机具投入520万元，实际拉动投资840万元。2015年中央财政投入12.8亿元，省级财政投入2亿元，带动单位和集团投入、农民投入和其他投入累计达42.3亿元，实现农机购置总投资57.1亿，中央财政投入的农机购置补贴资金的直接投资乘数效应为3.30。即中央财政投入1元的农机购置补贴，在江苏省内平均能够拉动3.06元的民间农机购置投入。自2004年以来，中央财政投入的农机购置补贴，累计拉动农民等民间购机投入242.9亿元，带动795 423户，购置1 579 119台（套）农机具。

省内各地区中央财政农机购置补贴拉动效应存在显著差异，苏南、苏中和苏北三地中央财政投入的农机购置补贴对农机购置支出的拉动效应分别为4、2.94和3.03，如图7-10所示。综合图7-10和表7-5数据，不难发现中央财政的农机购置补贴投入在江苏省产生显著的投资乘数效应，在苏南3市产生的投资乘数效应最大。

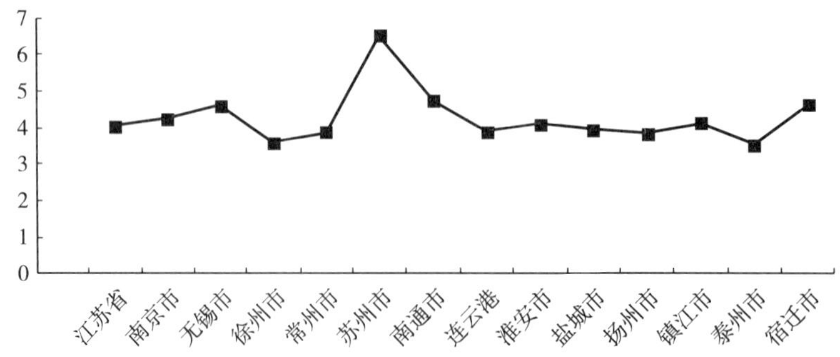

数据来源：江苏省农业机械化信息网。

图7-10　中央财政农机购置补贴的直接乘数效应

（四）江苏省农机购置补贴福利效果明显

农机购置补贴的本质是一种价格补贴，通过降低农机具的市场价格，降低消费购买决策阻力，最终达到刺激农机需求的目的。福利水平的高低可以用客观标准，例如收入、价格等来衡量，也可以用受补贴对象的主观满意度来评判。

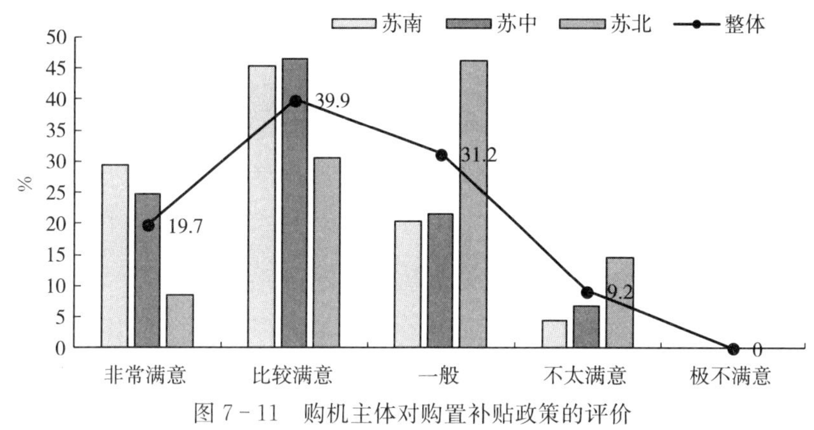

图 7－11　购机主体对购置补贴政策的评价

根据图 7－11 可知，江苏省购机主体对农机购置补贴政策评价较高，有 59.6%的农户表示对农机购置补贴政策“非常满意”或“比较满意”，并且没有购机主体认为农机购置补贴政策令其“极不满意”，但是在苏南、苏中和苏北三地的主观满意程度也存在显著差异，苏南和苏中地区分别有 74.88%和 71.28%

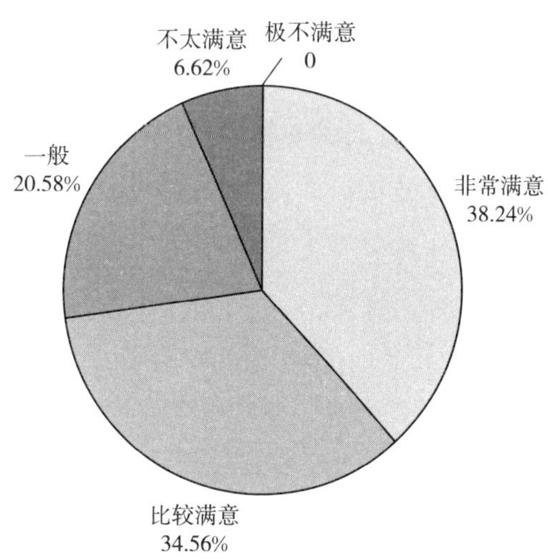

图 7－12　种植大户对购置补贴政策的评价

的购机主体达到“非常满意”或“比较满意”的程度，苏中和苏南地区购机主体的整体满意程度显著高于苏北购机主体的补贴政策满意度。而苏北地区这一比例仅有 39.3%，苏北地区有 14.5%的购机主体表示农机购置补贴政策令其“不太满意”，而苏中和苏南地区仅有 6.74%和 4.35%的购机主体持有相同的看法。

随着土地适度规模经营不断向纵深推进，农户又进一步分化为一般农户和包括种田大户、家庭农场和农民合作社在内的规模种植户，这两类农户对农机购置补贴政策的评价显著不同，规模种植户对农机购置补贴政策的满意水平显著高于农户整体满意水平，结合图 7－11 和图 7－12 可以看到，72.8%的规模种植户表示对农机购置补贴政策达到“非常满意”或“比较满意”的水平，比农户整体层面的 59.6%的满意水平高 22.15 个百分点。这一评价结果也符合政策的预期目标，尽管农机购置补贴实行的是普惠制，但是农机购置补贴意在为培育现代农业的新型经营主体提供政策支持，所以其补贴资金向种田大户、家庭农场和农民合作社这类的农业新型经营主体倾斜，由此造成农户对农机购置补贴政策满意度评价结果有所差异，就不难理解了。

（五）农机购置补贴政策间接效应多样

在福利改进方面，不同农机购置补贴实施方式效应不同。补贴购机方式主要有两种：差价购机模式和全价购机模式。差价购机模式，就是购机补贴对象持补贴指标通知书到供货单位办理购机手续，差价购机；全价购机模式，就是农民全价购机后凭发票申请补贴，按照谁买补贴给谁的原则，将补贴资金直接打入一卡通，变“暗补”为“明补”，比较两种不同补贴模式对农民消费的影响，发现全价购机模式下的农民福利改进效果更明显。

农机购置补贴也存在着间接效应，一是使适度规模经营成为可能，二是使之与劳动力、耕地等其他农业生产要素的组合得到优化、配置效率得以提高，促成了农业生产技术水平的提高，以及土地生产率、资源利用率、劳动生产率和规模报酬的大幅度提高。

在产出效应方面，农机购置补贴对农机装备水平、农业总产出和农民收入水平的提高具有显著正效应。研究表明，农机购置补贴每提高 1%，拉动农机装备水平提高 0.103%，提高粮食总产出 0.049%，使农业总产值提高 0.260%，劳动生产率提高 0.149%，土地生产率提高 0.036%。

在环境效应方面，农机购置补贴能够减少化肥农药的施用量。根据研究，农机购置补贴每提高 1%，会使得农药施用量下降 0.05%，化肥施用量减少 0.01%。经测算，自 2004 年以来，中央和省级财政年均投入的农机购置补贴为 6.9 亿，年均实现二氧化碳减排 19.3 万吨，其中化肥源性二氧化碳减排量为 11 万吨，农药源性二氧化碳减排量为 8.3 万吨。

五、农机化发展人才支持度分析

江苏省农业机械化发展离不开数量充足、结构合理、素质优良的农机化人才队伍，一直以来，江苏省着力建设了农机化管理人才、科技人才和农机化作业服务人才三支队伍。农机化管理人才主要是指各级农机化行政主管部门的工作人员，负责农机化有关政策的执行和落实。农机化科技人才是指负责农机化技术推广、试验鉴定、安全监理、教育培训及科研开发的人员。农机化作业服务人才主要是指从事农机化生产作业的农机驾驶操作和修理人员等。农机化管理和科技人才主要分布在各级农机系统的政府部门和相关管理机构中，农机化作业服务人才主要分布在各类农机服务组织中。因为农机化管理人才和科技人才在特征属性上有较大的相似性，在农机系统基层组织中，管理人员也会兼职科技人员的工作，所以，报告将把管理与科技人才归为一类进行分析。

（一）农机化管理和科技人才队伍情况分析

截至 2015 年年底，江苏省农机系统机构人员总数为 6 636 人，其中科技人员（含教师）3 451 人。从江苏省农村统计年鉴可知，2015 年年底江苏省农业从业人口为 747.41 万人，农机总动力为 4 825 万千瓦时，每万名农业从业人口拥有 8.88 名农机管理和科技人员，每万千瓦时农机动力由 1.37 名管理和科技人员进行管理和服务。

根据课题组的调查，管理和科技人员以男性为主，比例约为 91%；平均年龄约为 46 岁，30 岁以下的年轻人约占 7%，50 岁以上的中老年人约占 39%，年龄趋于老龄化；农机系统管理干部的平均文化程度较高，其中，约 60%的人员具有大专以上文化程度，有 5%左右的人员拥有研究生学历，如表 7－6 所示。

表 7-6　江苏省农机系统管理和科技人员基本结构

性别结构		年龄结构		学历结构		
男性	女性	30 岁以下	50 岁以上	研究生	本科及大专	高中及以下
91%	9%	7%	39%	5%	55%	40%

农机系统管理和科技人员中，拥有中高级职称的比例约为 66%，大多数人员接收过专业教育，但从调查结果来看，只有约 40%的人员接收的专业教育与农机相关，见表 7-7。

表 7-7　农机化管理和科技人员基本素质

职称比例			与农机专业教育相关比例	
初级	中级	高级	与农机相关	与农机不相关
34%	50%	16%	40%	60%

（二）农机化作业服务人才队伍情况分析

2015 年底，江苏省乡村农机化服务从业人员为 152.65 万人，占江苏省农业从业人员 20.4%，与 2014 年相比，高 0.4 个百分点，每公顷播种面积配备 0.20 名农机化服务从业人员；农机化作业服务人员以男性为主，比例约为 71%；平均年龄约为 48 岁，30 岁以下的年轻人占约 10%，50 岁以上的中老年人占约 53.6%，年龄结构也趋于老龄化；农机化作业服务人员的平均文化程度较低，只有 8%的人员达到大专以上文化程度，初中及以下的比例约为 74%，如表 7-8所示。

表 7-8　江苏省农机化作业服务人员基本结构（1）

性别结构		年龄结构		学历结构		
男性	女性	30 岁以下	50 岁以上	大专及以上	高中	初中及以下
71%	29%	12.9%	53.6%	8%	18%	74%

农机化作业服务人员以操作拖拉机、插秧机和联合收割机等农业机械为主，从业人员约 51.9%，农机维修人员占 6.5%。在课题组走访调查的过程中发现，在农机作业服务过程中对农机维修人员的需求仍然较为迫切。市场力量对推动农

机化工作有一定的影响，有3.6%的人员从事农机服务经纪工作。从事其他农机相关工作的约占38%，如表7－9所示。

表7－9　江苏省农机化作业服务人员基本结构（2）

工种结构					
拖拉机驾驶人员	插秧机人员	联合收割机驾驶人员	农机服务经纪人	农机维修人员	其他农机相关工作
28.4%	11.2%	12.3%	3.6%	6.5%	38%

由于农业的季节性特征，从事农机化作业服务工作的人员中，约64%的人员是以兼职的方式从事农机作业服务工作，69%左右的农机化作业服务人员可以操作多种农机装备，这在一定程度上缓解了农忙时节农机手供给不足的情况，如表7－10所示。

表7－10　农机作业服务人员基本特征

从事农机作业形式		操作农机设备种类			从事农机作业年限		
专职	兼职	1种	2种	3种及以上	1～5年	6～20年	20年以上
36%	64%	31%	22%	47%	34%	50%	16%

按照安全标准要求，拖拉机、联合收获机和农用运输车等农业机械驾驶员必须拥有驾驶证书，但从统计数据来看，各类农机从业者拥有相应驾驶证书的比例仍有较大提升空间，拥有农机职业技能鉴定证书人数占农机化作业服务人才总人数的比例也并不算高，如表7－11所示。

表7－11　农机作业服务人员基本素质（1）

操作技能类别			
拖拉机从业人员拥有驾驶证书的比例	联合收获机从业人员拥有驾驶证书的比例	农用运输车从业人员拥有驾驶证书的比例	拥有农机职业技能鉴定证书人数占农机化作业服务人才的比例
75%	53%	93%	14%

近年来，全省各级农机管理部门组织了多种农机培训班，取得较好的成效。但仍有43.4%的农机从业人员近5年既没有接收农机使用和维护的相关

培训，也没有农机从业职业资格证书，在拥有从业职业资格证书的人员中，有50%以上为初级等级证书，在全省范围内拥有技师和高级技师证书的比例不到5%，农机相关培训的覆盖范围和培训质量有较大的提升空间，如表 7-12 所示。

表 7-12　农机作业人员基本素质（2）

拥有农机从业职业资格证书的种类				拥有农机从业职业资格证书的最高等级					近五年接受农机相关培训	
没有证书	1 种	2 种	3 种以上	初级	中级	高级	技师	高级技师	接受	未接受
34%	31%	21%	14%	51%	32%	13%	3%	1%	56.6%	43.4%

（三）农机化人才支持度分析

农机服务工作的顺利实施，有赖于建设一支数量充足、结构合理、素质良好的农机化人才队伍建设。为了衡量江苏省农机人才数量、结构、素质对当前农机化发展的支持程度，通过参考文献资料，结合专家咨询，建立了农机化人才支持度指标体系，该指标体系包括农机化管理和科技人才、农机化作业服务人才两个类别，数量、结构和素质 3 个方面，如表 7-13 所示。

根据标准值和现实值之间的关系，分为正向、反向和中性三类不同性质的指标。运用公式对指标进行调整，使之便于统计分析和计算。通过文献回顾、专家咨询，结合统计年鉴及年报数据，确定了各指标的权重和标准值，如表 7-14 所示。

表 7-13　农机人才支持度指标体系

人才分类	一级指标	二级指标	三级指标	单位	指标性质
农机化管理和科技人才 A	数量 A_1	管理和科技人员数占农业从业人员数的比重（A_{11}）		人/万人	正向
		每万千瓦时农机总动力拥有的管理和科技人员数（A_{12}）		人/万千瓦时	正向
	结构 A_2	管理和科技人员数与农机化作业服务人员数的比例数（A_{21}）		人/千人	中性

（续）

人才分类	一级指标	二级指标	三级指标	单位	指标性质
农机化管理和科技人才 A	结构 A_2	年龄结构（A_{22}）	中、老年人占管理、科技人员数的比重（A_{221}）	%	中性
			青年人占管理、科技人员数的比重（A_{222}）	%	中性
		学历结构（A_{23}）	拥有本科、大专（含中专、高中、职技校）学历人数占管理、科技人员数的比重（A_{231}）	%	中性
			拥有研究生及以上学历人数占管理、科技人员数的比重（A_{232}）	%	正向
	素质 A_3	职称（A_{31}）	拥有高级职称人数占管理、科技人员数的比重（A_{311}）	%	正向
			拥有中级职称人数占管理、科技人员数的比重（A_{312}）	%	正向
			拥有初级职称人数占管理、科技人员数的比重（A_{313}）	%	反向
		管理和科技人员专业教育与农机专业相关的比例（A_{32}）		%	正向
农机化作业服务人才 B	数量 B_1	农机化作业服务人员数占农业从业人口的比重（B_{11}）		%	正向
		每公顷播种面积拥有农机化作业服务人员数（B_{12}）		人/公顷	正向
	结构 B_2	农机维修人员数占农机化作业服务人员数的比重（B_{21}）		%	正向
		年龄结构（B_{22}）	老年人占农机化作业服务人员数的比例（B_{221}）	%	反向
			中年人占农机化作业服务人员数的比例（B_{222}）	%	正向
			青年人占农机化作业服务人员数的比例（B_{223}）	%	正向
		学历结构（B_{23}）	高中、中专、职技校、初中及以下学历人数占农机化作业服务人员数（B_{231}）	%	中性
			拥有本科、大专学历人数占技术工人人数占农机化作业服务人员数（B_{232}）	%	正向

（续）

人才分类	一级指标	二级指标	三级指标	单位	指标性质
农机化作业服务人才 B	素质 B_3	拥有农机职业技能鉴定证书人数占农机化作业服务人员数（B_{31}）		%	正向
		技能种类（B_{32}）	拖拉机从业人员拥有驾驶证书的比例（B_{321}）	%	
			联合收获机从业人员拥有驾驶证书的比例（B_{322}）	%	
			农用运输车从业人员拥有驾驶证书的比例（B_{323}）	%	

表 7－14　人才支持度各指标数据及计算结果

指标编号	权重	理想值	实际值	各指标得分	指标编号	权重	理想值	实际值	各指标得分
A_{11}	6.35	10	8.88	5.64	B_{11}	7.53	20%	20%	7.53
A_{12}	7.68	2	1.37	5.26	B_{12}	8.94	0.24	0.19	7.08
A_{21}	5.7	10	4.22	2.41	B_{21}	2.8	3%	2.5%	2.33
A_{221}	3.35	40%	70%	0.84	B_{221}	2.25	20%	4%	1.80
A_{222}	3.35	60%	30%	1.68	B_{222}	2.25	35%	53%	2.25
A_{231}	2.7	80%	95%	2.19	B_{223}	2.25	40%	43%	2.25
A_{232}	2.7	20%	5%	0.68	B_{231}	2.75	60%	92%	1.28
A_{311}	3.84	15%	16%	3.84	B_{232}	2.75	40%	8%	0.55
A_{312}	3.84	50%	50%	3.84	B_{31}	7.64	30%	14%	3.57
A_{313}	3.84	35%	34%	0.11	B_{321}	3.3	90%	75%	1.65
A_{32}	7.67	60%	40%	5.11	B_{322}	3.3	90%	53%	2.75
					B_{323}	3.3	90%	93%	3.12

通过问卷调查和查询农机化统计年报，确定了各指标的现实值。使用各指标标准值、现实值和权重，结合指标性质，根据公式计算得到各指标得分，如表 7－13所示。满分按 100 分计算，测算得到江苏省农机化管理和科技人才支持度得分为 31.59，农机化作业服务人才支持度得分为 36.82，江苏省农机化人才支持度合计为 68.42，表明江苏省农机化人才对江苏农机化发展的支持处于中等水平。从得分情况看，农机化管理和科技人才队伍的建设情况要逊色于农机化作业

服务人才，其中，农机化管理和科技人才支持度得分达到了理想值的62%，而农机作业服务人才支持度得分达到了理想值的75%，如表7-15所示。

表7-15　不同类人才支持度得分完成情况

指标	管理和科技人才（A）	农机作业服务人才（B）	合计得分
实际得分（I）	31.59	36.82	68.42
理想值（I_0）	51	49	100
得分完成率（I/I_0）	62%	75%	

比较两类人才的一级指标得分完成率，如表7-16所示，A_2为管理和科技人才的结构指标，得分完成率较低，只有44%；再结合表7-14中相关指标的得分情况，农机化管理和科技人才与农机化作业服务人才之间的结构比例失衡，从标准值看，每千名农机化服务人员应有10名管理和科技人员，但现实值只有4.22人，农机化管理和科技人才存在较大的缺口；年龄老化和高学历人才比例不足等因素都导致了农机化管理和科技人才在结构指标上较低的得分。A_3和B_3分别表示两类人才的素质指标，得分完成率为67%和66%，因此，若要继续稳步提高农机化人才支持度，需要提升各类人才素质方面的指标，进一步提升拥有中高级职称的管理和科技人才的比例，让更多拥有农机专业教育背景的人才进入农机系统中工作，加大农机职业技能鉴定工作力度，加强各类农机设备的操作、维修技能的培训，提高农机技术工人拥有农机驾驶证书和农机职业技能鉴定证书的比例。

表7-16　一级指标得分完成率

指标	A_1	A_2	A_3	B_1	B_2	B_3
实际得分（I）	10.9	7.79	12.9	14.8	10.47	11.56
理想值（I_0）	14.03	17.8	19.19	16.48	15.04	17.52
得分完成率	78%	44%	67%	90%	70%	66%

按照行政区划，分别计算苏南、苏中和苏北三个区域的农机人才支持度。如表7-17所示。从得分情况看出，与经济发展水平的梯度类似，三个区域农机化人才支持度得分依次为苏南最高，苏中次之，苏北分数较低。

苏南地区，三支人才队伍的建设总体情况较好，队伍向年轻化、知识化方向

表 7－17　不同区域人才支持度得分情况

区域	苏南	苏中	苏北
实际得分	75.12	67.02	56.06

发展，为苏南地区农业现代化提供较好的支持。苏北地区在管理和科技人才队伍的建设有待提升，得分率只有 43%，在数量和年龄结构等方面存在不足；但苏北地区在农机作业服务人才方面的建设水平高于苏中，得分率为 70%，接近苏南的水平。苏中地区在管理和科技人才队伍建设方面与苏南地区相当，得分率约为 71%；在农机作业服务人才队伍建设方面得分率只有 62%，低于全省 75%的水平，需要改善农机维修人员比率不高、青年人比例较低等方面的问题。各区域分类人才支持度见表 7－18。

表 7－18　不同区域分类人才支持度得分完成情况

区域	苏南		苏中		苏北	
分类人才	管理和科技人才	农机作业服务人才	管理和科技人才	农机作业服务人才	管理和科技人才	农机作业服务人才
实际得分（I）	36.81	38.31	36.46	30.56	21.72	34.34
理想值（I_0）	51	49	51	49	51	49
得分完成率（I/I_0）	72%	78%	71%	62%	43%	70%

第二节　江苏省农业机械化发展中存在的问题与分析

江苏省农机化发展虽然取得了巨大的进步，但为进一步满足现代农业发展的需要，还存在一些问题，需要进一步完善与改进。

一、农机化发展的质量有待于进一步提升

1. 农机装备水平增长较快，但农机有效供给不足

近年来，在农机购置补贴的推动下，民间资本带动效果显著，农机装备水平

提高较快，但农机装备供给与现代农业发展需求不够协调，有效供给不足。存在“低多高缺”的结构性缺陷，落后设备的淘汰比较困难，先进设备的需求不能完全满足；低层次的装备占比例较多，智能化、信息化的装备偏少；喷滴灌、机植保、冷藏保鲜等农机化技术在设施农业中得到普遍推广应用，但育苗、移栽、包装等农机化技术应用还不广泛。

2. 设施园艺、渔业等的机械化水平不高，整体农机化水平再次提高较难

虽然农机化综合水平已经进入高级阶段，但只是粮油大宗农作物的机械化水平较高，设施农业、畜禽养殖、林果业、渔业等机械化水平不高，目前设施园艺蔬菜机械化还处于示范推广阶段。由于农机设备一次性投入较大，需要配套的基础设施等建设资金也不小，投资回收期较长，没有服务的组织化程度的提高和整体农业效应的实现，农机化综合水平的提高比较困难。

3. 农机与农艺结合有待于提升，新机具示范推广缺乏有效途径

农机相对于不同的耕作制度，以及多样化的农作物，还存在单一性问题；农机和农艺结合不够紧密，不能满足农作物的需要，而新的机具又比较缺乏较好的示范推广模式，新农机需求显得不足。另一方面，部分农机的可靠性也存在不足，特别是在土壤特性特殊和地形比较复杂的情况下，部分农机的性能难以满足使用要求；部分高端先进的作业机械已有引进使用，但与农艺结合还不够。依据农业大数据，基于智慧农业发展智慧农机的建设不足。

4. 农机发展需要的基础设施有待于进一步完善

农机发展需要的基础设施建设还缺乏统一规划，投入机制还不够完善，基础设施建设政策扶持仍偏少，在合作社享有的扶持政策中，除少数示范社享受过机库棚建设财政项目资金扶持外，其他大部分合作社仅享受农机购置补贴优先等少数扶持政策；在农业机械保有量迅速攀升的情况下，农机维修网点建设及其布局还需进一步完善，农机修理质量得不到保证；田间道、机耕道等农机化基础设施建设有待改善，特别是机耕道路的管理、养护和建设等问题仍然存在，农机停放的库棚仍然缺乏，机具摆放户外日晒雨淋，加速机具折旧和损毁，影响了农机的寿命和效能；农机服务信息平台建设不够，农机资源优化配置缺乏；另外机具存放、烘干中心等建设还需要土地，但土地批准很难，部分地区未能获得较好的支持与政策安排。

二、农机服务体系及服务组织管理的规范性有待于进一步提高

1. 农机服务体系有待完善，部分农业生产经营主体的农机服务需求得不到很好满足

近年来，由于土地经营规模的扩大，农业生产经营主体多样化，农机服务体系和组织形式也发生了变化，但主要还是政府通过资金扶持政策主导的农机合作社的组织形式比较多。由于是政府推动，不是完全来自于市场驱动，现实中存在不少无效合作社，还有部分徒有合作社的名，实际是公司化经营，主要是为了获取政府补贴而成立的合作社。目前，江苏农村还有大量的土地没有流转，在目前农业劳动力转移、农业劳动力成本不断攀升的情况下，也需要农机服务。因此，要完善农机服务体系，确保不同农业生产经营主体的农机服务的全覆盖。

2. 服务组织形式需要科学化，满足现代农业生产的需要

在政府推动的大量农机合作社形成的情况下，市场出现了针对分散农户的全托管模式，农机合作联社、设备租赁等新型服务组织，但这些服务组织的组织结构、运行机制及其管理还不够科学规范，迫切需要对服务组织形式进行研究和推广，针对不同农业生产的需要和不同经营主体，研究合适的服务组织形式。在服务组织形成过程中，应妥善处理好政府和市场的关系、农机服务组织与农业经营主体服务需求之间的关系。

3. 农机服务组织管理的规范性、有效性有待于提高

近几年来，农机服务组织化程度不断提高，但部分农机专业合作社规模偏小，机具单一化、小型化，服务单项化、松散化，作业规模不大，组织化程度不高；有的农机专业合作社管理不规范，管理比较松散，责权利不明确，制度建设滞后，财务管理不规范，成员参与组织决策的程度较低；有的合作社社员整体素质偏低，合作社成员主要是农民，文化层次低、技术水平差，合作意识薄弱，特别是合作社理事长经营管理能力相对不高，开拓市场、驾驭市场和抗御市场风险方面的能力较弱，影响了合作社的可持续健康发展。

4. 人才、资金、土地等资源还不能完全满足农机服务组织发展的需要

在人才方面，部分农机合作社负责人文化程度和经营管理水平不高，合作社职业驾驶操作和财务人员缺乏，维修服务能力不强。在机库和烘干中心用地方

面，国土资源部、农业部《关于进一步支持设施农业健康发展的通知》（国土资发〔2014〕127号）文件，已明确大型农机具临时存放、维修场所等配套设施用地政策，《江苏省农业机械管理条例》明确了农机合作社场库棚用地享受农业用地政策，但具体操作很难落实。在资金方面，农机基础设施建设投入大，但农业贷款额度低、担保要求高，农机合作社很难达到金融机构的担保、投信标准，在融资方面存在贷款难、手续繁、隐性费用高等问题。

5. 农机服务效益波动较大，影响农机服务组织的形成与发展

近年来，恶劣天气对农业生产影响大，农业生产、农机社会化服务亏损严重，不少粮食种植户和农机专业合作社维持在保本性经营中，有的还出现亏本现象，农户和农机社会化服务组织的继续投资意愿大大下降，农机社会化服务投入的持续性越来越差。

三、江苏省农机化购机补贴政策有待于进一步完善

1. 补贴农机的价格偏高，影响了补贴的实际效应

农机购置补贴政策，理论上可以产生两种效应，即替代效应和收入效应。首先，因为只有购买补贴目录内的农机具才能获得补贴，农户会选择补贴目录内的农机具，因而导致补贴目录内农机具购买量上升，价格会呈现一定刚性。其次，由于补贴降低了农户购买农机负担，从而导致农户购买力增强，农机具的购买量上升，同样会形成补贴内农机具生产商的特殊优势地位。因此，有专家调查发现，补贴的农机价格普遍高于同款非享受补贴的机具，价格差距甚至高达15%～18%，本次调研也发现类似情况，农民普遍认为受补贴农机具的价格显著高于同款没有享受补贴的农机具价格，农户不享受政府补贴购买机具的价格几乎跟享受政府补贴的价格（除去已经补贴）相差无几，产生了没有享受到国家补贴的错觉，从而对购机补贴政策产生一定的负面效应。

调查显示，有46.8%的农户认为受补贴农机具价格偏高，且在不同地区和不同经营主体之间对价格高的感知还存在显著差异。从区域角度看，苏南地区受访农户对价格虚高的情况反应更强烈，有57.82%的农户反映农机具的价格虚高；苏中地区受访农户中也有一半的农户反映享受补贴的机具价格高，认为与不享受补贴的同款机具价差大；苏北地区受访农户对价格虚高问题的反映没有苏南

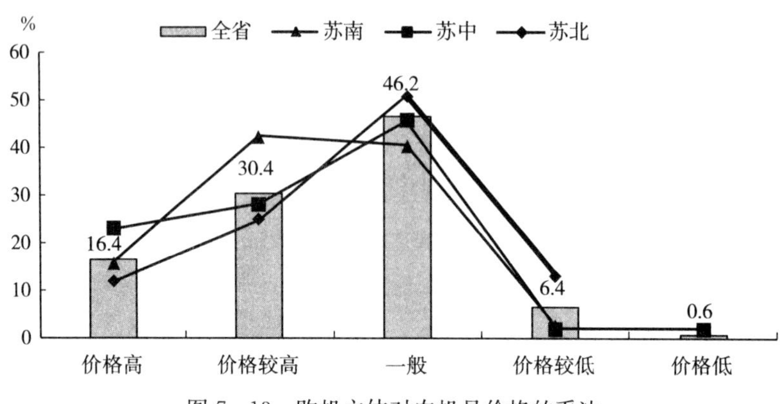

图 7－13　购机主体对农机具价格的看法

和苏中地区那么强烈，但是，仍然有 36.42％的农户认为价格相对较高（图 7－13）。从经营主体角度看，种田大户、家庭农场和农民（机）合作社等现代经营主体对农机具价格高的问题反映更为强烈，有 63.2％的种植大户反映农机具价格高，这一比例比全省平均水平高 35.04 个百分点。对这一现象的可能的解释是，种植大户购置农机具的数量比普通农户多，也更偏爱较先进适用的机具，承担的购机经济压力大，而目前全省推行的全价购机模式，无疑又进一步加大了经济压力，两种效应叠加后，使得种植大户的购买力与机具价格产生更大的错位，所以最终导致以种植大户等为代表的现代农业经营主体普遍认为享受补贴的农机具价格偏高（图 7－14）。

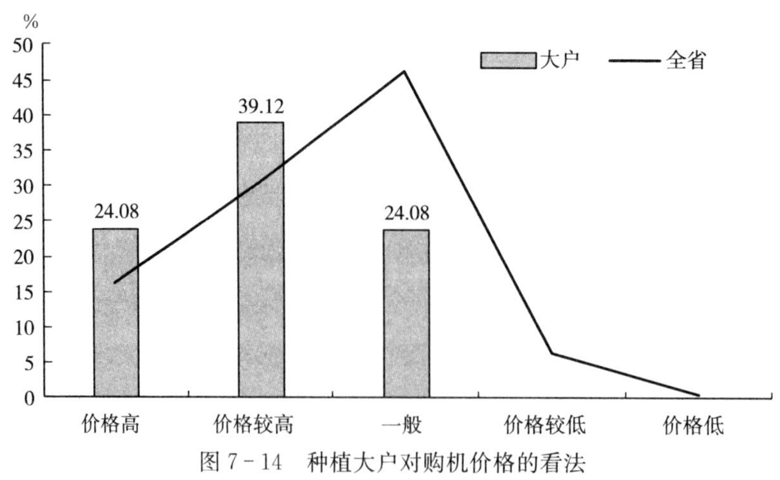

图 7－14　种植大户对购机价格的看法

2. 补贴额度影响着农机购买力，但存在着政府意愿与市场需求不一致的情况

农机购置补贴额度是直接影响农户机具购买能力的关键因素，若补贴额度高，则购买量提增明显，反之购买量提高不明显，直接导致农机具有效需求不足。实地调研结果显示，79.4%的受访农户认为补贴金额与力度不太到位，没有产生预期的效果。通过和农户的进一步交流发现，造成这种状况的原因主要有两个，一是价差大的同款机型，补贴额度相同。农户购买机具的目的在于替代劳动，提高农业生产效率，增加经营利润，农民首选品牌与口碑好的农机具，然而，国家明确规定同型号机具补贴额度相同，农民认为这样的补贴方案既不公平也不讲求效率，还会造成一种市场逆选择行为，希望能够按照比例来进行补贴。二是适宜丘陵地区农业生产的作业机械补贴额度与比例过低。当前补贴目录中，补贴政策向大型高性能机械倾斜，小型农机具购置补贴受限制，补贴比例过小，补贴额度太低。在南京、镇江等地调研时，农民的一致诉求是大型农机具在该地区不适用，希望增加适用于丘陵地区的小型农机具的补贴比例和额度（图 7－15）。

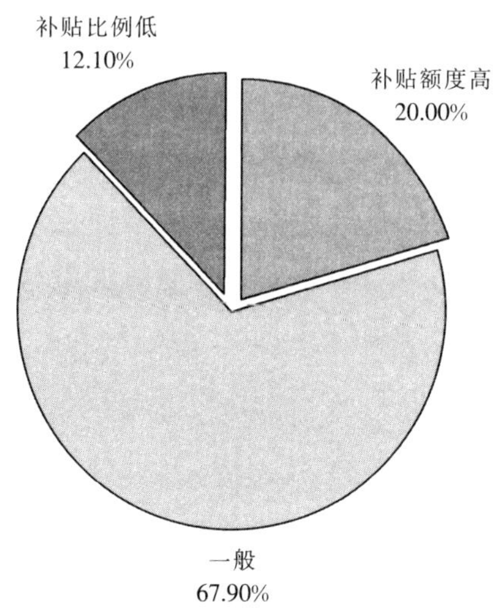

图 7－15　购机主体对补贴额度的看法

3. 补贴增强了农机生产商的地位，影响了部分产品的质量

与发达国家相比，目前我国农机总体质量水平仍较低。本次调研结果显示，受访农户对农机具，尤其是国产农机具的质量颇有微词，48.6%的受访农户认为目前受补贴的农机具质量不稳定，经常发生故障，例如漏油、喂草堵塞、零件损坏等问题，耽误农机作业，甚至导致农时延误等情形。究其原因，主要是因为农机购置补贴向国产农机具倾斜，而现实的情形是，国产农机具质量不稳定，尽管农民受购机补贴诱使，买回价格相对低、质量更低的国产农机具，但是国产机具质量明显低于国外机具质量，给农民的使用带来许多不便，制造多种麻烦，由此降低购置补贴带来的正效用，农民希望政府和农机生产企业，加大研发力度，尽早尽快地生产出高质量的国产农机具，这样不仅农民可以买到高质量的农机，提高农业生产效率，而且能够真正带动中国农机农业技术水平的提高，提升中国农机行业的竞争力，为新常态背景下的中国经济注入新活力（图7-16）。

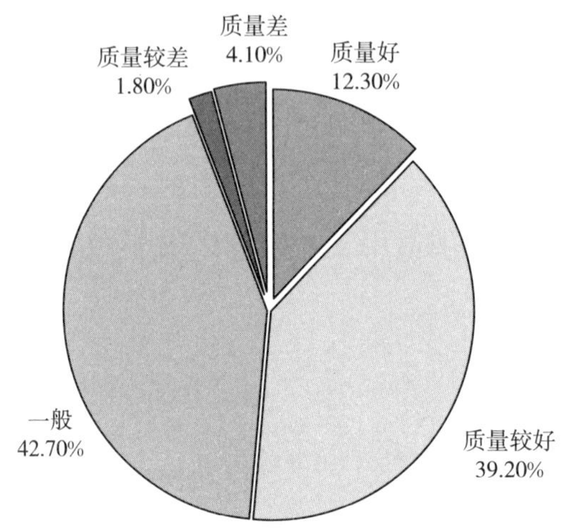

图7-16　购机主体对补贴机具的质量看法

4. 补贴在推动购置量增加的同时，售后服务质量存在缺陷

农机售后服务将会影响企业品牌形象和市场销售，但调研结果显示，享受购置补贴的农机具售后服务差强人意，受访农户中有54.6%的农户认为售后服务质量“一般”“较差”或“很差”。其中，苏北地区农户面临的售后服务问题最为突出，有65.42%的受访农户认为售后服务质量不过关，比苏南、苏中地区分别高23.25%和53.20%（图7-17）。之所以出现这种局面，主要有以下几个方面的原因，一是农机企业服务意识差，缺乏有效的跟踪服务。农机生产企业将主要精力投入到如何入围补贴目录中，随着农机数量的猛增，农机生产厂家在售后服务、机械维修等环节投入力度显得不够。尤其是在农业生产关键时节，机具的零部件供应不到位，机具损坏得不到及时修理，贻误农时。虽然在补贴产品选型时要求企业对售后服务等做出书面承诺，但在实际作业季节企业接到用户反映后24小时内到达作业现场的生产厂家寥寥无几，影响了农机具作用的有效发挥。二是针对农民的操作培训不到位。许多生产厂家对农民的售后培训不到位，农民不熟悉新机具操作规程，机具操作频繁出现故障，既影响农机的实际使用效果，也给农民造成损失。三是地方农机维修服务配套不足。苏南地区农机服务组织化程度高，能够为当地农机具维修提供市场化服务，使当地农民的农机维修与配件问题不单靠农机生产企业的售后服务，而苏北地区农机服务组织化程度和市场化程度相对较低，其农机维修更倚重于农机生产企业，而农机生产企业售后服务意愿与能力不足，进而造成农机售后服务需求与供给不平衡的局面。

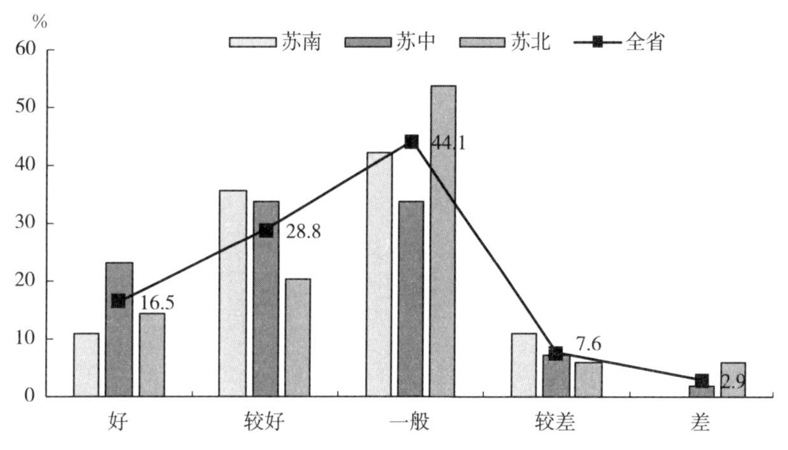

图7-17　购机主体对补贴机具售后服务的看法

四、江苏省农机人才队伍建设需要进一步加强

1. 年龄结构趋于老龄化

通过调查表的汇总统计，当前农机人才队伍的平均年龄为44～46岁，30岁以下的年轻人在10%以下。农机操作和维修的工作比较艰苦，目前年轻人大都是独生子女，吃苦耐劳的意识较弱，江苏省作为经济发达地区，工业和服务业的发展形势良好，年轻人在这些行业中找到工作比较容易，以上因素使得农机服务工作对年轻人的吸引力不够。农机收入相对较高，农机的机械化、自动化程度不

断提高降低了农业劳动强度，使得部分中老人农机手能够在农忙时加入到农机服务工作中来。

2. 高水平专业人才欠缺

农机系统中科研机构人数较少，2014 年农机化统计年报，农机系统中科研机构人数为 5 人，2015 年农机化统计年报中，这一数字却是 0；在整个农机系统中科技人员的占比不超过 50%，推动全省的农机科研的相关工作大发展仍有较大提升空间。由于人事编制限制，管理科技人才进入体制难度很大，部分地区农机系统在近十年的时间都没有新人进来。农机服务工作的工作环境比较艰苦，接受过专业教育的大学毕业生从事这种工作的吸引力仍然不够。从涉农高校农机专业毕业生的工作去向调查看出，毕业生更愿意去农机制造企业。

3. 农机从业人员综合素质有待提升

农机从业人员总体文化程度较低，全省统计来看，74%的农机从业人员只有初中以下文化程度，获得农机职业技能鉴定证书人员占农机从业人员的比率为 14%。拥有拖拉机资格证书的拖拉机手占全部拖拉机手的比率为 75%。从调研中发现，能操作、懂保养、会维修的全能型农机手比较紧缺。部分农机手对农机设备使用和维修缺乏必要的了解，影响了农机设备的使用效率，也抑制了购买新机械的积极性。部分地区没有农机培训学校，农机管理部门无法有效组织农机培训工作。

4. 农机维修服务工作无法得到有效的保障

随着农机化程度的提高，机械拥有量逐年提升，农机服务广度和深度不断拓展，但农机系统的人员不断减少，特别是基层乡镇的农机管理、科技人员，自 2005 年农机系统改革之后，每个乡镇从事农机管理、农机推广、农机监理工作都只有一人承担。农闲时无专人对区域内农机机械进行保养，对农机手进行培训，农忙时更无法为分散在田间地头的农机设备提供及时有效的维修服务。近年来，农机购置补贴政策的作用，国产农机的购置比率在逐渐上升，但国产农机做到价廉的同时却无法物美，部分农机制造商注重销售规模，在提供售后服务方面却力度不够。农机手在操作农机设备需要维修的时候，可能会面临既得不到厂家支持，也无法从当地农机服务部门获得支援的困境。基层农机管理人员在农忙时节，也只能采用权宜之计或应急措施解决问题。

第三节　江苏省农机化发展对策与建议

一、运用相关政策，改善农业机械结构，推动全程农业机械化目标实现

1. 确立农业机械发展重点，提升装备水平与作业效率

根据不同区县的经济作物品种和农业生产经营特征，充分运用农机具补贴政策，引进适合各地生产实际的农业机械，提高农业机械化水平和质量。重点是采取规模化集中育秧，进一步提高水稻机插秧水平；加强小麦机条播技术的应用，稳步提高小麦种植机械化水平；综合运用购机补贴，加快粮食烘干中心建设步伐，努力突破粮食生产的新瓶颈；以连片种植区为重点，加大油菜种植、收获机械化的试验示范推广步伐；探索农业大宗作物常用机械最适作业面积，优化农机装备配置，以提升农机装备水平和作业效率。

2. 大力推广高效农业机械装备，提升设施农业机械化水平

按不同的产业类型装备新型、高效农业机械，并集成信息化、智能化技术，引导实现集约化生产，探索形成设施农业全程机械化生产模式，加快农业装备现代化建设步伐；重点是建立农机农艺融合的全程机械化示范点，探索形成科学的机具配置方案和全程机械化生产技术路线；推广和应用设施蔬菜机械化生产配套机具。

3. 提高植保和秸秆机械化水平，推动全程机械化目标实现

借助农机合作组织或企业，借力植保统防统治项目，创新农机服务模式，稳步推进农用航空技术和飞防植保技术的推广应用，加快高地隙自走式喷杆植保机的推广，不断提高高效植保机械化水平。按照“夏季为主、秋季适度”的原则，确保秸秆机械化还田设备的到位率，加大秸秆机械化还田与水稻机插秧、小麦机条播集成技术的推广应用力度，加快引进和示范推广秸秆捡拾打捆机及配套的草捆装运机等，为秸秆后续利用提供服务，扎实推进秸秆机械化还田。同时开展油菜、玉米等农作物秸秆机械化还田与综合利用技术的研究与试验示范，实现主要农作物生产全程机械化。

4. 改善农机作业基础设施，形成农机化发展条件保障

依托各地农业生产现状，配套农业机械基础设施建设，继续推进农村机耕道

路建设；充分利用好农业生产辅助用地，完善农机具场库棚基础设施建设。充分利用信息技术，建立农机服务信息网络平台、农机应急救灾快速反应体系。探索社会与政府联合建设农机配套设施的新型模式，加强农机具基础设施建设，为实现机械化高效生产创造条件。

二、完善服务体系与组织化程度，提高农机化服务能力和水平

随着农村劳动力的转移、土地流转进程的加快，当前和今后一段时期，存在着农业规模经营和一家一户小规模经营并存，家庭经营与家庭农场、专业大户、农民合作社、农业企业等新型经营主体长期并存的现状，原有的农机化经营方式已不能适应农业机械化发展的新需求。因此，应该采取差别化的措施，探索一条农民自我服务与社会化服务有机结合的农机服务新路径，加快提高农机服务的组织化程度，建立以农机大户为基础，农机合作社为主体，农机作业服务为纽带，构建“覆盖全程、服务全面，机制灵活、运转高效，综合配套、保障有力”的新型农机社会化服务体系，推进农机服务的专业化、社会化和产业化。

1. 要科学规划和合理布局农机化服务组织的类型、规模和数量，提高组织化服务的效益与效率

农机社会化服务已成为农机化发展的重要内容，农机服务组织已成为农村农业生产经营的主体。因此，要处理好农机服务组织数量与质量的关系，科学规划农机社会化服务组织发展的类型、数量和作业规模，加大对现有农机专业合作社的整合力度，按照一定的种植面积，逐渐形成一批有规模、高水平的农机专业合作社，提高组织服务的效率，实现组织服务的效益。培育壮大农机大户、家庭农场，引导和规范农机合作社运行。推动农机社会化服务主体横向联合与纵向协作，成立农机合作联社、区域性农机服务中心、农机示范家庭农场等。

2. 正确处理农民意愿与政府扶持的关系，推动服务组织社会化的可持续发展

发展农机社会化服务组织，必须充分尊重群众的主体意愿，积极引导和鼓励种粮大户、农机大户、基层农机站和工商业主利用机具入股、技术入股、土地入股、资金入股等多种方式创建农机社会化服务组织。政府扶持要与实际相结合，

形成省、市、县各级政府联动的政策、资金和项目扶持措施，为农机服务组织发展营造良好环境；要引导农机社会化服务组织的管理者，充分认识和尊重市场经济规律，按经济规律办事，提高管理水平，确保服务组织的可持续发展。

3. 探索新型农机服务经营主体，提高农机社会化服务水平

要统筹规划，因地制宜，鼓励农民按照自己的实际需求，选择适合自己的农机服务组织模式。加强农机合作社、家庭农场、种田大户等新型农机作业经营主体的培育，加大扶持力度，规范引导发展，稳步提高农机社会化服务水平；创新农机社会化服务模式，探索订单作业、机具租赁、农田托管和土地流转等农机作业服务模式和机制，不断增强农机合作服务组织的生命力；提高农机服务组织经营水平，引导其主动参与土地流转，实行规模化经营，提高农机合作社经营效益；搭建跨区作业监控调度系统平台，分析现有农机具数量及分布、作业时间、里程成本等影响跨区作业效率的关键因素，实现合理调度，提高农机装备利用率。

4. 发展“互联网+农机化”，推动农机服务创新

要让农业机械化发展、农机社会化服务搭上信息化、网络化的快车。要把农机化服务与互联网结合起来，向农机服务组织提供需求信息，向农业生产经营者提供农机服务信息，实现需求与供给的信息互通，提高服务效率和服务效益。要加快建设农机化综合信息服务平台，推动农机化服务信息进村入户，利用新媒体，向农民传播新知识、新技术，增强农民群众信息获取与运用能力，提高对农机的了解和对服务的选择，对农机服务提档升级。

三、完善相关扶持政策，提升农机化政策实施效果

1. 完善相关扶持政策，落实农机化发展资金保障

进一步完善农机购置补贴政策和补贴办法，强化财政投入引导，广泛吸引社会资本、民间资本投资农机化，逐步建立以农民和社会化投入为主体的多元化、多渠道的农机化投入机制，促进农机化各环节的平衡发展；以高效设施农业装备为重点，支持农机具报废更新，推广安全、节能、环保的先进适用农机具；按农机化促进法要求，充分利用好包括燃油补贴、农机信贷、税收优惠、农机保险等内容的扶持农业机械化发展的政策。

2. 推行全价购机模式，创新资金支持新模式

基于“全价购机、乡镇受理、县级结算、列入补贴品目机具敞开补贴”的操作模式，完善相应的配套措施，推动农机购机目标的实现。由于大型农机具田间作业效果好，作业效率高，加上农机购置补贴政策的导向，农民购买大型农机具的意愿也很强烈，但大型农机具购置价格比较昂贵，通过民间手段向亲朋好友筹措，获得的经济支持有限，而向银行贷款，因为没有合适的抵押物，不能满足融资条件。因此，管理部门可以借助政府的谈判优势，会同地方金融部门创新融资模式，包括成立政府增信担保等，构建农民短期信贷支持的长效机制，为农民购买先进适用的农机具提供资金支持。

3. 因地制宜施行补贴政策，让农机购置补贴资金发挥最大效益

课题组的调研表明，因各地区的经济地理条件的差异，各地的农机购置补贴需求不同，因此，应该差别化落实农机购置补贴政策。一是根据由地理条件差异导致的机械品种适用性的差异进行补贴条件安排。在平原地区推行大型农机具，在江苏西南丘陵地区推行小型适用机具，因地制宜地差别化落实农机购置补贴政策，优先考虑补贴当地先进适用的农机具。二是根据由经济发展水平差异导致的购买能力差异安排补贴份额与比例。在苏南经济相对发达地区，农机购置补贴的投资拉动效果相对较低，在苏北经济欠发达地区，农机购置补贴的投资拉动效果好，因此，应该在加大对经济欠发达地区的补贴额度与比例，满足农机购置的实际需求。

4. 构建补贴产品退出机制，实行质量和服务一票否决制

农民购买农机，对于农民自身来讲是投资于农业生产的一项重大投资，因此农机的质量可靠性和服务的及时性非常重要。农业生产的季节性很强，农民购买农机具的目的就在于与时间赛跑，抢收抢种，一旦农机具出现质量问题，会影响农机作业进程，而如果服务配套跟不上，则会影响农民对农作物的收获。因此，应构建常态化的退出机制，对享受购置补贴的农机具产品质量与服务进行科学的监督和评价，达不到要求的机具一律退出补贴目录，且至少有 2 年以上的质量服务调整期，经过整改，质量与服务达标后，方可以考虑重新进入补贴产品目录，推动企业提升补贴农机具的产品质量与服务，提高农机购置补贴政策的效果，让农民享受到实实在在的政策福利。

四、加强农机人才队伍建设，提高农机化人才支持度

1. 完善相关农机人才政策，稳定与吸引人才

根据基层区县农业装备发展情况和实际需求，稳定充实基层农机推广队伍，研究制定人员配备标准、职能定位和经费保障政策；针对高层次人才缺乏，基层农机管理、科技人才紧缺的状况，农业管理部门应制定优惠政策吸纳外部人才进入农机系统，要大力培养爱农机、有文化、懂技术、善经营的新型职业农民，制定专门政策，吸引年轻人从事农业机械化事业，特别要吸引涉农高等院校、职业技术学校毕业生到农业农村一线从事农机化生产经营。借助合作社、家庭农场等社会化服务组织，利用其资金、技术等优势吸纳高素质人才参与农机化作业，引导青壮年农村劳动力从事农机服务。要争取相关部门出台优惠政策，每年吸纳一批学有专长的高校毕业生到农机服务组织工作，鼓励和吸引创业人才在当前“大众创业”的热潮中进入农机服务体系中。

2. 完善农机人才培养体系，提高农机从业人员素质

要严格培训管理，完善培训方式，创新培训手段，有计划、分层次、多渠道开展农机化培训，提高农机人才队伍素质；以高等院校、科研院所为依托，相关农业科教部门及人事部门协同共进，按照省级培训合作社负责人，市县培训驾驶、维修、财务人员等的分工，提供各种类型的农机教育培训服务，构建农机人才本土化定向培养模式，为各区县提供农机经营、管理及推广人才。要争取政府、企业和社会的多方投入，设立农机合作社人才培训专项资金，为人才培训提供物质保障。要着力加强农业教育培训，重点抓好实用技术的培训推广，提高农机化从业人员素质。重点培育有文化、懂技术、会管理、具有远见卓识的农机专业户和农机重点户，构建农机化服务的技术保障体系。

3. 充分利用新媒体和互联网平台，提高培训实际效果

在农机培训工作中，推进信息技术的应用。利用视频、音频、图片等媒介，选择合适的培训内容，构建在线教育系统，提高农机培训服务水平，拓宽农机人才培训渠道，方便农机手和农机合作社相关人员自我培训，节省培训时间；搭建培训人员的交流信息平台，建立农机服务经验交流平台，使得农机管理、科技人员和技术工人之间能够及时有效的共享信息，交流经验和知识，提高自身素质和

工作能力与水平。

五、依法行政管理，保障农机化安全生产

全面贯彻落实与农机相关的法规、规范及相应的实施细则，推进农机安全监理执法队伍规范化建设，强化农机监督管理，依法开展农机试验鉴定，规范农机推广鉴定工作；强化责任落实，狠抓各项农机安全生产，继续推进平安农机示范区、示范乡镇工作；加大农机安全生产的宣传力度，提高广大群众及农机手的安全意识和保险意识，降低农机安全生产隐患，增强农机手自觉参保的积极性；争取财政投入，实施农机政策性保险，加强农机安全监理软硬件设施建设，依法开展农机实地安全检验和隐患排查治理工作，遏制重特大农机事故发生；强化农机产品质量、作业质量、维修质量、服务质量和报废等管理，提高农机服务质量；构建以区域性农业装备维修中心为龙头、农机专业合作社为主体、企业售后服务和社会网点为补充的农业装备维修服务立体网络。

参考文献

白人朴，2010. 关于健全完善农业机械购置补贴制度的研究［N］. 中国农机化导报，05-03（07）.

白人朴，2012. 从全程化向全面化推进的进军号［J］. 中国农机化（2）：3-5.

白人朴，2014. 关于“十三五”我国农业机械化发展的思考［J］. 中国农机化学报（4）：1-5.

蔡良玫，王林萍，2014. 购置补贴政策对农户植保机械拥有量的影响：以福建省植保机械为例［J］. 农机化研究（3）：249-252.

曹光乔，周力，易中懿，张宗毅，韩喜秋，2010. 农业机械购置补贴对农户购机行为的影响：基于江苏省水稻种植业的实证分析［J］. 中国农村经济（6）：38-48.

曹阳，胡继亮，2010. 中国土地家庭承包制度下的农业机械化：基于中国 17 省（区、市）的调查数据［J］. 中国农村经济（10）：57-65，76.

陈巧敏，李斯华，王利民，凌小燕，2017. 主要农作物生产全程机械化水平评价研究［J］. 农机化研究（1）：1-5，31.

陈如平，1993. 发达国家木材采运工业现状和发展趋势［J］. 世界林业研究（6）：

9－16.

程国强，朱满德，2012. 中国工业化中期阶段的农业补贴制度与政策选择［J］. 管理世界（1）：9－20.

段喜庭，2016. 创新农业体制机制促进全面机械化发展［J］. 湖北农机化（2）：5－6.

段亚莉，何万丽，黄耀明，朱虎良，2011. 中国农业机械化发展区域差异性研究［J］. 西北农林科技大学学报：自然科学版（6）：210－216.

冯开红，黄泽颖，2015. 我国农机合作社相关政策演变及展望：2004—2014 年中央 1 号文件解读［J］. 农机化研究（7）：11－17.

冯启高，毛罕平，2010. 我国农业机械化发展现状及对策［J］. 农机化研究（2）：245－248.

高玉强，2010. 农机购置补贴与财政支农支出的传导机制有效性：基于省际面板数据的经验分析［J］. 财贸经济（4）：61－68.

勾峰，赵振芳，王晓峰，2014. 玉米全程机械化生产新技术研究与推广［J］. 湖南农机（8）：19－20.

顾靖峰，吴敏，2013. 加快现代农机装备发展促进农业全面机械化［J］. 农业装备技术（4）：4－6.

顾靖峰，吴敏，徐健，2013. 加快发展现代农机促进农业全面机械化［J］. 江苏农机化（4）：8－9.

韩剑锋，2012. 农机购置补贴政策的有效性及运行机制研究［D］. 杨凌：西北农林科技大学.

何万丽，朱瑞祥，黄玉祥，赵晓峰，马辉，2010. 我国农机购置补贴政策实施效果分析［J］. 农机化研究（4）：195－198.

虹雨，2015. 荆楚大地向全面机械化进发：访湖北省农机化技术推广总站任耀武站长［J］. 农机科技推广（6）：16－17，19.

洪自同，郑金贵，2012. 农业机械购置补贴政策对农户粮食生产行为的影响：基于福建的实证分析［J］. 农业技术经济（11）：41－48.

胡凌啸，周应恒，2016. 农机购置补贴政策对大型农机需求的影响分析：基于农机作业服务供给者的视角［J］. 农业现代化研究，37（3）：110－116.

黄光群，韩鲁佳，刘贤，杨增玲，2012. 农业机械化工程集成技术评价体系的建立［J］. 农业工程学报（16）：74－79.

黄毅成，李宏森，孙明霞，2012. 农机购置补贴政策实施过程中的一些思考［J］. 江苏农机化（1）：44-45.

纪月清，王亚楠，钟甫宁，2013. 我国农户农机需求及其结构研究：基于省级层面数据的探讨［J］. 农业技术经济（7）：19-26.

金诚谦，吴崇友，石磊，2010. 油菜生产全程机械化技术体系关键技术研究［J］. 农机化研究（5）：221-223.

鞠金艳，2011. 黑龙江省农业机械化发展的系统分析与对策研究［D］. 哈尔滨：东北农业大学.

李农，万祎，2010. 我国农机购置补贴的宏观政策效应研究［J］. 农业经济问题（12）：79-84.

李社潮，2016. 浅析2016年推进全面机械化的新模式［J］. 当代农机（4）：59-60.

李新仓，2015. 我国农机购置补贴政策实施的成效及优化对策研究［J］. 农机化研究（9）：1-5.

林建华，2010. 全面实现农业机械化的战略意义［J］. 山东农机化（2）：8-9.

刘合光，谢思娜，2014. 农机购置补贴补贴政策经济影响的一般均衡分析［J］. 农机化研究（4）：1-7.

楼庆庆，2014. 浙江秀洲推进油菜全程机械化的影响因素及对策研究［D］. 北京：中国农业科学院.

罗锡文，廖娟，胡炼，臧英，周志艳，2016. 提高农业机械化水平促进农业可持续发展［J］. 农业工程学报（1）：1-11.

马炅旻，2012. 山东省农业机械化发展模式与推进机制研究［D］. 青岛：中国海洋大学.

马培刚，2007. 上海农场水稻全程机械化生产技术推广应用的影响因素研究［D］. 扬州：扬州大学.

糜南宏，赵映，秦广明，金月，2014. 蔬菜全程机械化研究现状与对策［J］. 中国农机化学报（3）：66-69.

钱学龙，2011. 辽阳市农业机械化发展水平与发展模式研究［D］. 沈阳：沈阳农业大学.

司新明，丁莉，2005. 重金补贴农民购置农机具［J］. 农业科技推广（4）：30.

孙冬霞，张爱民，吴莉丽，赵孟林，2013. 黄河三角洲区域棉花生产全程机械化关键技术发展现状与方向［J］. 农业机械（4）：116-119.

谭湘晖，2006. 中国农业机械化发展研究［D］. 长沙：湖南农业大学.

陶金先，2010. 山东省农业机械化发展及对策研究［D］. 泰安：山东农业大学.

王德成，2005. 我国农业机械化发展经济效应的研究［D］. 北京：中国农业大学.

王德成，张领先，李安宁，2005. 我国农业机械化宏观研究的态势分析［J］. 农机化研究（6）：1-5，8.

王建楠，胡志超，彭宝良，王海鸥，曹士峰，张会娟，2009. 国内外甜菜全程机械化生产现状与趋势［J］. 农业机械（6）：60-62.

王亮，魏建军，李艳，王桥江，韩萍，关群才，刘志刚，2014. 中国花生全程机械化发展状况及其在新疆的应用［J］. 中国农学通报（2）：161-168.

王新利，赵琨，2014. 黑龙江省农业机械化水平对农业经济增长的影响研究［J］. 农业技术经济（6）：31-37.

王振华，鲁晓民，张新，张前进，魏昕，2011. 我国玉米全程机械化育种目标浅析［J］. 河南农业科学（11）：1-3，21.

吴崇友，金诚谦，肖体琼，张敏，袁文胜，2007. 我国油菜全程机械化现状与技术影响因素分析［J］. 农机化研究（12）：207-210.

吴海华，2005. 我国农业机械购置补贴效益研究［D］. 北京：中国农业大学.

吴昭雄，2013. 农业机械化投资行为与效益研究［D］. 武汉：华中农业大学.

吴昭雄，王红玲，胡动刚，汪伟平，2013. 农户农业机械化投资行为研究：以湖北省为例［J］. 农业技术经济（6）：55-62.

杨国磊，2012. 江苏省农业机械化与优势农产品区域布局的适应性研究［D］. 青岛：中国海洋大学.

杨敏丽，2003. 中国农业机械化与提高农业国际竞争力研究［D］. 北京：中国农业大学.

杨敏丽，白人朴，刘敏，涂志强，2005. 建设现代农业与农业机械化发展研究［J］. 农业机械学报（7）：68-72.

张睿，高焕文，2007. 中国农业机械化柴油消耗趋势分析与节能的战略措施［J］. 农业工程学报（12）：280-284.

张宗毅，2014. 我国农机化发展形势分析［J］. 中国农机化学报（1）：1-7.

张宗毅，周曙东，曹光乔，王家忠，2009. 我国中长期农机购置补贴需求研究［J］. 农业经济问题（12）：34-41.

赵琨，2014. 农业机械化发展对中国农业经济发展方式转变的影响研究［D］. 大庆：黑龙江八一农垦大学.

赵映年，游天屹，吴昭雄，胡动刚，2014. 政府对农业机械化投资规模分析：以湖北省为例［J］. 农业技术经济（5）：67－73.

郑瑞强，王树柏，2013. 水稻生产全程机械化发展思路探讨：以黑龙江垦区为例［J］. 中国农机化学报（2）：7－10.

钟华松，2015. 夯实基础创新思路奋力推进全面机械化示范县创建［J］. 湖北农机化（5）：8－9.

周振，马庆超，孔祥智，2016. 农业机械化对农村劳动力转移贡献的量化研究［J］. 农业技术经济（2）：52－62.

图书在版编目（CIP）数据

江苏新农村发展报告　2016 / 刘祖云等著．—北京：中国农业出版社，2017.3
ISBN 978-7-109-22707-1

Ⅰ.①江…　Ⅱ.①刘…　Ⅲ.①农村经济发展—研究报告—安徽—2016　Ⅳ.①F327.53

中国版本图书馆 CIP 数据核字（2017）第 012951 号

中国农业出版社出版
（北京市朝阳区麦子店街 18 号楼）
（邮政编码 100125）
责任编辑　孙鸣凤

中国农业出版社印刷厂印刷　　新华书店北京发行所发行
2017 年 3 月第 1 版　　2017 年 3 月北京第 1 次印刷

开本：787mm×1092mm　1/16　　印张：20
字数：350 千字
定价：58.00 元